マーケット・セグメンテーション

購買履歴データを用いた販売機会の発見

中村 博　編著

専修大学商学研究所叢書7

東京　白桃書房　神田

序　文

商学研究所叢書刊行にあたって

　専修大学商学研究所は平成13（2001）年に創立35周年記念事業の一環として，研究所員および学外関係者との産学協同的な研究を志向するプロジェクト・チームによる研究を発足させ，その研究成果を広く世に問うために商学研究所研究叢書として公刊することになった。それ以降，既に「金融サービス」，「マーケティング」，「中小企業」，「コミュニティ・ビジネス」，「環境コミュニケーション」，「コーポレートガバナンスと企業倫理」の諸問題に関わる6巻の研究叢書が公刊されてきた。

　『マーケット・セグメンテーション―購買履歴データを用いた販売機会の発見―』と題する本叢書は，専修大学商学研究所叢書シリーズ第7巻であり，「顧客データをマーケティング戦略に活用するための有効なマーケット・セグメンテーションの方法について実証的に研究すること」を目的とした研究成果である。

　このプロジェクト・チーム（顧客の購買履歴を利用したマーケット・セグメンテーションの実証研究）は2004年からスタートし2007年に終了したが，2007年における商学研究所創立40周年記念公開シンポジウム「コラボレーティブCRM―メーカーと小売業の効果的協働マーケティング―」での活発な討議も本叢書の一つのベースとなっている。「マーケット・セグメンテーションの概念」，「ＲＦＭ分析による顧客の評価」，「クラスター分析，ネットワーク分析，決定木分析，Finite Mixture Model，自己組織化マップによるマーケット・セグメンテーション」，「購買履歴を活用したクラスター分析と売場づくりへの活用」，「多次元尺度構成法を用いたポジショニング分析」などを検討している本叢書が学内外における多くの関係者に知的刺激を与え，同時に商学研究所も社会から多くの知的刺激を受ける双方向の研究のきっかけになることを祈念している。

　専修大学商学研究所は2004年には海外の研究所との国際提携を実現させ，国内のみならず国際的な共同研究成果も世に問うシステムが出来上がり，2005年および2006年の国際シンポジウムの開催に至っている。今後も複数のチームによる研究が商学研究所叢書シリーズとして刊行される予定であり，関係各位のご協力を念じている。

　末尾になるが，本プロジェクト・チーム所属のメンバー各位そして同チームにご協力いただいた学内外すべての方々に厚くお礼申し上げたい。

2008年3月

専修大学商学研究所所長　　上田和勇

まえがき

　本書は，近年，小売業のPOSデータの開示が急速に普及してきていることに対応して，小売業のPOSデータやID付POSデータ（顧客の購買履歴）をどのようにマーケット・セグメンテーションに活用できるかについて焦点をあて，不完全ながらも分析の試みを行ったものである。したがって，本書のサブタイトルも「購買履歴データを用いた販売機会の発見」となっている。

　小売業のPOSデータの開示については，取引先により良い提案を求めるために，POS情報をインターネットで開示する動きが広まっている。特に食品スーパーマーケットでその動きが顕著である。その先鞭をつけたのが2003年12月にPOSデータの開示を始めた「コープさっぽろ」である。「コープさっぽろ」は「コープ宝箱」と呼ばれるPOSデータ・サービスと競合小売企業の「チラシ情報」をデータベース化した「コープ玉手箱」のサービスを提供している。POSデータは利益を除く，すべての商品カテゴリー，全ての店舗・部門のデータである。データ期間は3年間（日別，週別，月別）である。メーカーは当日の朝7時には前日の全POSデータを見ることが可能である。ちらしに関しては，「コープさっぽろ」はもちろん，北海道の有力企業である北雄ラッキー，札幌東急ストア，イオン，アークス（ビックハウス），イトーヨーカ堂の店別価格別チラシ掲載件数，産地別チラシ掲載件数，週別品目別価格などのデータが簡単に集計され，グラフにもなるという。実際，これらの企業のちらしが北海道で配布されるとすぐにデータが入力され，閲覧可能になる。コープさっぽろは，このような「玉手箱サービス」をメーカーに提供し，取引先からの売場改善提案やプロモーション提案を受け入れ，店舗で展開することによって，経営危機を乗り越え，業績を向上させた。この成功が他の小売業にベンチマーキングされ，同様の動きが広がっているのである。例えば，「コープこうべ」は2006年12月から「宝箱サービス」を開始し，兵庫県内の96店舗について衣料品を除くすべての商品のPOSデータの開示を始めている。

　首都圏では，ライフコーポレーションやサミットがPOSデータの提供を始めている。ライフは2007年1月からコープさっぽろの「宝箱」や「玉手箱」を導入し，サービスを開始した。また，サミットは「サミット未知案内」と呼ばれるPOSデータおよびID付POSデータを参加メーカー180社に提供している。サミットの目的は，POSデータを取引メーカーと共有し，魅力的な売場作りなどを提案してもらうことである。つまり，取引先メーカーから（1）品揃え，棚割，（2）メニュー提案を強化して売上効果，固定客の創造を行う（3）取引先メーカーとの共通認識を期待している。ID付POSデータの内容は，全店舗，指定店舗，

指定アイテム，メーカー取引先別で分けて見ることができ，ジャーナル・データからトライアル・リピート分析，ABCL分析（従来のABC分析にロイヤルティを加えたもの），期間販売，バスケット分析が可能となる。その他，競合出店後の変化をデータによってトレース・確認をしたり，デシル分析などによって優良顧客へどのようにアプローチすべきかについて活用している。このような動きは地方の小売企業でも展開されてきており，バローやサンエー，サニーマートがPOSデータ開示を開始している。

このようにメーカーは小売業のデータ開示に伴い，ID付POSデータを含むPOSデータからマーチャンダイジングやプロモーションの仮説を作成し，小売業に提案をすることが求められてきている。その有力なツールとしてカテゴリー・マネジメントがある。カテゴリー・マネジメントは商品カテゴリー（売場）を一つの単位として，小売業とメーカーが共同して商品カテゴリーの売上金額や利益を増加させるためのマネジメント・ツールである。カテゴリー・マネジメントはPOSデータをもとに，そもそもどの商品カテゴリーを扱うのか？その商品カテゴリーの店舗における役割は何か？（集客か客単価増加など），そして，商品カテゴリーの実績測定を行い目標値を設定し，カテゴリーの戦略を決定し，具体的なカテゴリー戦術（品揃え・棚割，価格，インストア・プロモーション，新商品の導入など）に落とし込み，実施した結果を検証する一連の過程（8ステップ）からなっている。

現在，カテゴリー・マネジメントはPOSデータを利用しながら展開されていることがほとんどである。しかし，近い将来ID付POSデータがカテゴリー・マネジメントに取り込まれることは不可避である。なぜなら，POSデータは「いつ，何が，いくつ，どの店舗で売れたか」という情報であり，「誰が購買したか？」がわからないからである。ID付POSデータは「誰が購買したか」が購買履歴として時系列で記録されており，POSデータより多くの情報を持つ。したがって，ID付POSデータを分析することによって，より効果的な提案が可能となると考えられるからである。

本書は，ID付POSデータの活用の一端を紹介したものである。ID付POSデータの活用はマーケティングに携わるものにとって，より多くの価値をもたらし，効果的，効率的なマーケティングの展開を可能にする。本書がその一助となれば幸いである。

2008年3月

編著者　中村　博

目次

序文……i
まえがき……ii

第1章 マーケット・セグメンテーションの概念

1 マーケット・セグメンテーションの概念と必要性…1
2 マーケット・セグメンテーションのレベル……2
3 マーケット・セグメンテーションの評価基準……4
4 マーケット・セグメンテーションの区分変数……6

第2章 RFM分析による顧客の評価

1 CRMとRFM分析……13
2 RFM分析の概要……17
3 優良顧客の判定……25

第3章 クラスター分析によるマーケット・セグメンテーション

1 はじめに……33
2 クラスター分析の概要……33
3 分析事例……43
4 まとめ……52

第4章 購買履歴を活用したクラスター分析と売場作りへの活用

1 目的 …………………………………………………………… 55
2 棚割の重要性 ………………………………………………… 56
3 棚割の作成 …………………………………………………… 56
4 小売業の視点から見た棚割の効果 ………………………… 61
5 サブ・カテゴリー仮説の抽出 ……………………………… 62
6 まとめと今後の課題 ………………………………………… 70

第5章 Finite Mixture Modelによるセグメンテーション
―惣菜カテゴリーの購入頻度データへの適用―

1 はじめに ……………………………………………………… 73
2 Finite Mixture Modelの概要 ……………………………… 74
3 購買頻度に基づく消費者セグメンテーション …………… 76
4 MPMモデルによる消費者セグメンテーション事例 …… 78
5 まとめ ………………………………………………………… 92

第6章 自己組織化マップによる顧客セグメンテーション

1 はじめに ……………………………………………… 95
2 自己組織化マップの概要 …………………………… 95
3 自己組織化マップにおけるマーケティングへの活用 ‥ 99
4 自己組織化マップのためのソフトウェア ………… 100
5 分析事例 …………………………………………… 101
6 考察 ………………………………………………… 112

第7章 ネットワーク分析によるマーケット・セグメンテーション

1 ネットワーク分析への注目 ……………………… 119
2 マーケティングにおけるネットワーク分析 ……… 121
3 ネットワーク分析の概念と方法 ………………… 122
4 適用事例 …………………………………………… 129
5 まとめ ……………………………………………… 135

第8章 多次元尺度構成法を用いた　　　　　ポジショニング分析

1 はじめに ………………………………………………… 139
2 多次元尺度構成法の概要 ……………………………… 140
3 事例分析 ………………………………………………… 152

第9章 決定木分析による　　　　　マーケット・セグメンテーション

1 はじめに ………………………………………………… 157
2 決定木分析の概要 ……………………………………… 157
3 決定木とマーケティング ……………………………… 165
4 決定木のためのソフトウェア ………………………… 165
5 分析事例 ………………………………………………… 167
6 まとめ …………………………………………………… 181

第1章 マーケット・セグメンテーションの概念

1 マーケット・セグメンテーションの概念と必要性

　マス・マーケティングは，すべての消費者に対して単一の製品を大量生産し，すべての流通チャネルを通じてマスのプロモーションを展開しながら販売を行うものである。マス・マーケティングは製品を低コストで生産することによって低価格を実現し，高い利益を獲得することができるという点で効果的効率的なマーケティング手法であった。しかし，今日の市場の多様化はこのようなマーケティング手法を非効率的にしている。消費者のニーズの多様化，流通チャネルの多様化，消費者とのコミュニケーション手段の多様化を見れば，マス・マーケティングによって自社の製品を購買してくれる顧客に到達することは難しくなっている。今日では多様化した市場のニーズを的確に捉え，それらのニーズの異質性を認識することなしに商品やサービスを生産し販売することはできない。

　今から80年前，マーケット・セグメンテーションの重要性に気づいたGMはフォードを追い抜き，全米最大の自動車メーカーに躍り出た。古き良きヘンリー・フォードが自社の車の色について「黒である限り何色でも」と顧客に提供していたのに対し，GMは「すべての顧客の予算と目的と個性にあった」車を設計し，売り出す戦略をとった。1920年から23年の間にフォードの市場シェアは55％から12％まで下がった（Kotler 1999）。

　衣料品小売業で成功したリミテッドの創業者レス・ウェクスナーの父親は，あらゆる世代の女性をターゲットとした婦人服店を営んでいた。レスはオハイオ

州立大学でマーケティングを学び，セグメンテーションの重要性を認識する。ある日，父親に「うちは様々な女性向けに様々な商品を揃えているけど，何か訳があるの」と尋ねたところ，「わかりきったことを聞くな。どんな女性が来店するかわからないだろう」「お前を大学に通わせたのはお金の無駄だった」と答えた。後に店を引き継いだレスは，20代の女性をターゲットとして，彼女たちが好みそうな服だけを扱った。また同世代の店員を採用し，店舗内の装飾やBGMも若者向けにこだわった。そして，店舗名もリミテッド（限定された）と改め，成功した。市場の多様化したニーズに基づいて市場を細分化するマーケット・セグメンテーションは今日のビジネスにおいて必要不可欠な要素といえる。

マーケット・セグメンテーションの概念を初めて導入したのは，Smith（1956）である。Smithは経済学における不完全競争の理論をもとに，財やサービスの需要に異質性が存在することを明らかにした。彼によれば「マーケット・セグメンテーションは，消費者の多様なニーズやウォンツをより正確に満足させたいという願望に基づいて，異なる選好の異質な市場を小さな同質的な市場とみなすことを意味する」と述べている。Smithの概念は顧客の需要の視点から市場を同質的な下位の市場に分割し，マーケティング・ミックスに同じように反応する顧客のグループの存在を明らかにしたことで今日のマーケット・セグメンテーションの概念の礎を築いたといえる。

2 マーケット・セグメンテーションのレベル

マーケット・セグメンテーションは，その実施においていくつかのレベルに分けられる。Kotler and Keller（2006）は，マーケット・セグメンテーションのレベルをセグメント・マーケティング，ニッチ・マーケティング，ローカル・マーケティング，カスタマイゼーションの4つのレベルに分けている。

2-1　セグメント・マーケティング

市場において類似のニーズやウォンツを持つグループをセグメントと考える。

例えば，車の購買者は低価格で移動のニーズを満たそうとするセグメント，優雅なドライビングの体験をしたいと思っているセグメント，車の運転によってスリルや達成感を味わいたいと思っているセグメントなどに分かれる。このように様々な変数によってセグメントを規定し，商品やサービスを提供するやり方をセグメント・マーケティングという。

2-2　ニッチ・マーケティング

　ニッチとはセグメントよりもっと特定の嗜好を持つ顧客のグループである。通常，マーケターはセグメントをさらに分割することによってニッチを発見する。ニッチ市場はより特定の嗜好ニーズをもち，そのニーズを満たしてくれる企業の商品やサービスをより高い価格で購買してくれる。また，ニッチ市場に参入した企業は他の競合企業が参入してこないので独占的にシェアを獲得し，利益を得ることが多い。

2-3　ローカル・マーケティング

　ローカル・マーケティングは店舗グループあるいは顧客の居住地域のニーズやウォンツに対応してマーケティング・プログラムを提供する。自社の店舗を商圏特性に応じていくつかのセグメントに分類し，高度なデータ解析とイノベーティブな組織構造を組み合わせて，地域マネージャーの対応能力を損なうことなく，中央集権型マネジメントの効率性を達成している小売業の例が該当する。例えば，ウォルマートは，オフィスパーク周辺の店舗にはアイランド陳列を実施したり，缶スープは地域の特性にあわせて100種類の棚割を展開している（ダレル，ビシュワナス 2007）。

2-4　カスタマリゼーション

　マーケット・セグメンテーションの究極は顧客1人のレベルに区分され，そのマーケティングはカスマイズド・マーケティングやワン・ツー・ワン・マーケティングと呼ばれる。今日，顧客はインターネットなどを活用しながら何をど

のように買うか決定することができる。例えば，インターネットから商品やサービスの情報を収集評価し，そしてサプライヤーやユーザーと情報交換をし，自分で製品のデザインをすることも少なくない。サプライヤーが提供する商品の属性や内容，価格，配送時期などのオプションを組み合わせることによって顧客は自分が好む商品をデザインすることができるのである。カスタマリゼーションとは，マス・カスタマイゼーションとカスタマイズド・マーケティングを融合し，顧客が自分で選択し製品やサービスのデザインができるようにした方法である。

3 マーケット・セグメンテーションの評価基準

さて，今日の市場環境の変化の激しさはマーケット・セグメンテーションの重要性を高めている。例えば，ITの新展開によりマーケターは顧客の購買行動に関する情報を容易に入手することができ個々の顧客に容易に到達することが可能になっている。今やマーケターはより小さなセグメントに対応できるような商品の開発やマーケティング・コミュニケーションが可能になってきている。そして，マーケット・セグメンテーションが有効に機能するためには，識別可能性（Identifiability），実質性（Substantiality），到達可能性（Accessibility），安定性（Stability），反応性（Responsiveness），実行性（Actionability）の6つの基準が重要である（Wedel and Kamakura 2000）。

「識別可能性」基準はある特定のセグメテーション基準を用いて，マーケターが市場の異なる顧客グループを認識できる程度のことであるが，基準となる変数はITの進歩によって従来と比べ格段に増加している。インターネットでは顧客がどのようにWebを閲覧しているか，その行動を把握することができ，Web上の行動特性に応じてメッセージを提供することができる。例えば，Amazonは顧客の購買履歴から次回購買のためのレコメンデーションをしてくれる。

マーケティング・プログラムを計画する際，ターゲットとなるセグメントがその市場内でマーケティング・プログラムの収益性を確保するのに十分なサイズがあるか確認されなければならない。「実質性」基準はセグメントの市場規模が十分にあるかどうかという基準である。最新のマーケティング技術であるマ

イクロ・マーケティングやマス・カスタマイゼーションが普及するにつれて，マーケティングに要する限界コストは減少してきており，小さいセグメントでも高い収益性を得ることができる。「実質性」基準の究極は個々の顧客がセグメントとなりかつターゲットとなるワン・ツー・ワン・マーケティングである。もちろん，そこでは個々の顧客にアプローチするに足るだけの利益が得られなければならない。

「到達可能性」基準はマーケターのターゲット・セグメントへの到達可能性である。ダイレクト・マーケティングの場合は個々のセグメントに到達できるわけであるが，最寄品のようにダイレクトに顧客に販売できない商品は店舗を通して販売しなければならない。その際にターゲットとなる顧客セグメントに到達できるかということである。従来は，性別や年齢，居住地域，社会経済的地位といった特定の属性がターゲットになっていたために，到達可能性はわからなかった。しかし，今日では小売業のカード・プログラムを利用すれば確実にターゲットに到達できるようになってきた。

「安定性」基準はセグメント内の顧客の移動のことで，移動が少なければ少ないほどよい。しかし，今日の市場はダイナミックに変化するためにセグメントは従来に比べて不安定であるといえる。一度作成したセグメントが長い期間，安定的に存在する方が望ましいことはいうまでもない。マーケターはセグメントを作成する際にある程度の期間は変化しないようなセグメントを作成する必要があり，また，ダイナミックに変化するセグメントに対応していく必要がある。

「反応性」基準はターゲット・セグメントがマーケティング・ミックスにユニークに反応するかどうかの基準である。セグメントは各セグメント内が同質的でありセグメント間は異質的である。そして，セグメントが差別的なマーケティング・ミックスに対してユニークに反応する場合のみ，セグメンテーション戦略が有効となる。

最後に，「実行性」はマーケティング手段の意思決定を容易に促すようなセグメントは実行性があるといえる。例えば，セグメントが「価格反応セグメント」，「価格無反応セグメント」というように作成されればこれらのセグメントはマーケティング変数である価格の意思決定を容易にし，実行性があるといえる。

4 マーケット・セグメンテーションの区分変数

　マーケット・セグメンテーションを区分する変数として製品とは切り離された一般的な変数と製品に関連する製品固有の変数に分けることができる。さらに，変数の測定が可能かどうかという視点から観測可能な変数と直接測定できない観測不能変数に分けられる（Frank, Massy and Wind 1972）。つまり，観測可能な一般的な変数，観測可能な製品および店舗固有の変数，観測不能な一般的変数，観測不能な製品・店舗固有の変数の4つの区分がある。

図表1-1　マーケット・セグメンテーションの区分変数

	一般的変数	製品・店舗固有の変数
観測可能	地理変数，デモグラフィックス変数，社会経済変数	使用頻度，ブランド・ロイヤルティ，店舗ロイヤルティ，採用時期，消費場面
観測不能	パーソナリティ，生活価値，ライフスタイル	プロモーション弾力性，知覚便益，購買意図

出所：M. Wedel and W. Kamakura(2000), *Market Segmentation*, Kluwer Academic Publishers, p.7.

4-1　観測可能な一般的変数

　観測可能な一般的変数はマーケット・セグメンテーション研究の初期で最もよく用いられた変数である。この変数には郵便番号など地理的変数，デモグラフィックス（人口統計学的）変数，および所得など社会経済変数が含まれる。デモグラフィックス変数には，年齢，性別，家族人数，家族のライフステージ（独身，新婚，最年少の子供が6歳未満の人数，最年少の子供が6歳以上の人数，扶養すべき子供がいる老夫婦，子供のいない老夫婦，世帯主が引退した家族，働いている独居老人，引退した独居老人），居住地域などの変数がある。社会経済変数には所得（世帯主の所得，家計全体の所得，負債の有無），職業，教育レベル，社会階級などがある。

4-2 観測可能な製品および店舗固有の変数

　観測可能な製品・店舗固有の変数として使用頻度，ブランド・ロイヤリティ，店舗ロイヤリティ，採用時期，消費場面がある。使用頻度は商品やサービスの使用頻度に応じて，多量（あるいは多頻度）に消費するヘビー・ユーザー，中程度に消費するミディアム・ユーザー，少量を消費するライト・ユーザー，まったく消費しないノン・ユーザーにセグメントする。

　ブランド・ロイヤリティやストア・ロイヤリティは顧客の購買履歴を利用することによって把握することができる。例えば顧客が，過去に購買したブランドの指数平滑によって測定することができる（Guadagni and Little 1983）。ブランド・ロイヤリティの程度によってハードコア・ロイヤル（1つのブランドしか購買しない顧客），スプリット・ロイヤル（2から3ブランドにロイヤル），シフティング・ロイヤル（特定のブランドにロイヤルになろうとしている顧客），スイッチャー（ブランドにロイヤルでない顧客）にセグメントされる（Kotler and Keller 2006）。

　ストア・ロイヤリティは例えば，RFM分析によって測定することができる。RはRecencyの略称で直近の購買からの経過時間を表し，経過時間が短いほどストア・ロイヤリティが高い。また，FはFrequencyの略称で来店頻度のことであり，MはMonetaryの略称で購買金額のことである（第2章参照）。

　採用時期によるセグメンテーションはロジャーズ（2007）の新商品の採用時期によりイノベータ（Innovators: 3％の構成比），初期採用者（Early Adopters: 13％），初期多数派（Early Majority: 34％），後期多数派（Late Majority: 34％），ラガーズ（Laggards: 16％）の5区分にセグメントされることが多い。

　消費場面には消費場所，週末型消費かウィークデー型消費か，何時に消費するか，消費する場面の雰囲気などがある。例えば，アサヒ飲料が缶コーヒー「WANDA」を「ホットの朝専用WANDAモーニング・ショット」と題して消費者に訴求をしているのは，飲用場面をセグメンテーション基準として採用し，「朝」をターゲットにしている。

4-3 観測不可能な一般的変数

観測不可能な一般的変数として最も有名な方法がVALS（Value Analysis of Life Style）である。VALSは米国の成人を4つのデモグラフィックスと35の態度変数に基づいて8つのセグメントに分けている。このVALSは毎年，80,000人以上の成人を対象に調査され，毎年更新されている。8つのセグメントとは以下の通りである。

- 革新者（Innovator）：人生に積極的に関与していく人でアップスケールなブランドやニッチな商品およびサービスを好む
- 思索家（Thinkers）：思想や知識が行動の規範で責任感の強い人。機能的な価値ある商品を好む
- 達成者（Achievers）：仕事や家庭で成功したいと思っている人。プレミアム商品を好む
- 経験派（Experiencers）：色々経験をしたいと思っている人で若く情熱的な人。ファッションやエンターテイメントへの支出が多い
- 信心者（Believers）：保守的な人で既存ブランドにロイヤルである
- 努力家（Strivers）：流行を好み快楽を好む人。スタイリッシュな商品を好む
- 作成者（Makers）：自分で色々作成する人。機能的な商品を好む
- 高齢者（Survivors）：高齢で受け身の人。ブランドにロイヤルになりやすい

この他にライフスタイルの基礎となるAIO，つまり，活動（Activities），関心事（Interests），意見（Opinions）によるマーケット・セグメンテーションの方法がある（Plimer 1974）。

4-4 観測不可能な製品・店舗固有の変数

観測不可能な製品・店舗固有の変数にはプロモーション弾力性変数や知覚便益変数，購買意図変数がある。プロモーション弾力性とは価格プロモーションなどのプロモーション変数が1単位変化した時の個人の需要の変化率やブランドの売上変化率および店舗の売上の変化率である。Hoch（1995）は83店のスーパーマーケットの個店別のカテゴリーの価格弾力性を測定し，価格プロモーションに高反応な店舗セグメント，中程度の反応の店舗セグメント，低反応な店

舗セグメントに分類し，価格プロモーションを一律に実施するのではなく店舗セグメント別に行うべきであるとしている。

知覚便益によるセグメンテーションは，Haley（1968）によって初めて導入され，マーケティングで数多く利用されている。Haleyは消費者が求める便益こそが消費者の異質性を決める理由であるとしている。例えば，モービルのガソリンステーション利用者の調査によると，ガソリンステーションで給油をしようとしているドライバーの知覚便益は，プレミアム商品と高品質のサービス（16％），スピーディな給油とサービスとファーストフードの提供（27％），ブランド商品と信頼できるサービスの提供（16％），利便性（21％），低価格（20％）であった。これまで，モービルはガソリンは価格で購買されるものと理解していたが必ずしもそうでないことがわかり，非価格の便益を求める顧客にターゲットを絞り，車の清掃，明るい店内，豊富な品揃えと従業員のフレンドリーなサービスを提供した。そして，1ガロン当たり2セント高い価格を設定した。その結果，売上は20％から25％増加した（Kotler and Keller 2006）。

購買意図によるセグメンテーションは，購買意図と購買行動には相関があり，購買意図の変数によってセグメンテーションが行われれば購買の高い反応が得られると仮定する。購買意図変数には「必ず買いたい」，「買いたい」，「どちらでもない」，「買いたくない」，「絶対に買いたくない」の5つのレベルがあるが，すべての顧客についてこれらの購買意図を測定するのは難しい。

4-5　セグメンテーションの評価基準から見た各変数の特性

以上のマーケット・セグメンテーション各変数について前述した6つの基準から評価したものが図表1-2である。観測可能な一般的変数は識別可能性，実質性，到達可能性，安定性に優れているが，実行性や反応性ではやや劣る。特に，売上などの反応性については，例えば30代女性というセグメントでも個々の嗜好は異なっており，必ずしも商品やサービスに対するニーズやウォンツが同じとは限らない。観測可能な製品固有の変数によるマーケット・セグメンテーションは購買行動や消費行動によってセグメントを作成するために，需要を測定することは容易である。このために実質性では優れている。しかし，到達可能性や安定性ではやや劣る。というのもブランド・ロイヤルティや採用時期

図表1-2 セグメンテーションの評価基準からみた各変数の特性

	識別可能性	実質性	到達可能性	安定性	反応性	実行性
観測可能な一般的変数	++	++	++	++	−	−
観測可能な製品固有の変数						
－ ロイヤルティや採用時期	＋	++	−	＋	＋	−
－ 使用量や消費場面	＋	++	＋	＋	＋	−
観測不能な一般的変数						
－ パーソナリティ	±	−	±	±	−	−
－ 生活価値		−	±	±	−	−
－ ライフスタイル	±	−	±	±	−	−
観測不能な製品固有の変数						
－ 知覚便益	＋	＋	−	＋	++	++
－ 購買意図	＋	＋	−	±	++	＋

注：識別可能性：セグメントを識別できる程度のこと
　　実質性：セグメントの市場規模の測定の容易さ
　　到達可能性：ターゲット・セグメントへの到達可能性
　　安定性：時間などに影響されず，セグメントが安定していること
　　実行性：マーケティングの意思決定が容易にできるか否か
　　反応性：マーケティング・プログラムに対するセグメントの購買などの反応
出所：M.Wedel and W. Kamakura(2000)，*Market Segmentation*，Kluwer Academic Publishers, p.16.

が確認できてもダイレクトメールなどによってこれらのセグメントに到達することは必ずしも容易ではない。しかし，最近はインターネットやフリークエント・ショッパーズ・プログラムなどのカード・プログラムによって顧客の購買履歴が把握できる環境にあり，到達可能性は次第に高まっている。観測不能な製品・店舗固有の変数は実行性や反応性においては優れている。また，到達可能性においては劣っている。

　今日，POSデータが小売業だけでなくメーカーも入手が容易になっていることやインターネットの普及などIT技術の進歩によって顧客の購買履歴のデータも入手が容易になってきている。これらのことからより観測可能な製品や店舗に固有の変数によってマーケット・セグメンテーションが普及していくと考えられる。また，長期的には知覚便益や購買意図など顧客の気持ちを考慮した製品・店舗固有の変数が利用されていくと予想される。例えば，英国最大の小売

業であるTescoはカード・プログラムを利用して自店の顧客の購買履歴を収集しマーケット・セグメンテーションに利用している（南 2006）。Tescoはマーケット・セグメンテーションの精度を高めるために品揃えされている単品の80％に知覚便益の属性を振っている。例えば，「健康的な」であるとか「環境にやさしい」などの属性をふることによってそれらの商品を購買している顧客の観測不能な知覚便益を測定し，「環境にやさしい」商品を購買している顧客には「環境にやさしい」商品を情報誌等によって提案するのである。今後，マーケット・セグメンテーションにおいては，観測可能な製品・店舗固有の変数が重要視され，そして，知覚便益や態度変数などの観測不能な製品・店舗固有の変数が次第に重要視されていくと予想される。

[参考文献]

Frank, R. E., W. F. Massy and Y. Wind [1972], *Market Segmentation*, Englewood Cliffs, NJ: Prentice Hall.

Guadagni, P., and J. Little [1983], "A Logit Model of Brand Choice," *Marketing Science*, 2, 203-238.

Haley, R. I. [1968], "Benefit Segmentation: A Decision-Oriented Research Tool," *Journal of Marketing*, 32, 30-35.

Hoch, S. J. [1995], "Determinants of Store-Level Price Elasticity," *Journal of Marketing Research*, Vol. XXXII, 17-29.

Kotler, P. [1999], *Kotler On Marketing*, The Free Press. 木村達也訳 [2005],『コトラーの戦略的マーケティング』，ダイヤモンド社，39.

Kotler, P., and K. L. Keller [2006], *Marketing Management, 12e*, Pearson Education Inc., 240-271.

Plimer, J. T. [1974], "The Concept and Application of Life Style Segmentation," *Journal of Marketing*, 33-37.

Smith, W. [1956], "Product Differentiation and Market Segmentation as Alternative Marketing Strategy," *Journal of Marketing*, 21, 3-8.

Wedel, M., and W. Kamakura [2000], *Market Segmentation*, Kluwer Academic Publishers, 7.

ダレル, K. リグビー，ビジェイ・ビシュワナス [2007],「脱・標準化のマーケット戦略」,『ハーバード ビジネス レビュー』, 2007. 7, 80-93.

南千恵子 [2006],『顧客リレーションシップ戦略』, 有斐閣, 153-173.

ロジャーズ，エベレット [2007],『イノベーションの普及』, 翔泳社, 228-253.

第2章 RFM分析による顧客の評価

1 CRMとRFM分析

1-1 CRMの重要性

　近年の情報技術・情報システムの飛躍的な進展と，パソコンなどに代表される情報機器の普及に加え，小売業を中心とした顧客志向の高まりなどにより，購買履歴データに基づくカスタマー・リレーションシップ・マネジメント（Customer Relationship Management。以下，CRM）が重要視されている（木島・中川・生田目ほか2005）。

　日本経済が飛躍的に成長した1950～60年代，いわゆる高度成長期の時代には，大量生産，大量消費によるマス・マーケティングが効率的な小売形態であり，消費者個々人の価値観も現在ほど多様化しておらず，結果的に1億人総中流階級といわれるように多くの消費者が共通の商品やサービスを買い求めていた。小売業者にとって，売場に商品を陳列すれば売れるという非常に恵まれた，小売業主導の消費構造であった。しかし，全国百貨店およびスーパーマーケットの売上高（既存店ベース）が昨年まで11年連続で前年割れしている例からもわかるように，高度成長時代から昨年2007年までの時代は安定成長期，平成不況と日本経済は低成長時代に移行し，小売業でも従来のようなマス・マーケティングは機能しづらくなった。これら小売業者は，この状況を打開する方法の1つとして最近CRMに注目している。CRMとは，小売業者が提供する商品・サービスを購買・利用する消費者との関係を改善することにより，消費者は利用価値

や付加価値の増大を享受して顧客満足を高め，それにより小売業者は売上や利益の向上という，相互にメリットを享受できる関係を築くマネジメント・スタイルのことである。

　CRMは特に最新のマネジメントというわけではなく，従来から小売業者により脈々と行われていた手法である。その代表的な例が百貨店における外商制度であり，多額の売上が期待できる個人または法人の顧客を個別に管理し，効用（顧客満足）を高め，ロイヤル・カスタマー化する営業活動のことである。

　しかし昨今，従来の方法では売上を伸ばすことが困難になり，より精緻なCRM活動の必要性が問われはじめた。従来のCRMは，担当・接客する販売員の経験・やる気・能力・性格によって，その効果に大きくバラツキが見られることが一般的であった。そのバラツキを最小化し，売上や利益を最大化する科学的手法が最近のCRMの潮流であり，いつ，どこで，何を，いくつ買ったのかという購買履歴や，性別，年齢などの顧客属性に関するデータを収集・分析して業績の向上に取り組む小売業が増えている。本章では，購買履歴データをもとにしたCRMの代表的な手法の1つであるRFM分析に絞って論ずる。

1-2　RFM分析とは

　RFM分析は，データベース・マーケティングにおいて最も一般的な手法のひとつである。RFM分析では，顧客1人ひとりの購買行動をRecency（直近購買日から当日までの日数。以下，R），Frequency（一定期間中の購買回数。以下，F），Monetary（一定期間中の累積購買金額。以下，M）という3つの指標に集計・分析することにより，優良顧客を特定し，顧客にできるだけ自社あるいは自店舗で購買してもらうように仕向ける。従来のマス・マーケティングでは，値引きや新聞折り込みなどの販売促進策を実施することにより，売上の増大を図っていたが，RFM分析によるアプローチはこれらとはまったく異なる。企業が使えるコストは限られており，コストを効率的に配分して業績を向上させることが求められる。顧客への営業コストに関しても，企業はできるだけ高い売上や利益を獲得したいと考える。そこで売上や利益の見込める顧客を選別し，重点的かつ効率的に企業業績の向上を実現させる1つの方法がRFM分析である。

　具体的には，顧客の過去の購買履歴に基づいて，対象顧客を複数の同質なグ

ループ（以下，セグメント）に分ける。そして，それぞれのセグメントの特徴を理解し，販売促進などの営業活動を行い，業績の向上を図る。また，別の視点では，1人ひとりの顧客の生涯価値（Life Time Value; LTV）に占める自社での購買比率をいかに高めるか，あるいはLTV自体をいかに高めるかということを目指す。

RFMの指標は3つある。ある期間中に「最近はいつ？（＝Recency）」，「何回？（＝Frequency）」，「いくら？（＝Monetary）」だけ商品・サービスを購入したか，その3つの指標の頭文字をとってRFM分析と呼んでいる。それぞれ指標の詳細は以下の通りである。

Recency：ある期間内の最終日からその顧客の最終購買を行った日までの日数のことをいう。例えば2007年1月1日～2007年12月31日の1年間を観察期間とする。ある顧客が，その期間内で最終12月23日にある商品を購入した場合，直近購買日から当日までの日数の8がRの数値となる。この期間内で購入者を対象とした場合のRの最大値は365である（うるう年は除く）。逆に期間内の最終日に購入した場合の最小値は0である。一般的に企業は，Rの数値が小さい顧客を優良と考え，その顧客はダイレクトメール（以下，DM）などに対してレスポンス率が高い傾向にあるといわれている。

Frequency：特定期間内にその顧客が何回の購買を行ったかを示す数値である。期間内で8回商品を購買した場合，F＝8となる。同日に複数回購買した場合は多くの場合それぞれがFの値としてカウントされる。企業はこの数値が多い顧客を優良とし，Fの数値が大きい顧客ほどレスポンス率が高いといわれている。確実かつ迅速に高レスポンス結果を出したい場合は，RとFのマトリックス図に基づき，それぞれのトップランクの枠に属する顧客層に対して行動を起こすことにより，高反応が得られる傾向にある。ただし，Fの数値が高くても，必ずしも次に説明するMが高いとは限らない。

Monetary：ある期間内の累積購買金額を指す。Mの数値が大きい顧客が企業にとって売上の増大をもたらす。特に商品単価の高い百貨店では，このMの数値は重要視されている場合もある。RやFと同様にMの数値が高いほどレスポンス率も高いとされているが，Mの数値とRやFとの間には，必ずしも高い相関関係は見られない場合もある。ただし，このMの数値根拠や要因をデ

ータから読み取ることは難しいとされており，精査が求められる指標である。

　RFM分析の活用方法は，上記の顧客セグメンテーションや販促立案のための基礎データだけではない。R，F，M，3つの指標のランク付けを行い，それぞれを組み合わせることにより顧客をグルーピングする。そして，各セグメントの特徴的な属性や傾向値を理解して，営業活動やマーケティング戦略を計画することにも役立つ。この実例を「2-1 RFM分析の具体例—セルによるセグメンテーション—」にて示す。また，次期に継続購買（以下，生存）するかどうかの「予測」ツールとしての使い方もある。セグメントごとの生存率を踏まえ，いかにその企業にとって重要な顧客を引き止めておくかを目的とする戦略や戦術を計画するのである（分析例は2-2および3-1を参照）。

　広く知られているRFM分析モデルに，データベース・マーケティング業界の第一人者である，ヒューズによるモデル[1]がある（ヒューズ 1999；原田 1999）。例えばRecencyの場合，測定期間の最終日より30日以内に購買があった場合，20点，同じく90日以内の場合は10点，180日以内の場合は5点，270日以内の場合は3点，それ以降は1点という具合にウェイト付けを行う。同様にFrequencyの場合，期間内に100回以上の購買があった場合は20点，30回以上で10点，10回以上で5点，5回以上で3点，それ以下の場合は1点とする。江尻（1996）によると，Monetaryは通常，上位より均等に分割する。つまり1,000件のサンプルがある時に上位200件に20点，次点200件に10点…という具合である。次に，上記方法でRFMそれぞれの数値を算出して，それらを合計する。その総合得点によりさらにランク付けを行う。総合点数が高い顧客セグメントがその企業または店舗に対してロイヤルティが高いと判断できる。その各セグメントの過去の販促に対するレスポンス率を把握することにより，今後実施する販促のレスポンス率の予測ができるようになり，目標レスポンス率の設定，発信すべきDM数の算出や収益予測，損益分岐点推定などのマーケティング活動を計画・実施する。具体的な例をRFMセルコード[TM2]を使って，2-3にて説明する。

2 RFM分析の概要

2-1　RFM分析の具体例―セルによるセグメンテーション―

　実際の小売業における活用方法としては，RやF，Mの数値を2軸または3軸にてマトリックス化し，顧客をセグメントし，それぞれの顧客セグメントの特性を仮定する。その仮定に基づいてDM発信や値引き販売の告知など販売促進を行う。図表2-1は，その例である。

　図表2-1は，全体の顧客をRとFの2軸によりそれぞれを5分割している。それぞれの上位20%をR20およびF20とする。これらの分割に基づいて，RとFのそれぞれの交点に属する顧客セグメントの特徴が記載されている。例えばR20×F20は「優良客」とされ，企業によっては特に厚遇を必要とする顧客かもしれない。R60×F20のセグメントは頻繁に来店していたが，最近はあまり来なくなった小売業者にとっての「注意客」セグメントである。同じようにM×FやM×Rの活用もされている。ここで注意すべきことは，顧客をグルーピングしてはいるものの，個々人の購買行動はそれぞれ異なるということである。例えばR20×F20の顧客は「優良客」とされているが，この優良度を維持する方法は，顧客それぞれで異なるということを理解する必要がある。つまりデータからは読み取れない事実や相関・因果関係が存在することも多々あり，定性的分析の必要性を十分に認識することが重要である。

図表2-1　RFマトリックス

	F20	F40	F60	F80	F100
R20	優良客	準優良客	安定客	潜在客	新規客
R40	準優良客	準優良客	準安定客	一般客	準新規客
R60	注意客	準注意客	一般客	準一般客	グレー客
R80	要注意客	一般客	準一般客	グレー客	準一見客
R100	旧優良客	旧準優良客	グレー客	準一見客	一見客

2-2 RFM分析の具体例―デシル分析との併用―

　SASインスティチュートジャパン（2001）によると，Reichheld and Sasser Jr.（1990）は，購買頻度の増加，企業にとっての顧客維持コストの低減，スイッチングコストの上昇によるロイヤルティ化など既存顧客は様々な利益を企業にもたらすことを論じている。企業にとって翌年や翌期に引き続き購買してもらうことは，効率的なCRMを推進する上で非常に重要である。ここではRFM分析とデータを10分割して分析するデシル分析を組み合わせ，顧客維持率を把握し，その後の顧客維持のためのマーケティング活動につながる百貨店とスーパーマーケットの2種類の例を示す。各顧客のRFMスコアの算出基準は図表2－2の通りである[3]。

　本章で使用した2種類のデータ概要は以下の通りである。

百貨店POSデータ：2003年9月～2004年8月の1年間に当該百貨店発行のクレジットカードを使い，当該店で購買した消費者（以下，顧客）に関するデータで，Recency, Frequency, Monetary, 年齢，性別，ランク（Mの順位），カードID番号，経済時間[4]，翌年度（2004年9月～2005年8月）の購買有無に関する情報を含む。全157,608顧客の中から無作為に抽出し，欠損値を除いた965サンプル。その内翌年度（2004年9月～2005年8月）に再び購買した顧客数は618人。

スーパーマーケットPOSデータ：2003年9月～2004年8月の1年間に当該スーパーマーケットが運営する7店舗にて，自社が発行するフリークエント・ショ

図表2－2　RFMスコア基準

	Recency	Frequency	Monetary
20点	0～30日	100回以上	上位20%
10点	31～90日	30～99回	次点20%
5点	91～180日	10～29回	次々点20%
3点	181～270日	5～9回	次々々点20%
1点	271～365日	1～4回	下位20%

ッパーズ・プログラム（以下，FSP）を使用して商品・サービスを購買した消費者に関するデータで，FSP番号，性別，生年月日（年齢），購買店舗，同居家族数，Recency，Frequency，Monetary，購買先部門（大分類・中分類），翌年度（2004年9月～2005年8月）の購買の有無に関する情報を含む。全16,630顧客分の中から無作為に抽出し，欠損値を除いた997サンプル。その内翌年度（2004年9月～2005年8月）に再び購買した顧客数は871人。

それぞれのデータの基本統計量を図表2-3に記す。

上記の基準に基づき，R，F，Mそれぞれの得点を算出・合計し，次ページの図表2-4のようにランク付けを行う。

図表2-4の例で，「計」の欄の点数が，RFMスコアの合計値であり，無作為に抽出した1,000サンプルから欠損値を除いた997件が降順に並べられている。百貨店とスーパーマーケットのデータについて，その結果をもとに，グラフ化したものが，図表2-5および図表2-6である。百貨店では，有効サンプル965人の顧客のうち，618人が翌年度に引き続き購買している。ランダムに965人から1

図表2-3　POSデータ基本統計量（上：百貨店　下：スーパーマーケット）

百貨店	年齢	性別[*]	R	F	M	2005[**]
平均	49.8	0.26	109.5	6.4	86,991	0.65
中央値	51	0	73	2	26,281	1
最頻値	33	0	4	1	5,000	1
標準偏差	14.98	0.44	98.42	13.14	163,757.92	0.48
最小	19	0	0	1	290	0
最大	87	1	365	153	2,706,233	1

スーパーマーケット	年齢	性別	R	F	M	2005
平均	50.1	0.20	52.2	35.9	91,052	0.87
中央値	50	0	14	15	35,694	1
最頻値	56	0	2	1	1,000	1
標準偏差	14.63	0.40	81.08	51.01	143,635.78	0.33
最小	18	0	0	1	158	0
最大	90	1	360	365	1,573,005	1

*性別：0＝女性，1＝男性
**2005：翌年度の購買有無（0＝購買なし，1＝購買あり）

図表2−4　RFMランク付け例

順位	R	F	M	計	翌年購買*
1	20	20	20	60	1
2	20	20	20	60	1
3	20	20	20	60	1
4	20	20	20	60	1
5	20	20	20	60	1
993	1	1	1	3	0
994	1	1	1	3	0
995	1	1	1	3	0
996	1	1	1	3	0
997	1	1	1	3	0

*翌年購買：1＝購買，0＝非購買

人を選んだ場合，その顧客が翌年度に購入する確率は，618/965≒65.0％である。ランダムに横軸の人数を引いた時，その継続購入者の期待値を示した線が破線である。実線は，RFM得点合計順に並べた結果，どれくらい購買者を含むかを示した線である。横軸は評価サンプルの累積人数比であり，縦軸は継続顧客の累積人数比である。実線が破線の上部に位置するということは，ランダムに顧客を選ぶよりも，RFMの各指標を点数化して高得点順に並べ替えた場合の方が，翌年度に再び購買する顧客を当てる確率が高いことを示している。

しかし一方でRFM分析の限界も見えてくる。確かに百貨店，スーパーマーケットともにRFM別スコアリングでは，ランダムの場合に比べて良い結果であるが，例えば百貨店では，図表2−5に示すように，中位においてはランダムの場合の破線とほぼ平行であり，あまり良い結果となっていない。スーパーマーケットにおける乖離度合いが百貨店のそれよりも少ないことは，翌年の再購買者が871人と百貨店の618人に比べて多いためである。以上のようにRFM分析は，シンプルかつ強力なデータベース・マーケティング手法といわれているが，R，F，Mの3つの指標でスコアリングした結果で上位に位置する顧客のすべてが，必ずしも翌年度に継続購買しているわけではないという事実を示しており，この点がRFM分析の限界点といえる。

第2章　RFM分析による顧客の評価

図表2-5　RFM分析の結果（百貨店）

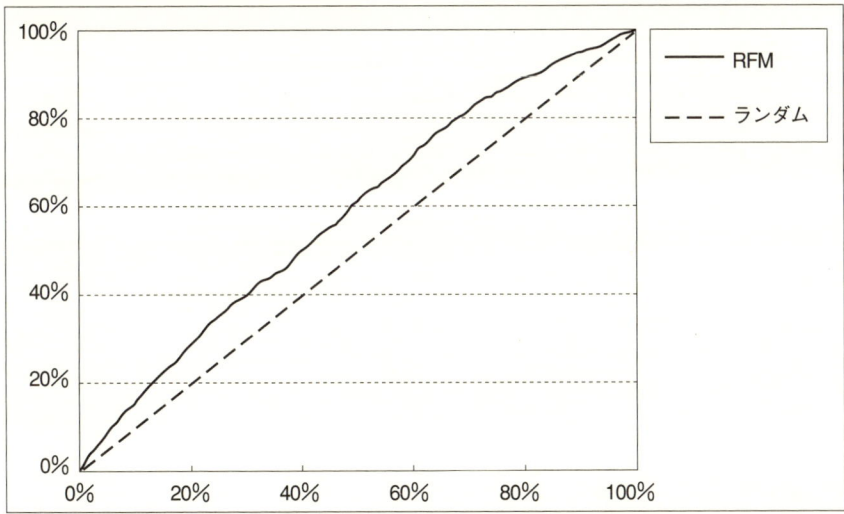

図表2-6　RFM分析の結果（スーパーマーケット）

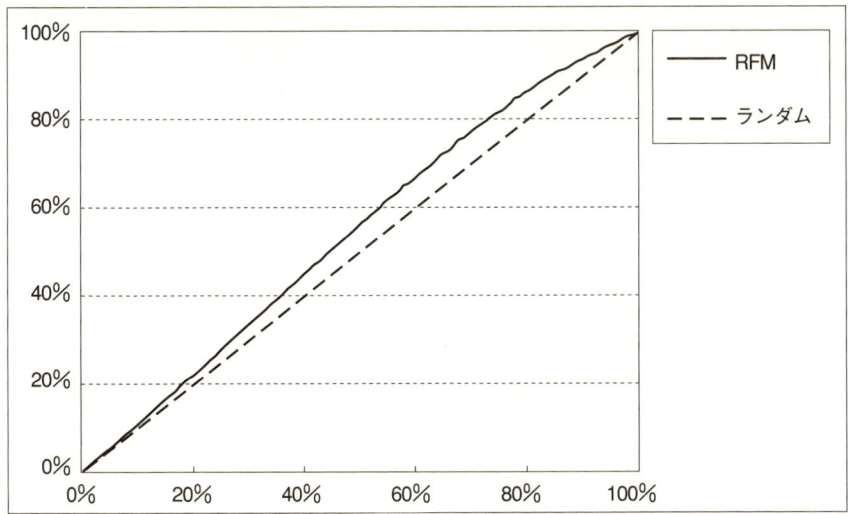

図表2−7　顧客維持率（百貨店）

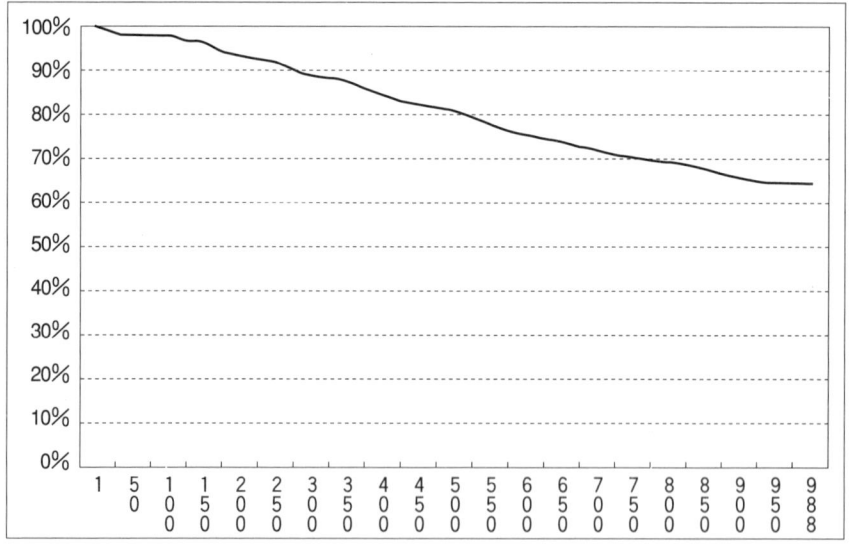

　また，定点にて翌年度購入している顧客を何％含むかを示したものが図表2−7と図表2−8である。横軸はRFM値の順位であり，縦軸は継続購買比率である。百貨店は概ね線形に右肩下がりで推移しているグラフであるが，スーパーマーケットのグラフは特徴的な曲線である。

　スーパーマーケットの場合をさらに詳しく見てみると，550位あたりまでは100〜99％くらいの確率で，翌年度の継続顧客が抽出される。しかし550位以降は急な右肩下がりの傾きとなっている。この現象から考えられることは，このスーパーマーケットにおいては1位〜550位あたりまでの顧客に対しては，従来通りの販売促進や顧客管理を行っていても特に大きな問題は生じず，翌年度に99％という高い継続購買率を維持できることを示唆している。下位の顧客については，さらなるデータの分析や定性的な顧客の購買行動の理解をもとに，綿密な対応が求められると考えられる。

図表2-8 顧客維持率(スーパーマーケット)

2-3 RFM分析の具体例 —ヒューズ・モデル—

　ヒューズ・モデルは、DMを使ったプロモーションにおいて収益性のチェックやDMのレスポンス予測、それに伴う発送すべきDM数の算出、レスポンス率の損益分岐点などを推定し、効果的な販促を実現する手段である。以下に分析手順を示す。

①顧客ごとにR，F，Mのデータが記載されているリストを用意する。
②そのリストのR値に基づき昇順に並べ替える。
③並べ変えた後に、リストを5等分割し、各セグメントに属する番号(1～5)を顧客ごとに付与する(この番号をコード番号と呼ぶ)。
④同様のスコアリングをFとMについても行うことにより、各顧客に3桁の番号が与えられる。これをRFMセルコードと呼ぶ。

　RFMセルコードは、111から555までの$5^3=125$個できることになる。そのコードを事前に貼り付けておき、DMを発信する。図表2-9に示したように、その結

図表2-9 DM発信例

#	RFMセル	DM発信数	レスポンス数	レスポンス率
1	555	156	11	7.05%
2	554	163	9	5.52%
3	553	142	10	7.04%
4	552	168	8	4.76%
123	113	159	0	0.00%
124	112	149	1	0.67%
125	111	144	0	0.00%
計	125セル	18,000	275	1.53%

図表2-10 DMの収支結果

収入			支出			収支
売上単価	数量	計	費用単価	個数	計	▲¥120,000
¥4,800	275	¥1,320,000	¥80	18,000	¥1,440,000	

果を記録することからヒューズ・モデルの収益性チェックが始まる。

　仮にDM1通あたりの費用を80円とし，顧客の売上単価を4,800円とした場合，収支は図表2-10のようになる。

　この例では，収支はマイナスとなる。ではどうすればよいのか？　その答えは「セルを選択して，収益を生み出すDM発信方法を採る」ことである。そのためには，まず損益分岐点のレスポンス率を把握する必要がある。ここで，

$$総DM発信数 \times 費用単価 = 総DM発信数 \times 損益分岐点レスポンス率 \times 売上単価 \quad (2.1)$$

となるので，損益分岐点レスポンス率は，

$$損益分岐点レスポンス率 = 費用単価 \div 売上単価 \quad (2.2)$$

となる。この例の場合，損益分岐点レスポンス率は1.67%であり，したがって

125あるセルの中からレスポンス率が1.67％以上のセルを選択してDMを発信すれば，収益段階において黒字となるはずである。1-1で前述したようにCRMは，消費者と売り手の双方がメリットを享受できる仕組みをつくるものである。レスポンスが低いセルの顧客は，DMを封も開けずにゴミ箱に捨てる場合も多いかもしれない。このヒューズ・モデルを活用して，DM反応率の高い顧客に情報を発信した場合，その人たちの自社に対するロイヤルティ醸成が可能となる。

3 優良顧客の判定

3-1 RFM分析を使ったロジット分析

　RFM分析は手軽に使えて有用な手段であるが，前節で説明した通りそこには限界もある。本節では，より精度の高いCRM活動の実現のために，RFMの枠組みにロジット分析を適用して顧客を分析する。
　まずは，2-2で述べた通り，RFM得点の上位者が必ずしも翌年度に継続して購買しているとは限らない，という限界点について考えてみる。その要因は，阿部（2004）によると，実務家間で実施されているRFM分析では，主観的ルールで運用されていることが挙げられる。例えば前述のRFMスコアの算出基準では，0～30日のFrequencyに20点を付与しているが，なぜ30日なのか，その科学的，論理的根拠はない。また，いつの時点で非継続顧客とみなすか，このことも同様の問題である。1年に数回しか買い物をしないが，1回当たりの購買額が大きい顧客を，たまたま数か月間購買がなかったために，切り捨ててしまう可能性もある。また，別の理由として，すべての顧客を同質とみなしていることが挙げられる。つまり，Rにおいて20点を付与された顧客セグメントやF＝4のセグメントでもそれぞれの顧客の購買行動は異なるはずで，顧客の異質性について配慮が必要であると述べられている。これら2点の課題は従来のRFM分析では解決できない。そこで本節では，本データについて，ロジット分析モデルを併用して，これら2つの課題を踏まえた，より精度の高いRFM分析を実証する。次に手順を以下に示す。

①百貨店POSデータとスーパーマーケットPOSデータのうち，年齢，性別，R，F，Mを説明変数，2005年度継続購買の有無を非説明変数として使用する。
②百貨店およびスーパーマーケットの各RFMの変数は裾が広い分布となるため対数変換する（唐津 1999）。
③上記データをK-means法により，百貨店，スーパーマーケットそれぞれのデータを5つのクラスターに分類する[5]。使用した説明変数は，各顧客の1年間における累積購買利用時間帯を使用する。百貨店の場合，午前10:00から1時間ごとに午後10:00までの12区分，スーパーマーケットの場合も同じく，午前10:00から1時間ごとに午後11:00までの13区分とした。
④10個の各クラスターに属する顧客を1つのセグメントとして①に記載されている変数を説明変数候補として，ロジット分析[6]を行った。ただし，説明変数については，変数選択を行っている。
⑤④で求められた各セグメントのロジット式に2004年度の説明変数の値を代入し，2005年度に継続して購買する確率をサンプルごとに求める。
⑥2004年の顧客について求められた継続確率を百貨店，スーパーマーケット別に集計し，期待値の高い順に並べる。
⑦百貨店，スーパーマーケットそれぞれの予測精度を検証するため，2-2で求めたRFM分析による予測と比較する。

本分析で用いたロジット・モデルは以下の通りである。
サンプル i が次年度に購買を継続する場合の確定的効用を，

$$v_i = \beta_0 + \beta_{AGE} \times AGE_i + \beta_{SEX} \times SEX_i + \beta_{FAMILY} \times FAMILY_i + \beta_R \times R_i + \beta_F \times F_i + \beta_M \times M_i \tag{2.3}$$

とすると[7]，サンプル i の購買継続確率 $P(v_i)$ は，

$$P(v_i) = \frac{\exp\{v_i\}}{1+\exp\{v_i\}} \tag{2.4}$$

となる。したがって，全サンプルに対する尤度は，y_i をサンプル i が継続したときに1，そうでないときに0とする変数とすると，

$$\prod_i \{P(v_i)\}^{y_i}\{1-P(v_i)\}^{(1-y_i)} \tag{2.5}$$

となる。そして，統計的に有意な変数を選択しながら，(2.5)式を最大にするようなパラメータβを求める。

3-2 分析結果

百貨店，スーパーマーケットそれぞれの5つのクラスターの基本統計量は図表2-11の通りである。百貨店クラスターの特徴として，クラスター1は，Rがセグメント間で最大で，継続率が59.8%と一番低いセグメントである。クラスター2は，購買継続率は64.7%と高く，Fが小さい割にMが大きいセグメントである。クラスター3は，購買継続率が66.7%で，年齢が52.2才と2番目に年配のセグメントである。クラスター4は，購買継続率が68.3%，最も年齢が低く（43.6才），Rが最も小さく，MおよびFが最も大きい優良顧客と考えられるセグメントである。クラスター5は，購買継続率が61.1%で，Fは大きいが，Mは最低のセグメントである。

次に，スーパーマーケットクラスターの特徴として，クラスター1は購買継続率が90.3%で，最も年齢の若い（45.5才）セグメントである。クラスター2の購買継続率は88.9%で，最も年配のセグメントである。クラスター3は購買継続率が91.1%と最も継続率が高く，Rも一番少なく，FとMはセグメント間で最も多い，優良顧客セグメントである。クラスター4の購買継続率は79.2%と低く，最も離反率（翌年度の非購買継続率）が高いセグメントでMも最小である。クラスター5の購買継続率は80.1%で，クラスター4と並び離反率が高いセグメントである。

ロジット分析の結果を図表2-12に示す。その確率の高い順に並び替えた累積継続比率を，百貨店とスーパーマーケットそれぞれについてグラフ化し，ランダムおよびRFM分析による結果と比較したものが図表2-13と図表2-14である。図中の灰色の太線がロジット・モデルによる顧客維持確率の高い順に並べた顧客の累積購買維持率である。これらの図で比較した場合，百貨店のグラフではロジット分析を併用したモデルが平均線に対して特に中位において，より膨ら

図表2-11　各クラスターの基本統計量（百貨店）

クラスター1	年齢	性別*	R	F	M	2005**
平均	49.5	0.25	120.1	6.3	70,014.9	0.60
中央値	49.0	0.00	88.0	2.0	17,630.0	1.00
最頻値	62.0	0.00	1.0	1.0	5,600.0	1.00
標準偏差	16.5	0.43	99.6	16.6	136,089.3	0.49
最小	22	0.00	1	1	1,100	0.00
最大	85	1.00	345	128	867,318	1.00

クラスター2	年齢	性別	R	F	M	2005
平均	54.0	0.30	112.1	5.5	86,910.6	0.65
中央値	55.0	0.00	67.0	2.0	27,890.0	1.00
最頻値	53.0	0.00	37.0	1.0	3,000.0	1.00
標準偏差	14.9	0.46	100.6	7.7	144,329.4	0.48
最小	23	0.00	0	1	490	0.00
最大	81	1.00	356	50	928,375	1.00

クラスター3	年齢	性別	R	F	M	2005
平均	52.2	0.30	107.0	4.7	82,447.8	0.67
中央値	55.0	0.00	64.5	2.0	30,000.0	1.00
最頻値	57.0	0.00	9.0	1.0	5,000.0	1.00
標準偏差	13.7	0.46	99.7	6.0	124,742.3	0.47
最小	23	0.00	0	1	360	0.00
最大	83	1.00	365	43	733,400	1.00

クラスター4	年齢	性別	R	F	M	2005
平均	43.6	0.23	85.7	10.7	153,779.9	0.68
中央値	40.0	0.00	53.0	4.0	45,990.0	1.00
最頻値	33.0	0.00	0.0	1.0	6,500.0	1.00
標準偏差	13.5	0.42	88.5	16.7	289,820.5	0.46
最小	23	0.00	0	1	290	0.00
最大	81	1.00	350	139	2,706.233	1.00

クラスター5	年齢	性別	R	F	M	2005
平均	47.5	0.23	118.0	6.2	60,885.7	0.61
中央値	48.0	0.00	92.0	2.0	18,000.0	1.00
最頻値	57.0	0.00	4.0	1.0	4,000.0	1.00
標準偏差	14.7	0.42	98.5	16.6	102,983.2	0.49
最小	19	0.00	0	1	360	0.00
最大	87	1.00	358	153	694,378	1.00

*性別：0＝女性，1＝男性　　**2005：翌年度の購買有無（0＝購買なし，1＝購買あり）

第2章 RFM分析による顧客の評価

（スーパーマーケット）

クラスター1	年齢	性別*	家族数	R	F	M	2005**
平均	45.5	0.25	3.4	46.2	36.0	89,548	0.90
中央値	46.0	0.00	4.0	12.0	21.0	42,044	1.00
最頻値	41.0	0.00	5.0	0.0	2.0	—	1.00
標準偏差	13.3	0.43	1.6	75.0	46.4	149,127	0.30
最小	18	0.00	0	0	1	256	0.00
最大	81	1.00	5	360	348	1,573,005	1.00

クラスター2	年齢	性別	家族数	R	F	M	2005
平均	56.0	0.20	3.5	55.1	38.2	107,280	0.89
中央値	58.0	1.00	4.0	9.5	19.0	35,639	1.00
最頻値	64.0	2.00	5.0	2.0	1.0	—	1.00
標準偏差	14.2	0.40	1.6	85.5	48.2	149,264	0.32
最小	22	0.00	0	0	1	248	0.00
最大	87	1.00	5	331	250	777,573	1.00

クラスター3	年齢	性別	家族数	R	F	M	2005
平均	52.7	0.14	3.4	42.8	39.8	108,636	0.91
中央値	53.0	1.00	4.0	12.0	19.0	52,337	1.00
最頻値	57.0	1.00	5.0	0.0	1.0	—	1.00
標準偏差	14.5	0.34	1.6	72.4	55.8	148,735	0.29
最小	23	0.00	0	0	1	158	0.00
最大	82	1.00	5	360	365	956,767	1.00

クラスター4	年齢	性別	家族数	R	F	M	2005
平均	47.4	0.17	3.7	62.3	29.4	67,618	0.79
中央値	47.0	1.00	4.0	21.0	5.0	13,547	1.00
最頻値	45.0	1.00	5.0	2.0	2.0	—	1.00
標準偏差	12.9	0.38	1.3	84.8	51.6	125,367	0.41
最小	22	0.00	0	0	1	300	0.00
最大	80	1.00	5	358	281	770,601	1.00

クラスター5	年齢	性別	家族数	R	F	M	2005
平均	51.1	0.21	3.5	68.2	31.8	67,933	0.80
中央値	51.0	1.00	4.0	19.0	8.0	17,228	1.00
最頻値	42.0	1.00	5.0	2.0	1.0	—	1.00
標準偏差	15.7	0.41	1.5	94.3	53.6	125,898	0.40
最小	20	0.00	0	0	1	223	0.00
最大	90	1.00	5	343	297	944,436	1.00

*性別：0＝女性，1＝男性　**2005：翌年度の購買有無（0＝購買なし，1＝購買あり）

図表2-12　各クラスターにおけるロジット・モデルのパラメータ

	百貨店				
	クラスター1	クラスター2	クラスター3	クラスター4	クラスター5
C	-4.01*	-8.45***	-6.60**	2.93**	—
AGE	2.21*	2.71**	3.71**	—	—
SEX	—	—	—	1.18**	1.43***
FAMILY	—	—	—	—	—
R	—	—	—	-1.85***	-0.79**
F	2.19***	2.24***	3.30***	1.68***	2.25***
M	—	0.87**	—	—	0.52*

	スーパーマーケット				
	クラスター1	クラスター2	クラスター3	クラスター4	クラスター5
C	4.17***	1.97***	2.99***	—	—
AGE	—	—	—	—	—
SEX	—	—	—	—	1.23**
FAMILY	-0.36**	—	—	—	—
R	-0.01***	-0.01***	-0.01***	—	-0.01***
F	0.04**	—	—	—	0.05**
M	—	0.00*	—	0.00**	—

＊：10％有意　＊＊：5％有意　＊＊＊：1％有意
注：C=B_0を表す

みのある曲線となっている。このことは，RFM分析と比較して，中位まで適切に購買維持する顧客を抽出できていることを示している。スーパーマーケットではあまり差異が見られないが，下位にいたる部分での乖離が観察できる。このように，ロジット分析による結果はより精度の高い購買の予測を可能にしていることがわかる。

3-4　まとめ

　本章では，購買履歴データをもとにしたCRMの1つの手法であるRFM分析について，さまざまな方法論を紹介した。本章で利用した百貨店POSデータについては，ロジット分析を組み合わせることによって購買継続の予測精度が上が

り，成果が見られた。ただし，スーパーマーケットの分析は若干の違いしか見られなかった。購買継続率が高い場合に予測精度がRFM分析とロジット分析との間に違いが，顕著には現れないためであると考えられる。

図表2－13　ロジット・モデルの結果（百貨店）

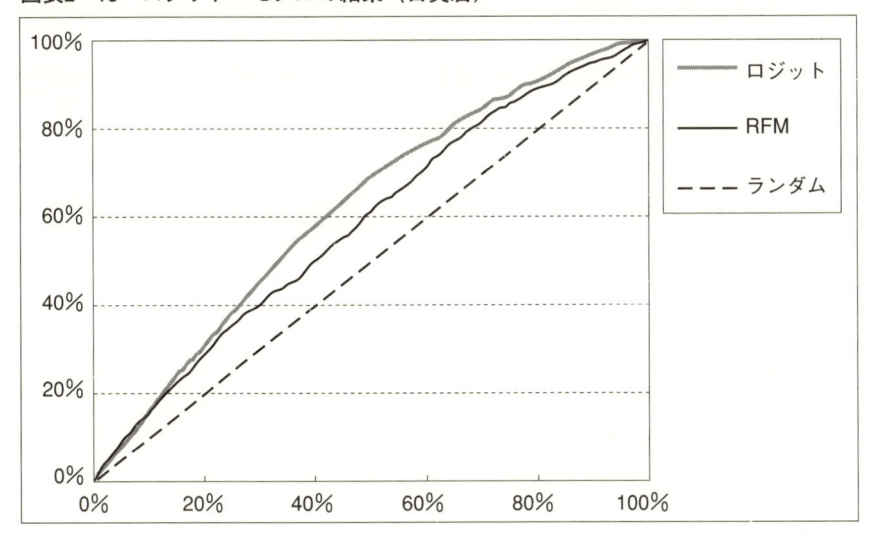

図表2－14　ロジット・モデルによる結果（スーパーマーケット）

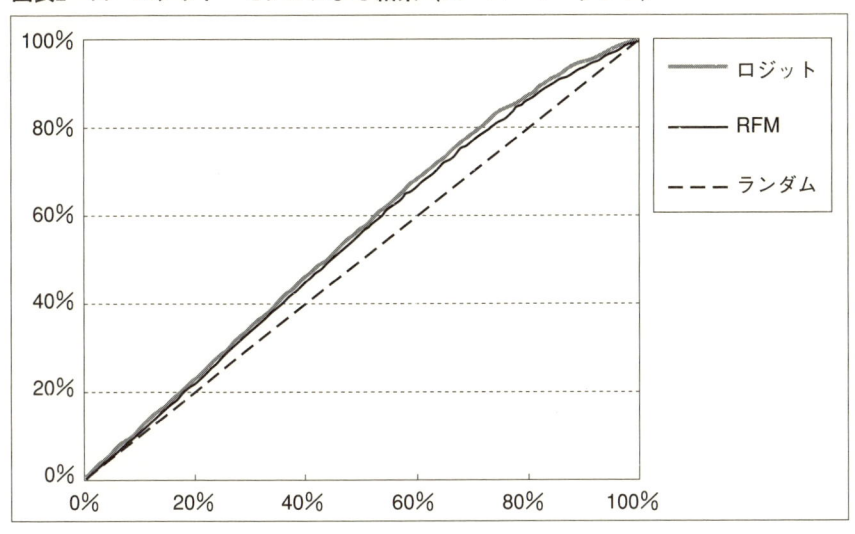

［注記］
1）Recency，Frequency，Monetaryのそれぞれの数値を5段階でランク付けを行い，RFMそれぞれをスコア化する。
2）RFMセルコードは，(株)ジェリコ・コンサルティングの商標である。
3）百貨店のM：20点：～￥145,270，10点：￥145,060～￥63,480，5点：￥63,400～￥28,960，3点：￥28,920～￥9,000，1点：￥8,990～￥394
　　スーパーマーケットのM：20点：～￥143,641，10点：￥143,625～￥58,084，5点：￥58,067～￥21,390，3点：￥21,340～￥5,000，1点：￥4,993～￥158
4）顧客が百貨店に申請した居住地（都道府県）における県庁所在地から百貨店の所在地最寄り駅までを各種鉄道，バス，徒歩などを利用した場合の陸路および航空機を利用した場合の空路による所要移動時間をYahoo! Transitにて検索し，いずれか短時間のほうを選定した。ただし東京都内居住者の経済時間はすべて0分とした。
5）K-means法の分析にあたっては，(株)数理システムのVisual Mining Studio Version 5を利用した。
6）ロジット分析は，Quantitative Micro Software社のEViews Version 4.1を利用した。
7）ただし，FAMILYはスーパーマーケットの場合のみ該当する。

［参考文献］
阿部誠［2004］,「CRMのデータ分析に理論とモデルを組み込む―消費者行動理論に基づいたRF分析―」,『流通情報』, No.426, 10-17.
江尻弘［1996］,「RFM分析による標的顧客の設定」,『最新データベース・マーケティング』, 第5章, 131-160.
原田保［1999］,「RFMのデータベース・マーケティング活用」,『戦略的パーソナル・マーケティング』, 第4章, 151-203.
Hughes, A. M.［1994］, *Strategic Database Marketing: Masterplan for Starting and Managing Profitable, Customer-Based Marketing Program*, McGraw-Hill.
アーサー・ヒューズ（著）, 秋山耕, 小西圭介（共訳）［1999］,「RFM分析による利益の向上」,『顧客生涯価値のデータベース・マーケティング』, 第6章, 109-131.
唐津一［1999］,『販売の科学』, PHP, 177.
木島正明, 中川慶一郎, 生田目崇, 佐川昌弘, 廣岡康雄［2003］,「顧客の分類」,『マーケティング・データ解析』, 第8章, 146-161.
Reichheld, F. F., and W. E. Sasser Jr.［1990］, "Zero Defections: Quality Comes to Services," *Harvard Business Review*, September-October, 1990, 105-111.
SASインスティチュートジャパン［2001］,「進化するマーケティング」,『データマイニングがマーケティングを変える』, 序論, 15-28.

第3章 クラスター分析によるマーケット・セグメンテーション

1 はじめに

　マーケット・セグメンテーションを行う際に，最もよく利用される手法の1つにクラスター分析がある。もともとクラスター分析は生物学において種の分類のために開発されたことに端を発しているが，生物学の他，医学，心理学，社会学など，多くの学問領域で利用される手法である。本章では，マーケティングのみならず幅広い分野においてこれまで用いられているクラスター分析によって，マーケット・セグメンテーションを試みる。

2 クラスター分析の概要

2-1　クラスター分析とは

　クラスター分析は，いくつかの変数に基づいて，多くの対象（例えば，顧客，組織）を内的には同質的であり外的には異質的なより少数のクラスター（セグメント）に分割する手法である。マーケティングでは，市場を，企業のマーケティング活動に対して同じような反応を示すセグメントに分割するのによく用いられる。例えば，その企業の提供製品・サービスを同じような状況で使用する，同じような使用をするセグメントに分類する，同じような購買パターンを示すセグメントに分類する，などである。最近の研究事例では，株式市場への

投資家の行動に関してクラスター分析（Wood and Zaichkowsky 2004）を行った事例，スーパーマーケットの店舗内における買い物行動（動線）に関する事例（Larson, Bradlow and Fader 2005）などがある。したがって，マーケット・セグメンテーションの対象は消費者あるいは企業であり，クラスター分析に使用する変数はセグメンテーション・ベースということになる。

Wedel and Kamakura（2000）では，あらかじめ，調査者によってセグメントが決定されているa priorな手法か，データ分析によってセグメントのタイプと数が決定するpost hocな手法かに従って，セグメント手法を分類しているが，クラスター分析はpost hocな手法である。

2-2 クラスター分析の手順

クラスタリングの手法は，階層型クラスター分析と非階層型クラスター分析とに分けられる。

階層型クラスター分析は対象間で1つずつ連結もしくは分割する手法である。一方で非階層型クラスター分析は，あらかじめ設定したグループ数に対象を分け，クラスタリングの有効性を表す何らかの基準の値を改善するように，データを再割当てする手法である。

階層型クラスター分析と非階層型クラスター分析についてより詳細に説明をしていく。

（1）階層型クラスター分析

階層型クラスター分析はさらに，アルゴリズムの観点から，凝集法（agglomerative method）と分枝法（divisive method）の2つに分類される。セグメンテーション・ベース（変数）に従って，対象を1つずつ連結していくのが凝集法であり，分割するのが分枝法である。AID（Automatic Interaction Detection）は分枝法の一種とみなすこともできる（Lilien and Rangaswamy 2004）。一般的に，凝集法によるクラスター分析が用いられることが多く，AIDを除き分枝法が用いられることはあまりないようである。凝集法によるクラスター（セグメント）形成の手順は次の通りである。

1．類似性測度に基づいてすべての対象（個人，家計など）間の類似の度合い

図表3-1　階層型クラスター分析のイメージ

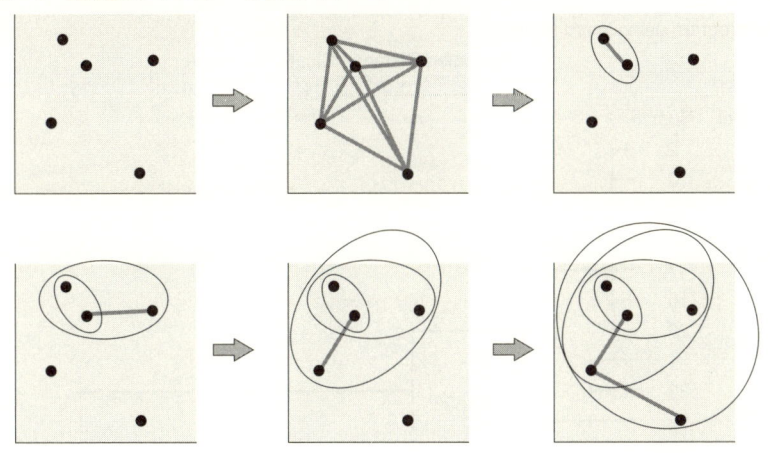

　　を決める。
2．最も近い対象2つを連結させ，クラスターを作る。
3．続いて，次に近い対象（対象がクラスターである場合もある）2つを連結させる。2つの対象を連結させて新しいクラスターを形成させるか，既存のクラスターにある対象を所属させる。
4．すべての対象がクラスター化されるまで，ステップ3．を繰り返す。

　図表3-1は階層型クラスター分析の考え方を表した図である。クラスターを形成するために，すべての対象間もしくは対象クラスター間の距離を知る必要がある。この例は，2次元で表されているが，実際には多次元空間の場合もあり，クラスター分析がより有効な手段となる。凝集法には，後述するように様々なアルゴリズムがある。

　階層型クラスター分析では，図表3-2のようなデンドログラム（dendrogram）と呼ばれる図を生成することができる。デンドログラムは対象の連結過程を視覚的に捉えるための手段であり，階層型クラスター分析を用いる大きなメリットの1つである。樹状図（Tree Diagram），ツリーなどと呼ばれることもある。

　階層型クラスター分析には，さまざまな類似性測度とさまざまなクラスタリング・アルゴリズムが提案されている。どの測度を用いるか，どのアルゴリズムを用いるかによってクラスタリングの結果には差異が生じる。以下，順にそれぞれについて説明する。

図表3-2　デンドロクラム

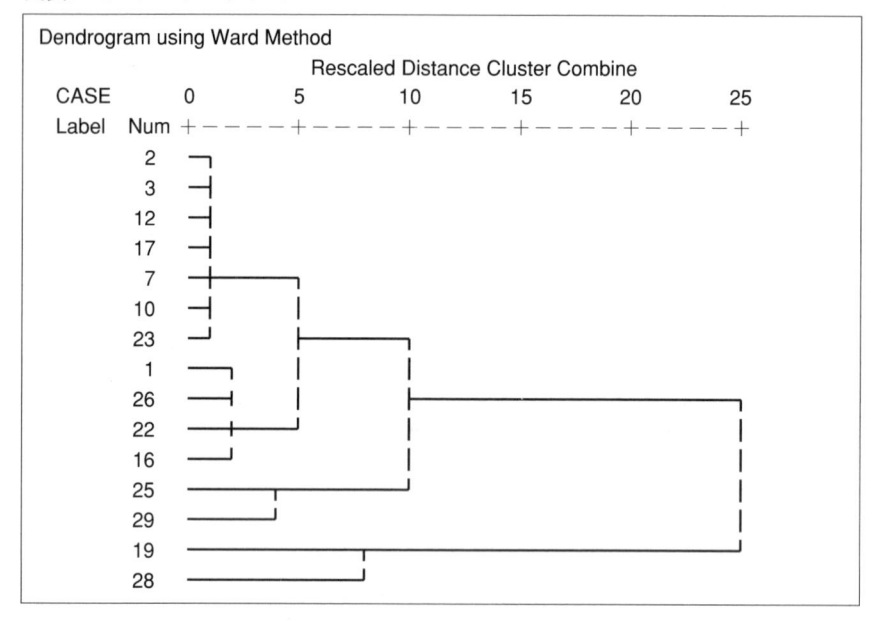

```
Dendrogram using Ward Method
                    Rescaled Distance Cluster Combine
     CASE      0        5       10       15       20       25
     Label  Num +--------+--------+--------+--------+--------+
            2   ─┐
            3   ─┤
           12   ─┤
           17   ─┤
            7   ─┼─┐
           10   ─┤ │
           23   ─┘ ├─────┐
            1   ─┐ │     │
           26   ─┼─┘     │
           22   ─┤       ├─────────────────────────────┐
           16   ─┘       │                             │
           25   ─┐       │                             │
           29   ─┴─┐     │                             │
           19   ───┤     │                             │
           28   ───┴─────┘                             │
```

(2) 対象間の類似性を表す測度

　クラスター分析ではまずすべての対象対において類似性の測度を定義する必要がある。類似性測度をまとめたものが，図表3-3である。類似性測度は，利用するデータのタイプによって，二値データの場合に用いる測度とメトリックデータの場合に用いる測度，それらが混在した場合に用いる測度に分類できる。データがカテゴリカルデータの場合には，0-1などのダミー変数に変換して二値データとして扱う。

　メトリックデータに関しては，類似性測度として距離測度とPearsonの相関係数が利用できる。距離測度は値が大きくなるほど類似していないことを表すので，非類似性測度という言い方をすることもある。

　距離測度の場合には，用いられる変数の単位が異なり比較可能でない場合や単位の影響を受ける場合には注意する必要がある。後者の場合には単位が変わる（例えばmからcmに変わるなど）ことによってクラスタリングの結果が異なることがある。この問題を避けるためには，類似性を計算する前に，データを

図表3-3　おもな類似性測度

二値データ		
但し $a = \sum_k y_{nk} y_{mk}$,　$b = \sum_k (1-y_{nk}) y_{mk}$,　$c = \sum_k y_{nk} (1-y_{mk})$,　$d = \sum_k (1-y_{nk})(1-y_{mk})$ y_{nk}, y_{mk} = 対象 m もしくは n のセグメンテーション変数 k の値		
(S1)	単連結	$(a+b)/(a+b+c+d)$
(S2)	Jaccard	$a/(a+b+c)$
(S3)	Czesanowski	$2a/(2a+b+c)$
(S4)	Sokal and Sneath 1	$2(a+d)/(2a+2d+b+c)$
(S5)	Sokal and Sneath 2	$a/(a+2b+2c)$
(S6)	Russel and Rao	$a/(a+b+c+d)$
(S7)	Hamann	$(a+d-b-c)/(a+b+c+d)$
(S8)	Rogers and Tanimoto	$(a+d)/(a+b+2c+2d)$
(S9)	Yule's Q	$(ad-bc)/(ad+bc)$
(S10)	Kulczynski	$a/(b+c)$
(S11)	Ochiai	$a/\{(a+b)(a+c)\}^{1/2}$
(S12)	Psi	$\{x^2/(a+b+c+d)\}^{1/2}$
メトリックデータ		
但し，σ_n^2 = 対象 n の測度の分散，R_k = 変数 k のレンジ，w_k = ウェイト		
(D1)	相関係数	$\sum_k (y_{nk}-\bar{y}_n)(y_{mk}-\bar{y}_m)/\sigma_n \sigma_m$
(D2)	ユークリッド距離	$\left(\sum_k w_k (y_{nk}-y_{mk})^2\right)^{1/2}$
	(D2a) 非標準化距離	$w_k = 1$
	(D2b) Pearson 距離	$w_k = 1/\sigma_k^2$
	(D2c) レンジ標準化距離	$w_k = 1/R_k^2$
(D3)	都市ブロック距離（Manhattan距離）	$\sum_k \|y_{nk}-y_{mk}\|$
(D4)	Mahalanobis 距離	$(y_n-y_m)' \Sigma^{-1} (y_n-y_m)$
(D5)	Minkowski距離	$\left(\sum_k w_k (y_{nk}-y_{mk})^r\right)^{1/r}$
(D6)	角距離	$\sum_k y_{nk} y_{mk} / \left(\sum_k y_{nk}^2 y_{mk}^2\right)^{1/2}$
(D7)	Canberra距離	$\sum_k \|y_{nk}-y_{mk}\|/(y_{nk}+y_{mk})$
混合データ		
	Gower距離	$1 - \sum_k w_k \|y_{nk}-y_{mk}\|/K$ メトリックデータ：$w_k = 1/R_k^2$ ノンメトリックデータ：$w_k = 1$

出所：Wedel and Kamakura(2000)より引用の上，加筆修正

標準化する必要がある。距離測度を用いる場合であっても、コンジョイント分析のような手続きによって得られた選好データの場合には単位はなく、かつそれらの値はすべて共通した基準に基づくという前提に立っているので、データを標準化する必要はない。

相関係数を利用する場合に注意すべきことはもともとのスケールにおけるカテゴリーの値の大小による効果が除去されてしまうことである。例えば、アンケートデータの場合、すべての質問項目に高い評価をした人（例えば7点尺度ですべての質問に7）は、同じようにすべてに高い評価をした人だけでなくすべてに低い評価をした人（7点尺度ですべてに1）と完全な相関を持つことになる。相関係数はセグメンテーションでよく用いられるが、結果については注意深く吟味しなければならない。Punj and Stewart（1983）では、外れ値の影響を強く受けるアルゴリズムにおいては、類似性測度としてPearsonの相関係数がより好ましいとしている。

セグメンテーション・ベースにカテゴリカルデータとメトリックデータが混在している場合には、Gower距離が類似性測度として利用できる。Lilien and Rangaswamy（2004）ではAIDを利用するのが無難であるとしている。

（3）階層型クラスター分析におけるアルゴリズム

前述の通り、階層型クラスター分析は、凝集法と分枝法に分けることができるが、ここでは凝集法に限定して説明することにする。凝集法による階層型クラスター分析のアルゴリズムを一覧表にしたものが図表3-4である。

単連結法（最近隣法、最短距離法ともいう）では、クラスター間で最も近い対象間での距離をクラスター間の距離として考える。

完全連結法（最遠隣法、最長距離法ともいう）では、クラスターのうち最も遠い対象間の距離をクラスター間の距離として考える。この距離は、新しいクラスター内の全対象間においても最大距離となる。

平均連結法（群平均法ともいう）では、そのクラスター間（例えば、クラスターAとクラスターB）のすべての対象間の平均距離をクラスターAとクラスターBの距離として考える。

Ward法（分散最小法ともいう）は、新しいクラスターを形成する際に生じる誤差が最小になるように対象を選ぶ考え方である。

第3章 クラスター分析によるマーケット・セグメンテーション

図表3−4　階層型クラスター分析のアルゴリズムとその定義

	アルゴリズム	距離の定義
(A1)	単連結法（最短距離法，最近隣法）	各クラスターに所属する要素間の最も近い距離
(A2)	完全連結法（最長距離法，最遠隣法）	各クラスターに所属する要素間の最も遠い距離
(A3)	平均連結法（群平均法）	各クラスターに所属する要素間の平均
(A3a)	加重平均連結法	各クラスターに所属する要素間の加重平均
(A4)	重心連結法	各クラスターの重心（各変数についての平均値）間の距離
(A5)	メディアン連結法	各クラスターのメディアン（各変数についてのメディアン）間の距離
(A6)	Ward法（最小分散連結法）	連結による残差平方和の増加量を最小にする
(A7)	p-最近傍法	相互近傍値
(A8)	クラスターワイズ回帰	クラスター回帰の総残差平方和を最小にする

出所：Wedel & Kamakura(2000)より引用の上，加筆修正

図表3−5　単連結法と完全連結法の結合の違い

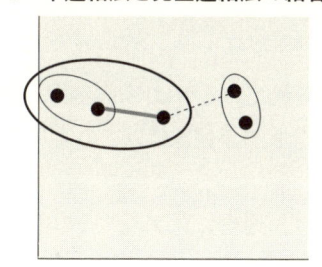

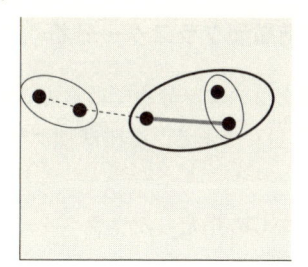

　以上のように階層型クラスター分析にはさまざまなアルゴリズムがあり，採用するアルゴリズムが変わればクラスター分析の結果にも違いが生じる。図表3−5は，このことを表した図である。中央の点は単連結法に依拠した場合には左側のクラスターと連結するが，完全連結法に依拠した場合には右側のクラスターと連結する。

　それでは，どのアルゴリズムを用いるのがよいかという問題になるが，一般的にはWard法が利用されることが多いようである。Wedel and Kamakura (2000) ではそれぞれのアルゴリズムの特徴として，(1)単連結法，重心連結法，メディアン連結法は外れ値の影響を受けないが，データのノイズに影響を受けること，

(2)完全連結法や重心連結法は極端にサイズの異なるクラスターをつくりだすことがあまりないこと，(3)平均連結法は外れ値が含まれる場合にはパフォーマンスは悪いが，データのノイズ，サイズの異なるクラスターの影響を受けることがあまりないこと，(4)メディアン連結法，重心連結法は，クラスター間の連結により新しいクラスターの形成によって以前のクラスターよりも類似性の程度が弱まってしまう逆転やクラスターの階層構造が一意に定まらない非一意性など深刻な問題をはらんでいること，(5)最小分散連結法（Ward法）は，外れ値によって影響を受け，異なるサイズのクラスターを生成することがあるが，データのランダムノイズに影響されることはあまりなく，一般的には真のクラスターを復元するのによいパフォーマンスを示すこと，(6)平均連結法と最小分散連結法（Ward法）は，多岐にわたるセグメンテーション目的において，明らかに他の手法よりもパフォーマンスがよいこと，(7)p-最近傍法は，他の多くの階層型クラスター分析では識別できないクラスター構造を発見できる，と述べている。

（4）非階層型クラスター分析

　非階層クラスター分析では最もよく用いられているのはK-means法（図表3－6中の（O1））である。非階層型クラスター分析の手続きは以下の通りである。

1．あらかじめ指定したクラスターの数だけ，適当にクラスターの中心を設定する。
2．それぞれのクラスターに，クラスターの中心に最も近いすべての対象を割り当てる。
3．何らかの最適化基準（図表3－6参照）の値を改善するようにすべての対象を各クラスターに再割り当てする。K-means法（図表3－6中の（O1））の場合，クラスター内の変動の和が減るように，すべての対象を同時にクラスターに再割り当てする。それぞれのクラスターの基準値（クラスター内平方和の和）が最小になるまで繰り返す。

　非階層型クラスター分析としてはSimulated Annealing Heuristic（Brusco, Cradit and Stahl 2002）やEXCLU（Krieger and Green 1996）などの手法も提案されているが，最もよく用いられるのはK-meansである。既述の通り，非階層クラスター

図表3−6　非階層型クラスター分析の最適化基準

T	=	$K \times K$ 総分散行列
W	=	プールされたセグメント内 $K \times K$ 分散行列
W_s	=	セグメント s のセグメント内 $K \times K$ 分散行列
B	=	セグメント間 $K \times K$ 分散行列
σ_s	=	セグメント内回帰残差平方和
P_{sj}	=	セグメント s におけるブランド j の選択確率
A_{nj}	=	被験者 n がブランド j を選んだら1，選ばなければ0

(O1)	(K-means)	trace (W)
(O2)		det (W)
(O3)		trace (BW^{-1})
(O4)		det (BW^{-1})
(O5)		$\prod_s \det(W_s)^{N_s}$
(O6)		$\prod_s (N_s - 1) \det(W_s)^{1/K}$
(O7)		$N \ln \det(W) - 2 \sum_s N_s \ln N_s$
(O8)		$\sum_s (N_s \ln \det(W_s) - 2N_s \ln N_s)$
(O9)		$\sum_{s,k} \{Y_n \, EQ \, INT \, (\sum_n Y_n / N_s + 0.5)\}$
(O10)		$\sum_s \sigma_s^2 / S$
(O11)		$\prod_s (\sigma_s)^{2N_s/N}$
(O12)		$\sum_s L_s, \; L_s = \prod_{nj} P_{sj}^{A_{nj}} \quad n \in s$

出所：Wedel and Kamakura（2000）より引用の上，加筆修正

分析では，階層的クラスター分析とは異なり，対象をクラスターに決定的に割り当てることはなく，最適化基準を改善できるのであればクラスターを再割り当てできる。それ故に非階層構造となり，デンドログラムを描くことはできない。

　階層型クラスター分析と非階層型クラスター分析はそれぞれ一長一短であり，どちらが良いかについては様々な意見がある（朝野 2000 参照）が，一般的にサンプルサイズが小さい場合には階層型クラスター分析，サンプルサイズが大きい場合には非階層型クラスター分析が用いられる傾向にある。

　クラスター分析の問題点としてしばしば挙げられるのが，類似性測度の選択に関する問題とクラスター数の決定に関する問題である（Green, Frank and Robinson 1967など）。類似性測度に関しては慣習的にユークリッド距離が用いられることが多いようである。クラスターの数の決定については通常，マネジリアル

な視点から決定されることが多い。階層型クラスター分析ではクラスターが結び付けられる距離を基準として用いることができる。非階層型クラスター分析では，総グループ内分散のグループ間分散に対する比の値を調べ（すなわち分散分析によって），その比が安定的であるクラスター数を採用すべきである。Punj and Stewart（1983）では，Ward法による階層型クラスター分析の結果と比較して非階層型クラスター分析の結果の妥当性を検討することを提案している。

セグメンテーション・ベースについては，対象すべてが同じ値となるような変数は，対象を区別するのによいセグメンテーション・ベースとはならない。一方で，逆に対象間で強く異なっていても目的に関連しない変数が含まれていると，誤った因果関係を導く結果にもなりかねないので，いずれにせよ注意が必要である。

2-3 ソフトウェア

クラスター分析を行う場合には以下のソフトウェアなどを利用できる。

(1) SPSS

SPSSでは，非階層型クラスター分析，階層型クラスター分析の両方を実行可能である。非階層型クラスター分析は「分析（A）」－「分類（F）」の中の「大規模ファイルのクラスタ（K）」を選べば可能である。階層型クラスター分析は「分析（A）」－「分類（F）」の「階層クラスタ（H）」を選べば実行可能である。階層型クラスター分析はクラスタリング手法と類似性測度を選ぶことができる。非階層型クラスター分析はK-means法のみ利用できる。

(2) SAS

SASでは，階層型クラスター分析はPROC CLUSTERで実行できる。
PROCCLUSTER　DATA=（データセット名）
METHOD=WARD OUT=RESULT;
　VAR（変数名）（変数名）（変数名）;
　ID　（対象の変数名）;
　RUN;

非階層型クラスター分析はPROC FASTCLUSで実行できる。
PROC FASTCLUS DATA＝（データセット名）
　　MAXITER＝（Iterationの最大回数）
　　MAXCLUSTERS＝（最大クラスター数）；
　　VAR（変数名）（変数名）（変数名）；
　　ID（対象の変数名）；
　　RUN；

（3） R

　Rでは例えば，Clusterというパッケージを用いて階層型クラスター分析を行うことができる。データ行列xに対して，ユークリッド距離，Ward法，反復を100に設定したクラスター分析を実行する際には，以下のようにスクリプトを書けばよい。

　　agnes（x, diss）＝inherits（x, "dist"）, metric＝"euclidean",
　　　　stand＝FALSE, method＝"ward", par.method,
　　　　keep.diss＝n（100, keep.data＝!diss）

3 分析事例

　以上を踏まえて，スーパーマーケットの会員顧客の購買履歴データを用いてマーケット・セグメンテーションを行った。東北地方のスーパーマーケットにおける購買履歴データであり，データ期間は2001年9月より2006年8月までの5年間である。顧客毎に集計した上で，法人会員および欠損データ等を除き，23,986人の個人顧客の部門別購買点数を用いて非階層型クラスター分析（K-means法）を行った。
　今回はセグメンテーション・ベースとして，(1)部門別購買点数を用いた場合，(2)総購買金額，総購買点数，来店回数を用いた場合で，クラスター分析を行った。(2)に関しては，変数によって単位が異なるのでデータを標準化してクラスター分析を行っている。

3-1　セグメンテーション・ベースとして部門別購買点数を用いた場合

　クラスター数の設定を 2 から10まで変更してクラスター分析を行った結果，クラスター数を 3 に設定した場合に，最も適切な分割がなされた。図表3-7の分散分析の結果から，3つのクラスターは24部門すべての変数について有意差があることがわかる。図表3-8は各クラスの大きさであり，それぞれのクラスに分

図表3-7　分散分析表

	クラスター		誤差		F値	有意確率
	平均平方	自由度	平均平方	自由度	平均平方	自由度
野菜	2969603282	2	100307.1929	23983	29605.08808	0
果物	143618289.9	2	9553.690988	23983	15032.75437	0
水産	622675456.4	2	44036.51965	23983	14139.97885	0
食品	221053409.4	2	10700.86758	23983	20657.52219	0
菓子	176657319.3	2	18517.25663	23983	9540.145326	0
加工肉	28260836.06	2	1731.573965	23983	16320.89453	0
雑貨	70447941.81	2	5228.484937	23983	13473.87296	0
衣料	4721.074077	2	4.595586377	23983	1027.306135	0
塩干	318208422.7	2	15392.05897	23983	20673.54493	0
牛肉	5014821.012	2	1269.588466	23983	3949.957918	0
惣菜	325583490.1	2	39416.91602	23983	8259.994005	0
酒	52957148.74	2	17173.56748	23983	3083.64286	0
米	243613.4704	2	61.92217097	23983	3934.188135	0
たばこ	93780.97358	2	211.468897	23983	443.4740754	7.5438E-190
和日配（漬物）	63698006.02	2	5214.30646	23983	12216.00735	0
和日配（水物）	1228398321	2	32796.29467	23983	37455.39956	0
和日配（冷凍）	11362674.67	2	2328.58315	23983	4879.651677	0
和日配（練製品）	49769153.92	2	2935.965537	23983	16951.54568	0
洋日配（バター・チーズ）	4208851.896	2	636.7761184	23983	6609.625854	0
洋日配（乳製品）	576806272.2	2	38729.5616	23983	14893.17845	0
洋日配（パン）	213513515.9	2	18809.64257	23983	11351.27981	0
農産乾物	195231957.2	2	9215.066912	23983	21186.16816	0
調味料	168981753	2	6350.996993	23983	26607.12218	0
嗜好品	175426767.3	2	25763.89616	23983	6809.015461	0

第3章 クラスター分析によるマーケット・セグメンテーション

図表3−8

各クラスターのケース数	
クラスター 1	569
クラスター 2	20354
クラスター 3	3063
計	23986

図表3−9 最終クラスター中心

	クラスター1	クラスター2	クラスター3
野菜	2880.7	82.4	933.5
果物	604.4	22.8	232.1
水産	1302.5	41.9	446.2
食品	772.5	26.1	270.1
菓子	652.6	34.8	282.2
加工肉	270.0	10.3	102.2
雑貨	446.8	15.2	145.9
衣料	3.8	0.1	1.0
塩干	910.9	31.2	334.2
牛肉	111.8	5.4	45.9
惣菜	910.9	48.0	370.6
酒	368.2	21.4	152.2
米	25.9	0.8	8.7
たばこ	15.0	0.8	6.5
和日配（漬物）	421.2	13.1	139.0
和日配（水物）	1814.9	57.0	633.3
和日配（冷凍）	176.0	7.1	62.7
和日配（練製品）	363.3	11.4	128.7
洋日配（バター・チーズ）	102.9	4.7	41.3
洋日配（乳製品）	1219.6	50.8	468.4
洋日配（パン）	733.4	30.8	129.9
農産乾物	721.8	29.6	264.9
調味料	664.8	26.1	248.4
嗜好品	672.0	34.7	269.2

図表3-10

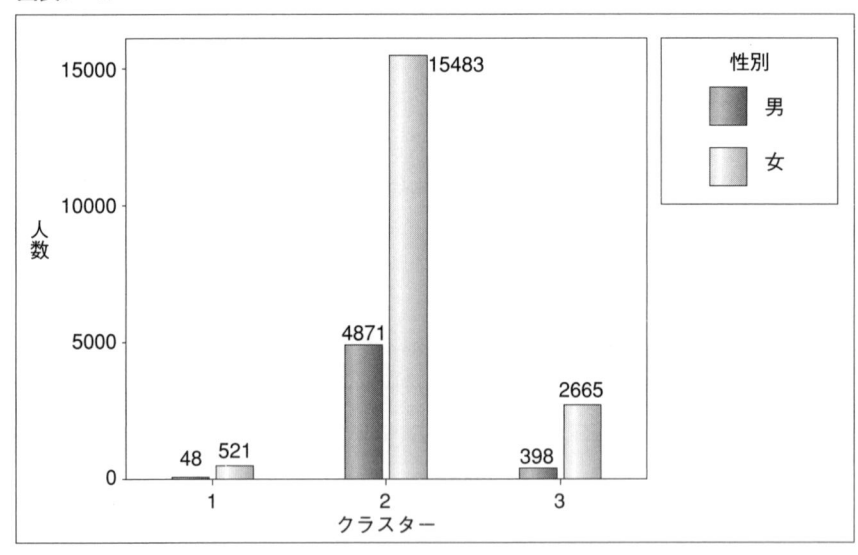

クラスター	男	女
1	48	521
2	4871	15483
3	398	2665

図表3-11

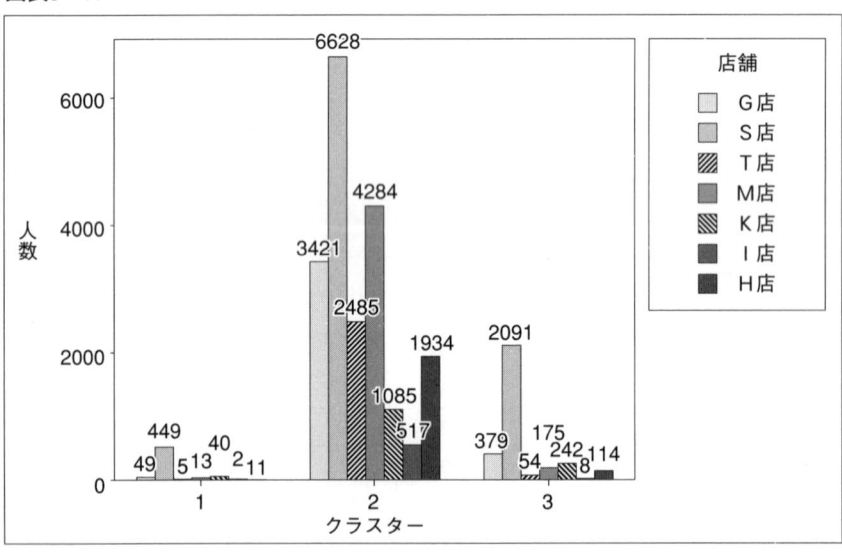

クラスター	G店	S店	T店	M店	K店	I店	H店
1	49	449	5	13	40	2	11
2	3421	6628	2485	4284	1085	517	1934
3	379	2091	54	175	242	8	114

第3章　クラスター分析によるマーケット・セグメンテーション

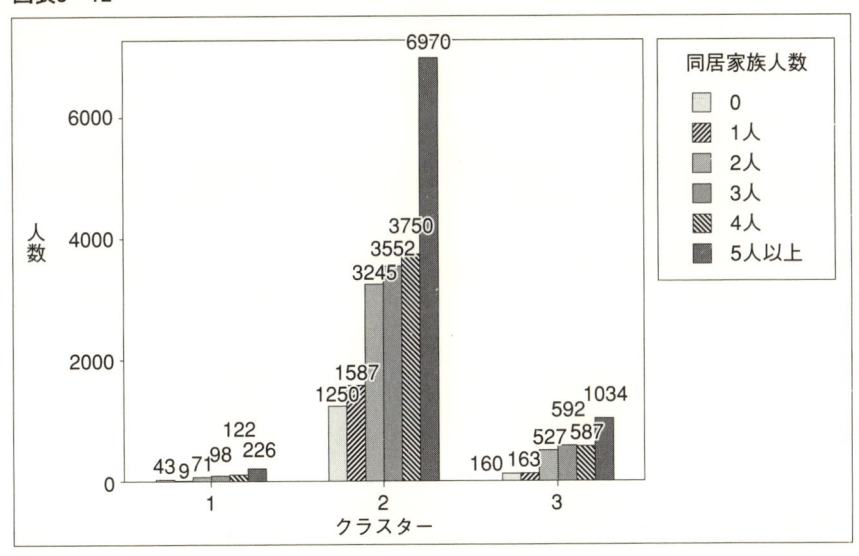

図表3－12

クラスター1:
- 0人: 43
- 1人: 9
- 2人: 71
- 3人: 98
- 4人: 122
- 5人以上: 226

クラスター2:
- 0人: 1250
- 1人: 1587
- 2人: 3245
- 3人: 3552
- 4人: 3750
- 5人以上: 6970

クラスター3:
- 0人: 160
- 1人: 163
- 2人: 527
- 3人: 587
- 4人: 592
- 5人以上: 1034

図表3－13

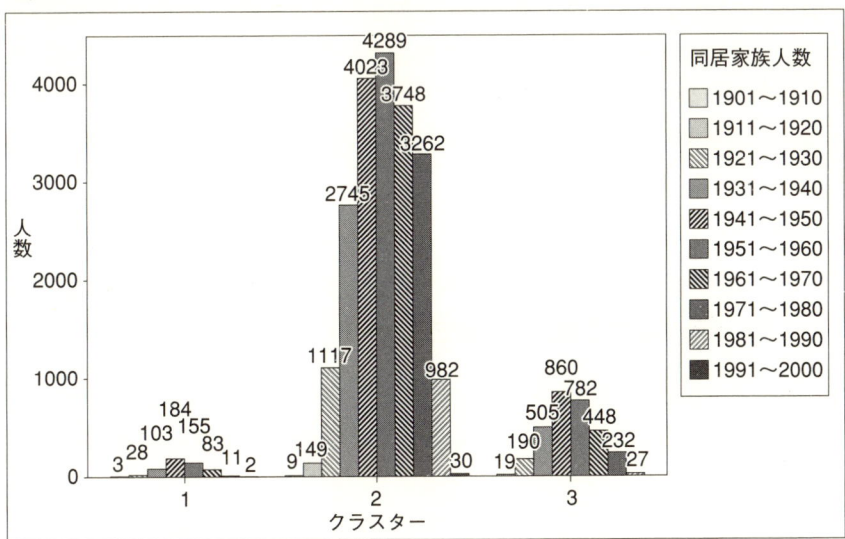

クラスター1:
- 1901～1910: 3
- 1911～1920: 28
- 1921～1930: 103
- 1931～1940: 184
- 1941～1950: 155
- 1951～1960: 83
- 1961～1970: 11
- 1971～1980: 2
- 1981～1990: (—)
- 1991～2000: (—)

クラスター2:
- 1901～1910: 9
- 1911～1920: 149
- 1921～1930: 1117
- 1931～1940: 2745
- 1941～1950: 4023
- 1951～1960: 4289
- 1961～1970: 3748
- 1971～1980: 3262
- 1981～1990: 982
- 1991～2000: 30

クラスター3:
- 1901～1910: 19
- 1911～1920: 190
- 1921～1930: 505
- 1931～1940: 860
- 1941～1950: 782
- 1951～1960: 448
- 1961～1970: 232
- 1971～1980: 27

類された顧客の数を表している。3つのクラスターのクラスの大きさは，大きいほうから順にクラスター2，クラスター3，クラスター1である。クラスター2に所属する顧客が20,000人以上にもなり，全顧客のうち9割を占めていることになる。

　図表3-9は各クラスターの中心であり，それぞれのクラスターの当該期間中の各部門購買点数を表している。ここから各クラスターの特徴を捉えることが可能である。

　一番サイズの小さいクラスター1は全部門で購買点数が最も多く，優良会員顧客であると考えられる。クラスター2は逆に全部門で購買点数が最も少ない顧客グループである。これらのグループが9割近くを占めていることになる。クラスター3は相対的に購買点数が多くも少なくもない中庸グループである。

　続いて，顧客属性に照らしてクラスターの特徴を検討する。
　図表3-10は各クラスターと顧客の性別との関係を示したグラフである。優良顧客グループであるクラスター1はほぼ女性から構成されていることがわかる。

　最後に，店舗との関係性を示したものが図表3-11である。購買点数の多いクラスター1はほぼS店の購買顧客から構成されていることがわかり，I店，T店は，購買点数の少ない顧客グループ（クラスター2）からほぼすべて構成されていることがわかる。このような店舗間での購買点数の差異には，各店舗の規模の違いも影響しているものと思われる。

3-2　セグメンテーション・ベースとして総購買金額，総購買点数，来店回数を用いた場合

　クラスター数の設定を2から10まで変更してクラスター分析を行った結果，クラスター数を5に設定した場合に，最も適切な分割がなされた。図表3-14の分散分析の結果から，各クラスターは有意に異なるものであることがわかる。図表3-15は各クラスの大きさを表しており，大きいほうから順にクラスター2，クラスター5，クラスター4，クラスター3，クラスター1である。クラスター2に所属する顧客が全顧客の7割強を占めている。

図表3−14　分散分析表

	クラスター		誤差		F値	有意確率
	平均平方	自由度	平均平方	自由度	平均平方	自由度
Z得点（総購買金額）	5231.017714	4	0.127639762	23981	40982.66571	0
Z得点（総購買点数）	5406.875247	4	0.098306952	23981	54999.92771	0
Z得点（来店回数）	5176.682435	4	0.136702817	23981	37868.14739	0

図表3−15

各クラスターのケース数	
クラスター 1	122
クラスター 2	17062
クラスター 3	710
クラスター 4	1868
クラスター 5	4224
計	23986

図表3−16　最終クラスター中心

	クラスター1	クラスター2	クラスター3	クラスター4	クラスター5
総購買金額	5028502.0	58979.2	2383481.0	1207157.7	491193.3
総購買点数	24729.0	309.5	12405.3	6314.9	2563.0
来店回数	1277.9	25.5	813.0	439.8	193.3

　図表3−16は各クラスターの中心を表している。今回の分析で用いた変数は（金額，点数，回数であり）それぞれ単位が異なるので，クラスター分析では標準化されたデータを用いているが，ここでは標準化前の値に戻して表示してある。

　一番サイズの小さいクラスター1は全部門で購買点数が最も多く，優良会員顧客であると考えられる。クラスター2は逆に全部門で購買点数が最も少ない顧客グループで，来店回数が5年間で約25回しかなく，会員顧客として機能していない可能性がある。これらのグループが9割近くを占めていることになる。クラスター3，4，5は中庸グループであるが，その中でもクラスター3は金額，点数，回数ともに多くは，クラスター5は逆に少ない。

図表3−17

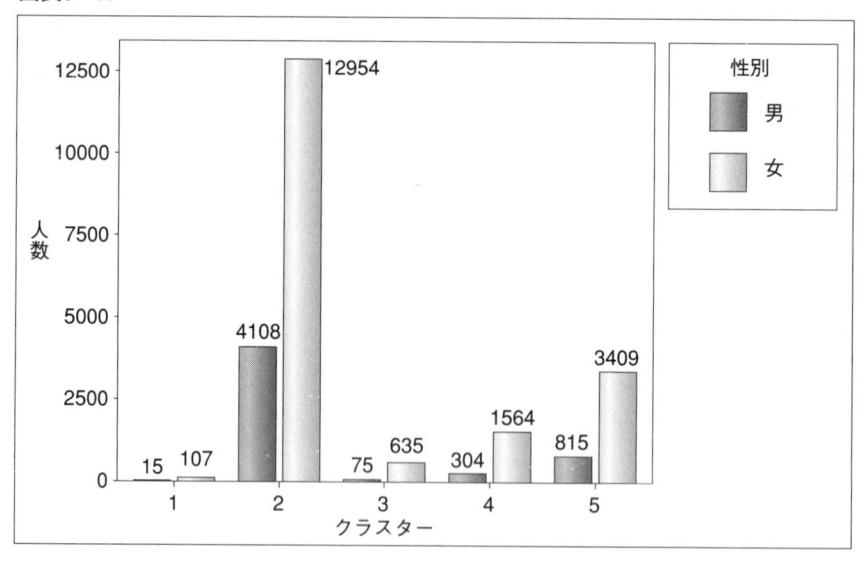

図表3−18

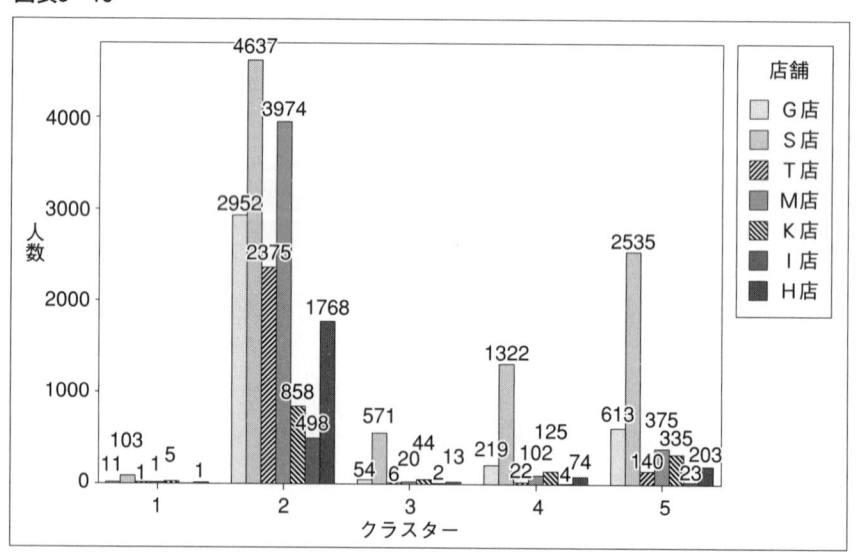

第3章 クラスター分析によるマーケット・セグメンテーション

図表3-19

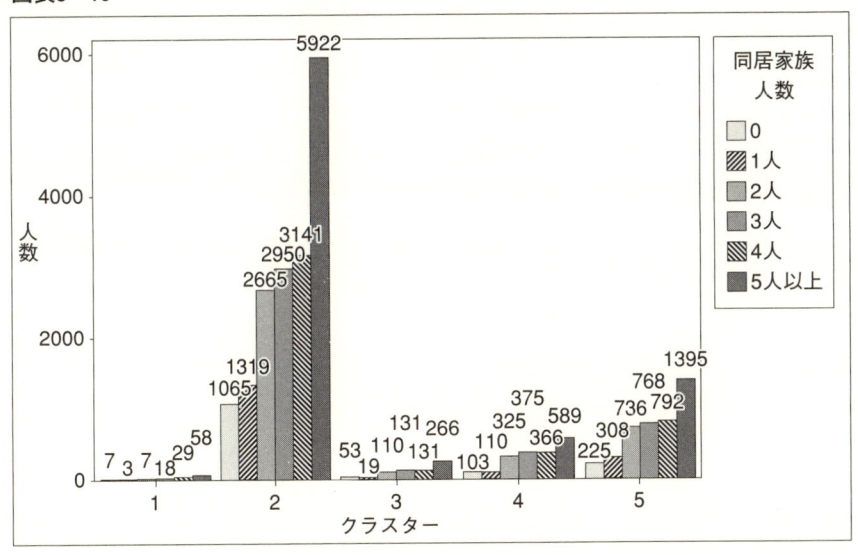

クラスター別 同居家族人数の分布（棒グラフ）
- 凡例：同居家族人数 0／1人／2人／3人／4人／5人以上
- クラスター1：7, 3, 7, 18, 29, 58
- クラスター2：1065, 1319, 2665, 2950, 3141, 5922
- クラスター3：53, 19, 110, 131, 131, 266
- クラスター4：103, 110, 325, 375, 366, 589
- クラスター5：225, 308, 736, 768, 792, 1395

図表3-20

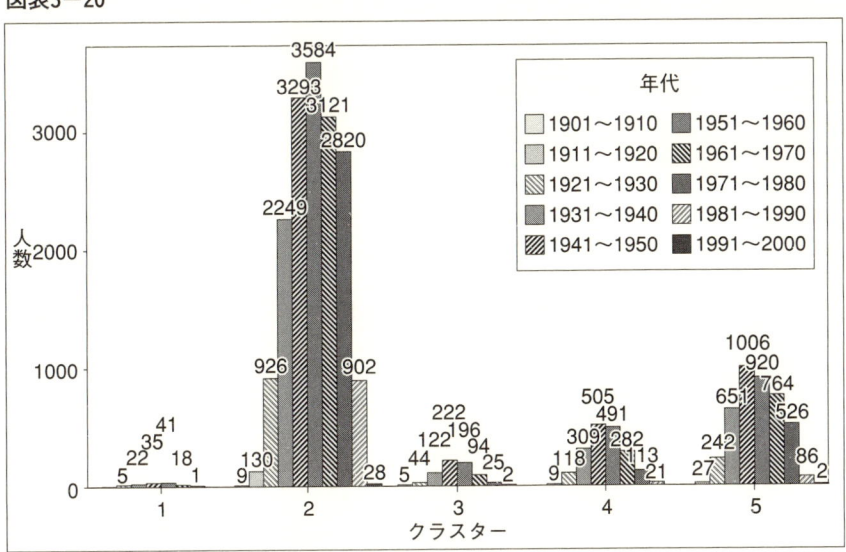

クラスター別 年代の分布（棒グラフ）
- 凡例：年代 1901～1910／1911～1920／1921～1930／1931～1940／1941～1950／1951～1960／1961～1970／1971～1980／1981～1990／1991～2000
- クラスター1：5, 22, 35, 41, 18, 1
- クラスター2：9, 130, 926, 2249, 3293, 3584, 3121, 2820, 902, 28
- クラスター3：5, 44, 122, 222, 196, 94, 25, 2
- クラスター4：9, 118, 309, 505, 491, 282, 113, 21
- クラスター5：27, 242, 651, 1006, 920, 764, 526, 86, 2

まず，性別によってクラスターの構成を見た図表3−17からは，ほとんどの男性が，購買金額，点数，来店回数が最も少ないグループに所属していることが明らかである。

続いて，図表3−18から店舗別のクラスター構成について検討すると，分析1と同じように，T店とI店の顧客はクラスター2によって構成されている。逆に最もよく購入するクラスター1やそれに続くクラスター2，クラスター3はS店に集中している。分析1でも述べたように，店舗の規模の違いが，顧客の購買金額，購買点数，来店回数に影響している可能性もある。

図表3−19の同居家族人数について見ると，同居家族人数が多いほどクラスター1，クラスター3など，購買金額，点数，来店回数の多いグループによって構成されており，単身者などではこれらのクラスターに分類された消費者は少なくなっている。

最後に図表3−20は年代別にクラスターの構成を表したグラフである。傾向としては，どのクラスターも1941−1950年生まれ，1951−1960年生まれが多いが，最頻値が1951−1960年生まれとなっているのはクラスター2のみである。

以上，2つのクラスター分析を行った。最初のクラスター分析では購買量の多寡により3つのセグメントに分けられ，セグメント間での購買部門の違いは見られなかった。また2番目のクラスター分析でも，点数，金額，来店回数の多寡によってそのまま5つのセグメントに分けられた。両分析における各セグメントの顧客属性としては，セグメント間で利用する店舗に顕著な差が見られた。I店とT店では高購買量・高来店回数の顧客が少ないことが明らかとなった。

4 まとめ

クラスター分析はその手法自体の解釈も容易であり，また簡便に実行可能な手法である。冒頭にも示した通り，クラスター分析は多くの分野で利用されて

きた手法であり，実務におけるマーケティングリサーチにおいても利用されることが多い。その反面，類似性測度の選択方法，クラスター数の決定方法などに関して課題も多いことに注意すべきであろう。近年のマーケティング研究においては，次章で紹介される混合モデルに関する研究や混合モデルを用いたマーケット・セグメンテーションの研究事例が，クラスター分析のそれに代わって多くなっている。とはいえ，その操作が比較的簡便で，概念の解釈が容易であることから，クラスター分析は実務においてまだまだ有効な手段であると考えられる。

[参考文献]

朝野煕彦 [2000]，『入門 多変量解析の実際 第2版』，講談社．
Brusco, M. J., J. D. Cradit and S. Stahl [2002], "A Simulated Annealing Heuristic for a Bicriterion Partitioning Problem in Market Segmentation," *Journal of Marketing Research*, 39:2, 99-109.
Green, P. E., R. E. Frank and P. J. Robinson [1967], "Cluster Analysis in Test Market Selection," *Management Science*, 13:8, B387-B400.
Krieger, A. M. and P. E. Green [1996], "Modifying Cluster-based Segments to Enhance Agreement with an Exogenous Response Variable," *Journal of Marketing Research*, 33:3, 351-363.
Larson, S. J., E. T. Bradlow and P. S. Fader [2005], "An Exploratory Look at Supermarket Shopping Paths," *International Journal of Research in Marketing*, 22, 395-414.
Lilien, G. L. and A. Rangaswamy [2004], *Marketing Engineering*, Traffoed.
Punj, G. and D. W. Stewart [1983], "Cluster Analysis in Marketing Research: Review and Suggestions for Application," *Journal of Marketing Research*, 20:2, 134-148.
Wedel, M. and W. A. Kamakura [2000], "Clustering Methods," *Market Segmentation: Conceptual and Methodological Foundations*, 2nd edition, International Series in Quantitative Marketing, Kluwer Academic Publisher, Chapter 5, 39-73.
Wood, R. and J. L. Zaichkowsky [2004], "Attitudes and Trading Behavior of Stock Market Investors: A Segmentation Approach," *Journal of Behavioral Finance*, 5:3, 170-179.

第4章

購買履歴を活用したクラスター分析と売場作りへの活用

1 目的

　今日，多くの小売業がフリークエント・ショッパーズ・プログラム（以下FSP）と呼ばれるカード・プログラムを導入している。小売業がFSPを導入する直接的な背景は，FSPが顧客を囲い込み，顧客の来店頻度および客単価を維持するツールとして期待されているからである。その背景にはオーバー・ストアによって小商圏化が進み，消費者のストア・スイッチが容易になり，また，チラシや店内のプロモーションが従来ほど有効なツールでなくなりつつあるからである。

　しかし，FSPを導入して成功している企業もあれば，あまり成功していない企業もある。むしろ，FSPを導入したことによってより販促経費が増加し利益を上げにくくなっている企業も存在する。あまり成功してない企業は，FSPを単なる販売促進の道具としてしか利用しない傾向にある。一方，FSPから得られる購買履歴データ（以下ID付POSデータと呼ぶ）をマーチャンダイジングや店づくりに利用し活用している企業は成功しているといえる。

　本章の目的は，小売業のFSPから得られるID付POSデータを利用して消費者にとって探しやすい棚割を作成し，売場で展開し，その結果売上がどの程度増加し，どのような顧客に支持されたかを明らかにすることである。棚割は品揃えの決定に関するバラエティ・マネジメント，および陳列の決定に関するスペース・マネジメントの領域に分かれる。この章では，バラエティ・マネジメントに焦点をあて，その効果を検討する。まず，スーパーマーケットのID付POS

データから優良顧客を抽出する。次に，優良顧客のID付POSデータからワイン・カテゴリーを取り上げ，優良顧客のワインの各単品の併買状況からサブ・カテゴリーを抽出し，そのサブ・カテゴリー仮説に従って店頭の陳列を変更する。そして，その後の売上をトラッキングし，その効果を確認する。

2 棚割の重要性

　今日の消費者の店内の滞在時間は減少する傾向にある。イトーヨーカドーの調査では，食品売り場での滞留時間は1984年時点で20分であったが，1999年には13分に減少している（日経流通新聞2001）。この結果，立ち寄った売場での滞在時間も減少する傾向にある。例えば，（財）流通経済研究所の調べによると，1993年と2004年を比較すると冷凍食品売場の滞在時間は，62秒から50秒に，米菓では56秒から50秒に，シャンプーでは63秒から51秒に減少している。また，花王の調べによるとシャンプー・リンス売場の滞在時間は，1994年では83秒であったものが1999年には47秒に減少している（日経ビジネス2001）。消費者は短い時間の中でブランドを選択しようとする場合，欲しいブランドがなかなか見つからない，あるいはどのブランドを選択するか迷うと購買をしない。消費者は迷うと購買を延期するからである。したがって，売場の棚割の作成にあたっては，欲しい商品が品揃えされていること，商品が探しやすいこと，取りやすいことの視点から作成されることが重要である。

3 棚割の作成

　棚割の作成には大きくどのような商品を陳列するかのバラエティ・マネジメントと棚のスペースの最適化を行うスペース・マメジメントの2つの領域がある（図表4-1参照）。バラエティ・マネジメントには商品カテゴリーの単品の品揃えの決定とサブ・カテゴリーの決定およびサブ・カテゴリー内の単品数の決定がある。また，スペース・マネジメントには定番売場のサブ・カテゴリーのスペース配分やサブ・カテゴリーをどのように配置するかに関するゾーニング

図表4-1　棚割の作成

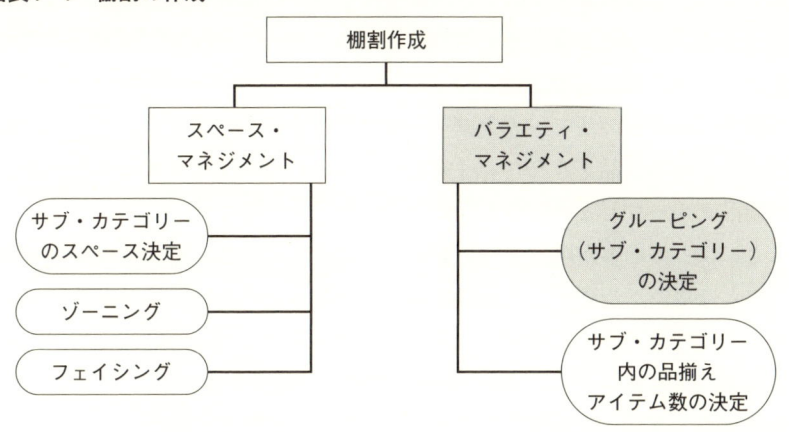

```
                    棚割作成
                   /        \
          スペース・         バラエティ・
          マネジメント        マネジメント
         /     |    \              |    \
    サブ・カテゴリー           グルーピング
    のスペース決定           (サブ・カテゴリー)
                                の決定
       ゾーニング
                            サブ・カテゴリー
       フェイシング            内の品揃え
                          アイテム数の決定
```

の決定，サブ・カテゴリー内の単品それぞれについていくつ陳列するかのフェイシングの決定が含まれる。効果的な品揃えとは顧客が欲する単品が店頭に陳列されていることであり，効果的グルーピングとは顧客が欲する単品を探しやすくするためにサブ・カテゴリーを作成することである。また，ゾーニングとはグルーピングされたサブ・カテゴリーの配置であり，フェイシングとは各単品の陳列数である。

3-1　バラエティ・マネジメント

　バラエティ・マネジメントでは棚割り対象の商品カテゴリーの品揃えが決定される。通常はPOSデータに基づいたABC分析で行われ，累積の売上金額構成比が80％までをAランク，累積売上金額構成比が95％までをBランク，それ以降100％までをCランクとし，Cランクの単品がカット対象の候補となる。品揃えでは単品数の幅と深さがカテゴリーによって異なるが，消費者視点からバラエティ・シーキング型と呼ばれるバラエティを追及する商品カテゴリーはより多くの品揃えをし，ブランド・コミットメント型と呼ばれる特定のブランドに固執するタイプの商品カテゴリーはその品揃えアイテム数が絞り込まれる。

　次のステップはサブ・カテゴリーの決定である。サブ・カテゴリーの決定とは，ある売場の棚割りの際どのような商品のグループに括るかを決定すること

である。これは消費者がどのように最終的な単品の購買プロセスをたどるかを考え、そのプロセスを売り場に表現することである。例えば、歯磨きの場合、消費者は効能を先に考え、次に、ブランドおよびサイズを決定するとしよう。この場合、歯磨きのサブ・カテゴリーは「口臭を消す商品グループ」,「歯槽膿漏防止のための商品グループ」,「歯を白くするための商品グループ」,「子ども用の商品グループ」といったように、まず単品を効能によってグループ分けすることによって顧客が購買する単品を見つけやすくなり、その結果買いやすい売り場となる。グルーピングの目的は、消費者が買いたい商品の単品を容易に探すことができるようにすることである。グルーピングの基準は、使用用途、使用場面、効能、サイズ、ブランド等が使われる場合が多い。

　サブ・カテゴリーを決定することの重要性は、消費者が数多くあるブランドの中から欲しいブランドを探しやすくすることによって消費者の購買の意思決定を容易にするためである。もし、消費者が探している商品が見つからず迷ったりすると購買しなくなるために、なるべく欲しい商品が簡単に見つかるようにする必要がある。そのために消費者から見て代替ブランドが一つのグループとしてまとまって陳列されている必要がある。棚割の作成においては最も重要な作業の一つである。

3-2　スペース・マネジメント

　サブ・カテゴリーが決定され、さらに、各サブ・カテゴリー内の品揃えが決定されたら、次にゾーニングを行う。ゾーニングとは作成されたサブ・カテゴリーのスペース配分および配置を決定することである。スペース配分については、通常各サブ・カテゴリーの売上金額の構成比に応じてスペース配分がなされる。つまり、あるサブ・カテゴリーの売上金額の構成比が30％であれば、売場スペースの30％をそのサブ・カテゴリーに与える。また、配置に関しては各サブ・カテゴリーの関連性を考慮して配置する。

（1）ゾーニング

次に各サブ・カテゴリーをどのように陳列するかの決定（ゾーニングの決定）が行われる。陳列方法には，バーティカル陳列およびホリゾンタル陳列，あるいはブロック陳列（バーティカル陳列とホリゾンタル陳列を混合したもの）等の方法がある（図表4－2参照）。

一般的にホリゾンタル陳列よりバーティカル陳列の方が買いたい商品を探しやすいといわれる。消費者がまずサブ・カテゴリーを探すのであれば，横に陳列されているより，縦に陳列されていたほうが探しやすい。というのも消費者の視線は左から右に水平に動くために，ホリゾンタル陳列はある1つのグループしか視野に入らない可能性が高いのに比べ，バーティカル陳列は，視線が横に動いても色々なグループが視野に入ってくるからである。米国での乳製品売場での実験によるとホリゾンタル陳列に比べ売上個数が8.3%増加し，売場滞留時間が35.7%も増加している（大槻 1988）。

図表4－2　ゾーニング（左：バーティカル陳列，右：ホリゾンタル陳列）

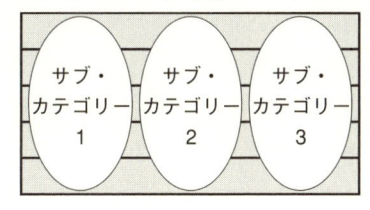

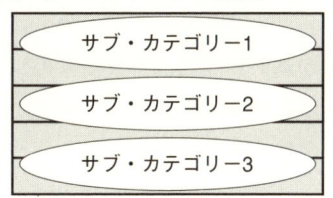

（2）棚の高さと販売力

ゾーニングを行う際，棚の高さを考慮し，より売れる高さの場所により売れる商品を陳列したほうがよい。棚の高さによって売れる場所と売れない場所があり，同じ商品でも棚の上段や下段に陳列されると売上数量は低下する。図表4－3は一般的な棚の種類[1]とその販売力の指数を表したものである。最下段を100とした時の各棚段の販売力指数である。一般に，下から70cmから125cmの間はゴールデンゾーンと呼ばれ，最も販売力が高くなる傾向にある。

図表4－3　棚の高さと販売力

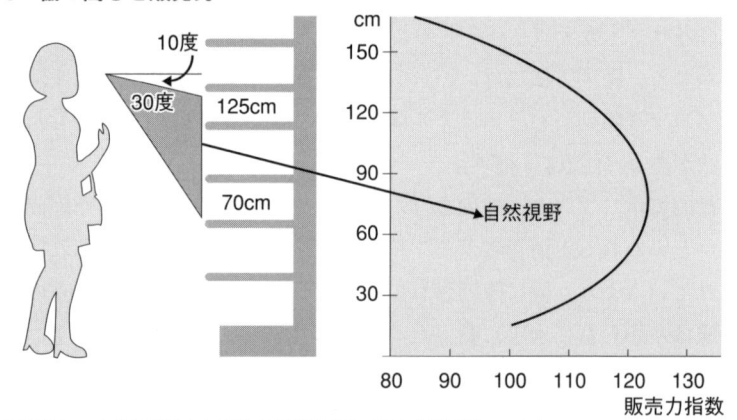

出所：田島義博(1989)『店頭研究と消費者行動分析』，誠文堂新光社，291頁

（3）フェイシングと右側優位

　最後にフェイシングによって単品の陳列数を決定する。フェイシングとは，各サブ・カテゴリー内の各単品の陳列数（フェイス数という）を決定することである。フェイス数はサブ・カテゴリー内の単品の売上金額の構成比に応じて構成比が高い単品にはより多くのフェイス数を与える。さらに，フェイス弾力性を考慮しフェイス数を与えすぎないようにする。フェイス弾力性とは単品のフェイス数を1フェイス増加させた時の売上数量の増加率のことである。一般に，フェイス弾力性は0.2〜0.3である。つまり，1フェイスを2フェイスに増加させると売上数量は，約20〜30％ほど増加する。しかし，10フェイス程度になると売上数量の増加率は逓減してくる。フェイス弾力性を利用して売上数量は以下のように計算される。

　売上数量＝1フェイス当たりの売上数量＊（フェイス数）$^{0.2〜0.3}$

　また，同じ商品でも右側に陳列した方が左側に陳列するより1.5倍から2.0倍，売上数量が増加する。これは，右利きの人が多いことや，消費者の視線が左から右に移動するために，無意識のうちに，右側の商品を手に取る傾向にあるからである（大槻 1988）。したがって，売りたい商品（粗利益率が高いなど）は右側に陳列したほうがよい。

4 小売業の視点から見た棚割の効果

　一般に，小売業の顧客には商圏に存在する見込み客，新規に店舗を利用する新規トライアル顧客，他の店舗も利用しながら自店を利用する買い回り顧客，自店をいつも利用してくれる優良顧客，かつて顧客であったが何らかの理由で離脱してしまった離脱顧客が存在する。したがって，売上を上げるための小売業の顧客戦略としては新規の顧客あるいはバーゲンハンターであるチェリーピッカーを獲得する「顧客獲得戦略」，買い回り顧客を優良顧客にする顧客の「ランクアップ戦略」，離脱した顧客を再び自店の顧客とする「顧客回復戦略」，現在の優良顧客が離脱しないように維持する「優良顧客維持戦略」が必要となる（図表4-4参照）。マーケティング資源の効率化を考慮すると，小売業は顧客の獲得より既存顧客の維持にマーケティング資源を投入した方がよい。例えば上位30％の優良顧客の購買が売上や利益に占める割合は70％程度になるために優良顧客の影響力は大きいからである（中村博 2000，同2005）。したがって，まず「優良顧客の維持戦略」が重要で，ついで「下位顧客のランクアップ戦略」，そして「顧客の獲得戦略」が重要となる。

　棚割は小売のどのような顧客戦略に有効なのであろうか。来店した顧客は店内を歩き，売場に立寄り，商品を視認し，欲しい商品を買い上げる。効果的な

図表4-4　小売業の戦略

顧客獲得戦略	顧客のランクアップ戦略	優良顧客維持戦略
商圏内の見込み客を新規トライアル顧客にする	追加的販売による購買頻度および客単価の増加をはかることによって優良顧客へのランクアップ	上位20％〜30％の顧客で売上＆利益の70％〜80％を占める。企業の業績に及ぼす影響が大きいので維持すべき

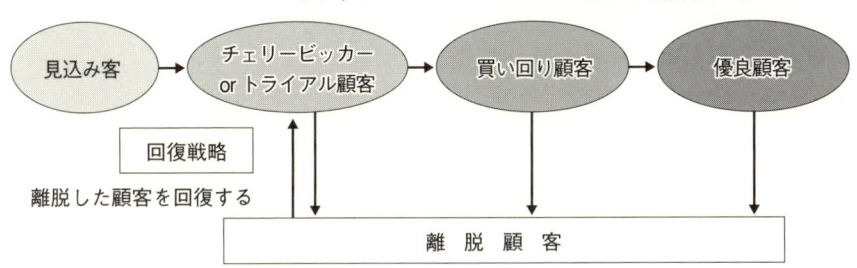

見込み客 → チェリーピッカー or トライアル顧客 → 買い回り顧客 → 優良顧客

回復戦略
離脱した顧客を回復する

離脱顧客

棚割は消費者への売場への立寄り率や売場の視認率および商品の買上げ率を高めるはずである。優良顧客は来店頻度も高く客単価も高いので，定番売場への立寄り率も高くなる傾向にある。したがって，探しやすい効果的な棚割は優良顧客維持戦略に有効であると考えられる。また，買い回り顧客は他店も利用している顧客であるから，特定の商品カテゴリーのみを当該店舗で購買する顧客（客単価は低いが来店頻度は高い）と時折来店する顧客であると考えられる。これらの顧客もある程度定番売場には立寄るだろうから棚割は顧客のランクアップ戦略に有効であろう。チェリーピッカーは特売商品を求めて来店するので定番売場への立寄り率は低いであろう。したがって，チェリーピッカーに対する棚割の効果は低いと考えられる。

5 サブ・カテゴリー仮説の抽出

購買者視点にたった効果的な棚割を作成するために，ID付POSデータから商品のサブ・カテゴリーを作成しその効果を検討する。そのために，以下のような手順で仮説抽出および実験を行った。

まず，優良顧客を抽出する。優良顧客を抽出して分析を行う理由は他店舗への買い回りの多い顧客やチラシなどの特売に反応するチェリーピッカーを排除するためである。棚割は定番の売場に活用され，通常売価が前提となるので特売に反応する顧客のデータが混在したデータによって分析することは適当でないからである。

次に，これら優良顧客のワイン・カテゴリーの購買履歴から併買行列を作成する。ワイン・カテゴリーはビールなどの他の酒の種類と比較すると売上の成長率は高いが，顧客の購買経験率が低いことから実験カテゴリーとして選ばれた。さて，併買とは一定期間の間にA商品を購買したことのある顧客が他のA以外の商品をどの程度購買しているかという行列である。この行列からA商品を好む顧客はA以外のどのような商品をよく購買しているかがわかり，これが商品のグルーピングに該当することになる。なお，対象となる商品アイテムは，期間中3個以上購買があった商品である。さらに，併買行列はアイテム数（単品）×アイテム数の行列であり，カテゴリーによっては非常に大きな行列とな

第4章 購買履歴を活用したクラスター分析と売場作りへの活用

図表4-5　サブ・カテゴリー抽出と実験フロー

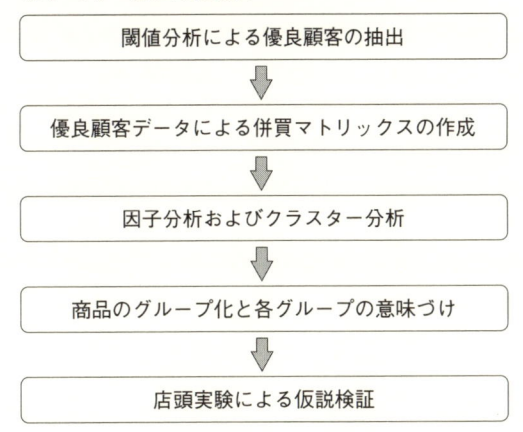

```
閾値分析による優良顧客の抽出
          ↓
優良顧客データによる併買マトリックスの作成
          ↓
   因子分析およびクラスター分析
          ↓
  商品のグループ化と各グループの意味づけ
          ↓
     店頭実験による仮説検証
```

る。そこで，傾向軸を抽出するために因子分析を行う。軸の抽出は恣意的ではあるが10個とした。

　最後に，因子分析から得られる各因子軸の因子負荷量から各アイテムの因子得点を算出し，クラスター分析を行い（ウォード法），商品アイテムのグルーピングを行いサブ・カテゴリーを作成する。サブ・カテゴリーをどのようにまとめるか，つまり，クラスター分析の距離の近さでサブ・カテゴリーを決定するが，距離の近さをどの程度にするかは，分析者の直感によって行われる。つまり，分析者にとって解釈可能な商品グループが決定される。

　サブ・カテゴリーが決定したら棚割を作成する。棚割の作成方法については前述した通りである。そして，最後にテスト店（実験店）で店頭の棚割を変更しその効果を検証する。その際，何もしないコントロール店（比較する店舗）を用意しておきテスト店と比較することによってその効果を把握する。コントロール店はテスト店と同程度の売上規模や売場面積があり，かつ，商圏特性も似た店舗を選択した。

5-1　優良顧客の抽出

　優良顧客の抽出には閾値分析やRFM分析（R＝直近の購買日，F＝購買頻度，M＝購買金額）がよく用いられる（第2章参照）。実務では，特に，購買金

図表4-6 閾値による顧客分類

顧客タイプ	人数	人数構成比	金額累積比率	平均購買金額/月	客単価	来店頻度/月	買上点数
5万円以上	572	2.19%	18.56%	¥69,406	¥4,509	15.4	18.0
4万円台	421	1.61%	27.07%	¥43,242	¥3,936	11.0	16.0
3万円台	772	2.96%	39.11%	¥33,368	¥3,770	8.9	15.3
2万円台	1548	5.93%	55.07%	¥22,058	¥3,738	5.9	15.2
2万円未満	22793	87.31%	100.00%	¥4,218	¥2,943	1.4	12.1
合計	26106	100.00%	100.00%	¥8,195	¥3,447	2.4	14.0

注：期間：2000.12.31～2001.5.31
注：買上点数：1回当たり購買個数

額によって顧客を10等分（10デシル）し，それぞれの実績から優良顧客を抽出するデシル分析や購買金額の閾値によって抽出する方法が簡便であり，よく利用されている。デシル分析は，顧客の1人1人の期間中の購買金額を集計し，最も購買金額の多い顧客からソートし，上位から10％きざみで顧客を区分し，デシルを作成し，各デシルの購買実績を調べる方法である。

今回は閾値によって顧客を区分している。スーパーマーケットのある店舗のID付POSデータを利用し，月間の購買金額によって顧客のタイプを月間購買金額5万円以上顧客，月間購買金額4万円台顧客，月間購買金額3万円台顧客，月間購買金額2万円台顧客，月間購買金額2万円未満顧客の5分類に分け，それぞれの実績を把握した。顧客のタイプとしては月間購買金額4万円以上顧客が優良顧客，月間購買金額3万円台顧客および2万円台顧客が買い回り顧客，月間購買金額1万円台および1万円未満顧客がチェリーピッカーといえる。月間購買金額が4万以上を優良顧客にする理由は家計調査データによると4人世帯の家族の月間の食品支出が5万円前後であるからである。購買金額が4万円以上の顧客は他店で買い回りをする確率が低い顧客と考えられ，ロイヤルティの高い顧客であると考えられる。

この店舗では月間購買金額が4万円以上の顧客が約4％（2.19％＋1.61％）ほど存在し，その累積の購買金額構成比は27％である。3万円台顧客と2万円台顧客を買い回り顧客とすると，その人数構成比は約9％，購買金額構成比は28％である。また，2万円未満顧客をチェリーピッカーおよびトライアル顧客とすると，その人数構成比は87％で金額構成比は45％である。多くの買い回り

顧客とチェリーピッカー顧客が存在することになり，この店舗では顧客の囲い込みが必要な店舗である。

5-2 サブ・カテゴリーの抽出

次に，サブ・カテゴリー仮説を抽出するが，その際，まずワインの品揃えの検討のためにABC分析を行う。ABC分析は5万円台顧客のABC分析と全顧客のABC分析を行い，全顧客のABC分析でCランクにある単品でも5万円台顧客でAランクあるいはBランクにある単品はカットせず品揃えに加えた。つまり，5万円台顧客と全顧客でCランクの単品は品揃えからはずした。その結果192アイテムが抽出された。

次に，3万円台以下の顧客を除いた優良顧客のデータを利用して併買分析により，単品の併買行列を作成した。これは，例えば，イエローテイルの白ワインを購買した顧客は他にどのワインの単品を購買しているかという行列で，192×192の行列である。このデータを因子分析によって，伴買されやすいワインの単品のグループはどのような潜在変数（例えば健康系）に集約されるかをみつけ，その変数にどのような単品が含まれるかをクラスター分析によって集計した。その結果，図表4－7にあるように21のサブ・カテゴリーがあることがわかった。さらに，21の商品グループを12の商品グループに分けた。ワインはまず国産ワイン（国産ワインはフルーツ，健康，地ワイン，無添加に別れた）と輸入ワイン（国別に分かれた），料理用の低価格ワイン，小容量および大容量のワインに分かれた。恐らく消費者はワインを楽しむために国産ワインや輸入ワインによって識別し，料理等の用途で低価格，パーソナル用あるいは大家族用に容量でワインを購買しているという仮説が抽出された。

これまで，この店舗ではワインのサブ・カテゴリーを国産ワインとその他で分けていただけであったので，ID付POSデータによってより細かなグループが明らかになったことになる。

（1）店頭実験結果

上記の結果を踏まえて，棚割を作成し店頭で売場を変更し（図表4－9参照），その効果を検証した。その際に各サブ・カテゴリーのスペース配分は各サブ・

図表4－7　クラスター分析の結果

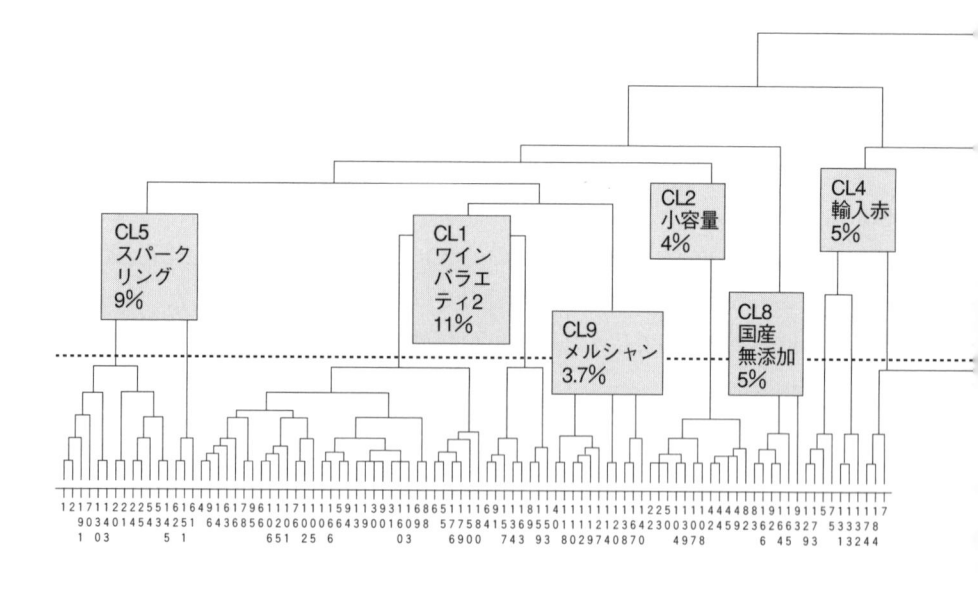

カテゴリーの売上金額の構成比によって按分した。なお品揃えについては192アイテムに新商品を加えて作成した。価格は，変更前も変更後も同じ価格に設定された。

そして，サブ・カテゴリー仮説の有効性を検証するために棚割を変更したテスト店と何もしないコントロール店の売場変更前と売場変更後の実績を比較した。実験期間は，売場変更前の期間が2001年10月11日〜2001年12月12日の9週間，売場変更後の期間が2001年12月13日〜2002年2月13日の9週間である。

（2）売上の実績の推移

売上金額の増減を見ると，69ページの図表4－10にあるようにテスト店が変更前に比べ163.3％増加した。一方，コントロール店の売上金額は138.6％と増加した。売場変更後の期間が年末をはさんでいるために両店ともに売上金額は増加したが，特に，サブ・カテゴリーの変更を行った店舗の売上金額はテスト店に比べ24.7％（163.3－138.6％）ほど増加した。グルーピング変更による効果

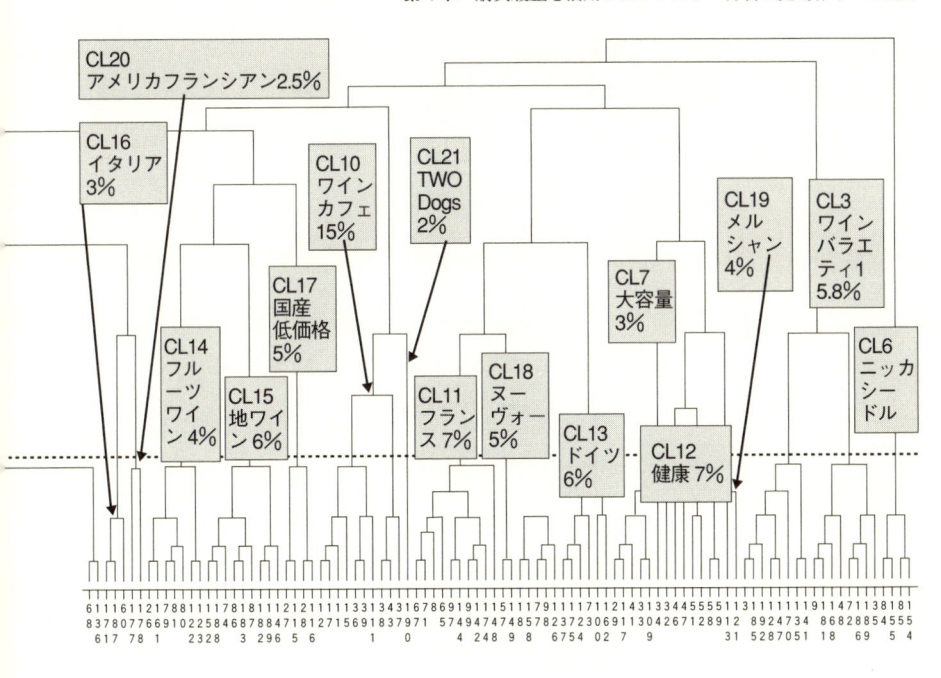

第4章 購買履歴を活用したクラスター分析と売場作りへの活用

は売上金額を24.7％増加させたということになる。

（3）購買経験者比率の増減

売上金額が増加した主な理由は，購買経験者の比率が増加したためである。つまり，サブ・カテゴリーを変更したことによって，顧客にとって買いやすい売場となり購買経験者が増加したと考えられる。70ページの図表4－11は顧客タイプごとの購買経験率の増減を見たものである。月間購買金額4万円以上の優良顧客がテスト店では188％増加したのに対して，コントロール店では170％とテスト店の購買経験率は18％ほど増加した。また，月間購買金額3万円台顧客ではそれぞれ177％と132％とテスト店がコントロール店を45％ほど上回った。月間購買金額2万円台顧客についても178％と145％でテスト店が33％，月間購買金額1万円台顧客についても164％と132％でテスト店が32％，月間購買金額1万円未満顧客についても156％と133％とテスト店が23％ほど高くなった。いずれもテスト店の購買経験率の増加度合いがコントロール店のそれを上回った。

図表4-8　サブ・カテゴリー仮説の抽出

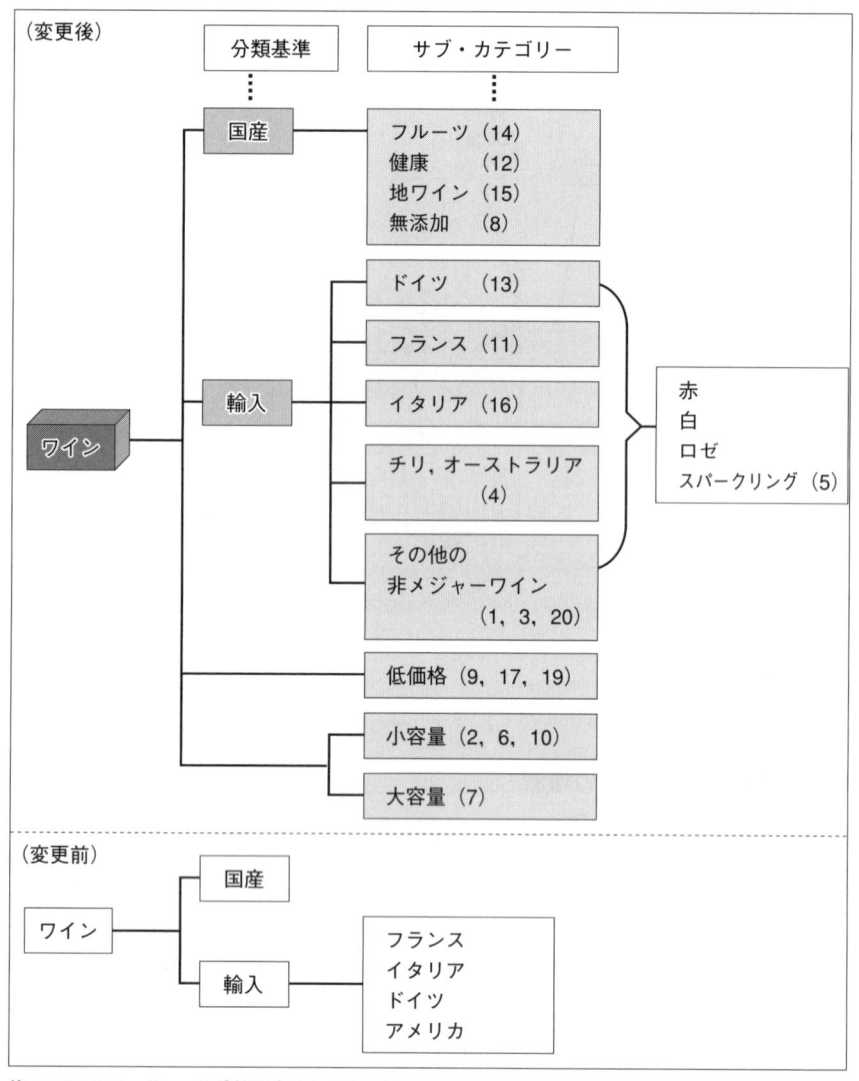

（変更後）

```
                    分類基準           サブ・カテゴリー

                                   ┌─────────────────┐
                    ┌──────┐       │ フルーツ （14）    │
                    │ 国産 │───────│ 健康   （12）    │
                    │      │       │ 地ワイン （15）    │
                    └──────┘       │ 無添加  （8）    │
                                   └─────────────────┘

                                   ┌─────────────────┐
                                   │ ドイツ   （13）  │──┐
                                   └─────────────────┘  │
                                   ┌─────────────────┐  │
                                   │ フランス （11）  │──┤
                                   └─────────────────┘  │      ┌──────────────┐
         ┌──────┐                  ┌─────────────────┐  │      │ 赤           │
 ┌──────┐│ 輸入 │──────────────────│ イタリア （16）  │──┼──────│ 白           │
 │ワイン││      │                  └─────────────────┘  │      │ ロゼ         │
 └──────┘└──────┘                  ┌─────────────────┐  │      │ スパークリング（5）│
                                   │ チリ, オーストラリア │──┤      └──────────────┘
                                   │         （4）    │  │
                                   └─────────────────┘  │
                                   ┌─────────────────┐  │
                                   │ その他の          │  │
                                   │ 非メジャーワイン   │──┘
                                   │   （1, 3, 20）   │
                                   └─────────────────┘

                                   ┌─────────────────┐
                                   │ 低価格 （9, 17, 19）│
                                   └─────────────────┘

                                   ┌─────────────────┐
                                   │ 小容量 （2, 6, 10）│
                                   └─────────────────┘
                                   ┌─────────────────┐
                                   │ 大容量 （7）     │
                                   └─────────────────┘
```

（変更前）

```
         ┌──────┐
         │ 国産 │
 ┌──────┐│      │
 │ワイン│└──────┘       ┌────────┐
 └──────┘               │ フランス │
         ┌──────┐       │ イタリア │
         │ 輸入 │───────│ ドイツ   │
         │      │       │ アメリカ │
         └──────┘       └────────┘
```

注：CL18のヌーヴォーは季節限定のため除いた
注：CL1およびCL3のワインバラエティは「その他の非メジャーワイン」に含め，売場としては，「テーマ性のあるコーナー化」に陳列
注：CL6ニッカシードルおよびCL10ワインカフェは「小容量」に含めて陳列
注：CL9およびCL19メルシャンは「低価格ワイン」に含めて陳列
注：サブ・カテゴリーの（　）内はクラスター番号を表す

第4章 購買履歴を活用したクラスター分析と売場作りへの活用

図表4−9 棚割のイメージ

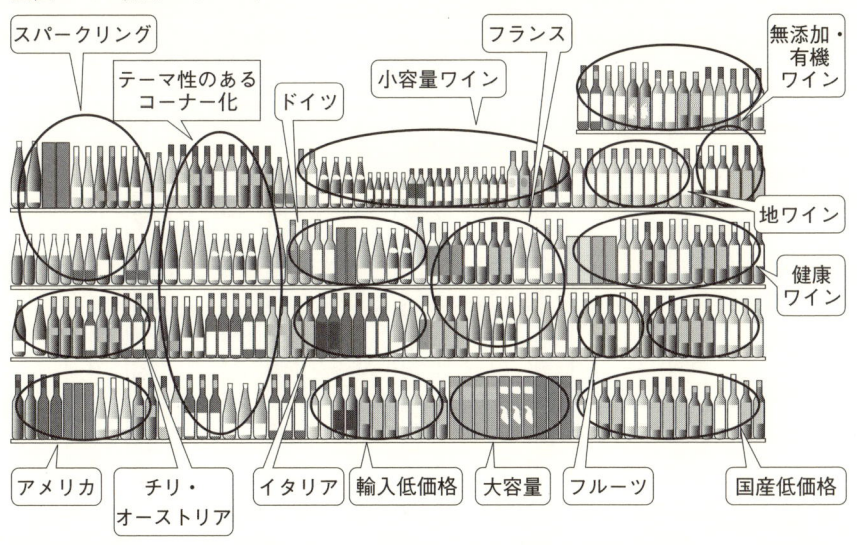

ラベル:
- スパークリング
- テーマ性のあるコーナー化
- ドイツ
- フランス
- 小容量ワイン
- 無添加・有機ワイン
- 地ワイン
- 健康ワイン
- アメリカ
- チリ・オーストリア
- イタリア
- 輸入低価格
- 大容量
- フルーツ
- 国産低価格

図表4−10 売上金額の増減率

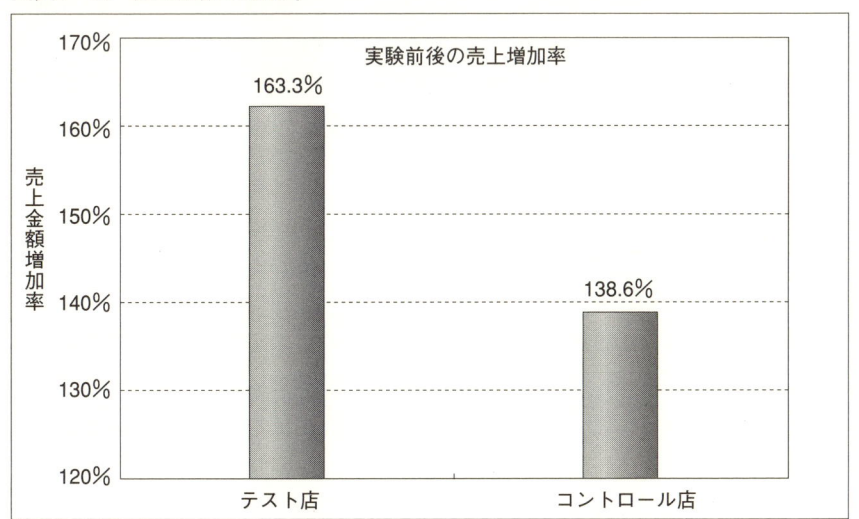

実験前後の売上増加率

- テスト店: 163.3%
- コントロール店: 138.6%

(縦軸: 売上金額増加率、120%〜170%)

69

図表4-11 購買経験者比率の増減

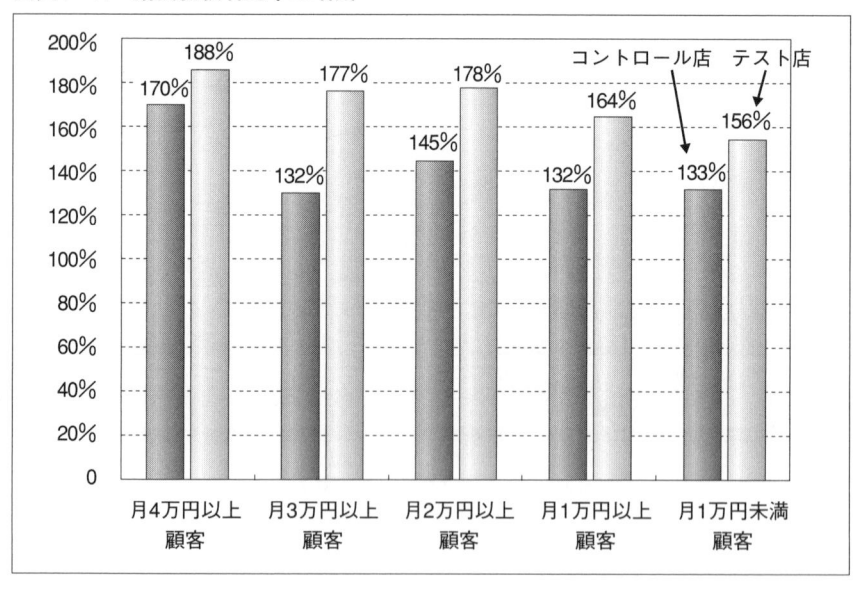

	月4万円以上顧客	月3万円以上顧客	月2万円以上顧客	月1万円以上顧客	月1万円未満顧客
コントロール店	170%	132%	145%	132%	133%
テスト店	188%	177%	178%	164%	156%

　これらの結果からID付POSデータによってサブ・カテゴリーの仮説を作成し、店頭で展開すると売上金額の増加をはかることが可能であることがわかった。また、その際よく反応する顧客は優良顧客ばかりでなく、下位の買い回り顧客やトライアル顧客やチェリーピッカーも反応することが明らかになった。

6 まとめと今後の課題

　FSPから得られるID付POSデータのマーケティングへの活用は様々な領域におよぶ。本稿では、棚割への活用について検討してみた。ID付POSデータによって棚割のサブ・カテゴリー仮説を抽出し、その仮説に基づき棚割を変えると売上への効果があるということが確認された。特に、棚割はサブ・カテゴリー仮説が店舗に来店する顧客のID付POSデータから作成されたものであるから、消費者視点の売場仮説となり、顧客にとって探しやすい売場になったと考えられる。売場は供給者側の論理で作成されることが多く見られる。冒頭で述べたよ

うに，消費者の売場滞在時間は減少傾向にある。短い滞在時間の間に多くの品揃え商品の中から1つのブランドを選択するわけであるから顧客視点による商品を探しやすい売場作りはますます重要性が高まってきている。

また，棚割変更による売上金額増加の要因としてどのような顧客タイプに支持されたかを見ると，優良顧客，買い回り顧客，トライアル顧客やチェリーピッカーも消費者視点の棚割に反応した。したがって，効果的な棚割を作成すると，店舗に来店する顧客のほとんどに正の影響を与えることができるということがわかった。つまり，定番棚割は来店するほとんどの顧客タイプの買上げ率を高めることができ，顧客のロイヤルティを高めることが可能であり，棚割は店舗の施策の中でもかなり重要な販売ツールということがいえる。

今回の検証は1店舗のみのデータを利用して1店舗のワイン売場の改善を行った。しかし，定番棚割を個店ごとに変えることはコスト効率が悪くなる。したがって，商圏特性や売場面積など似たような店舗を1つのグループとしてまとめ，各グループごとに棚割を変えていくことが必要である。このためにどのような店舗グループを作成するかが今後の重要なテーマとなるであろう（Vishwanash and Darell 2006）。

[注記]
1）最下段の幅が大きいL字型，冷蔵ケースなどによって棚の高さの販売力は異なる。

[参考文献]
日経ビジネス［2001］,「棚を探させたら客は逃げる」, 2001年3月19日, 36.
日経流通新聞［2001］,「消費者のホント」, 2001年12月25日.
宮沢政夫［1985］,「売場生産性向上運動としてのインストア・マーチャンダイジング」,『流通情報』, 12月号.
大槻博［1988］,『店頭マーケティング』, 中央経済社. 48.
中村博［2000］,「食品小売業おける優良顧客の特性」,『流通情報』, No.269（3月）, 4-10.
中村博［2005］,「ドラッグ・ストアの顧客構造と顧客管理」,『流通情報』, No.438（12月）, 4.
中村博［2006］,「小売業の顧客データを活用したメーカーと小売業のコラボレーション」,『流通情報』, No.467,（財）流通経済研究所, 19-31.

Vishwanash, V., and Darell, K. R.［2006］, "Localization: The Revolution in Consumer Markets," *Harvard Business Review*, April 2006. ダレル, K. リグビー, ビジェイ・ビシュワナス（鈴木泰雄 訳）「脱・標準化のマーケット戦略」,『DIAMOND ハーバード・ビジネス・レビュー』, 2007年7月号.

第5章

Finite Mixture Modelによる
セグメンテーション
―惣菜カテゴリーの購入頻度データへの適用―

1 はじめに

　小売業のみならず消費財メーカーや卸売業も，消費者の需要に対する適応レベルを高度化させるべく，消費者起点の売場作りと売り方の開発に取り組んでいる。売場作りという観点から消費者の購買行動を捉え，客単価へ結び付けようとする場合，これまでに数多く行われてきたプロダクト単位あるいはブランド単位の分析では，その一部分を捉えているにすぎず必ずしも十分なものではない。そこで1つの方向として取引データあるいはID付POSデータと呼ばれる顧客IDの付与された取引データに注目し，その分析を行うことで売場作りに役立てようとする研究が行われている（例えば，中村・佐藤2001）。取引データやID付POSデータとは，買物出向毎に消費者が行った購買意思決定の集合を記録したデータであり，POSシステムを通じて収集されている。

　売場作りの検討は，品揃えやそれらの店舗内での陳列の仕方，価格設定やプロモーションの仕方など，様々な次元でより良く消費者に受け入れられる売場を実現することを目指して行われている。そしてそれは，単一製品のみで完結するものではなく，複数製品や製品カテゴリー間の相互依存性にも十分な配慮が要請される。なぜならば，プロダクト・ベースでの部分最適が，必ずしも製品カテゴリーや売場全体のベスト・プラクティスに結びつくとは限らないからである。

　複数の製品や製品カテゴリー間の関連性の分析では，マーケットバスケット分析やアソシエーションルールなどの分析手法をID付POSデータに適用すること

で，その関連性を示そうとする記述的なアプローチ（Berry and Linoff 2004）と，それらの関連性の構造を明示的にモデル化することで統計的推測を行おうとするモデルベースのアプローチがある（例えば，Ainslie and Rossi 1998; Manchanda, Ansari, and Gupta 1999; Russell and Petersen 2000）。

さらに製品や製品カテゴリー間の関連性は，消費者毎に異なり得ると考えるのが自然である。そのような消費者の異質性を考慮するために，自己組織化マップやK-meansなどの分析手法を適用した消費者セグメントの探索や，そのようなセグメント構造自体を統計的推測により推論しようとするFinite Mixture Modelの適用が行われている（Russell and Kamakura 1997）。

本章では，Finite Mixture Modelの概要を確認した後，小売業のID付POSデータへの当該モデルの適用を通じて，モデルベース・セグメンテーション手法を用いた分析事例を紹介する。

2 Finite Mixture Modelの概要

Finite Mixture ModelをID付POSデータに適用しようとする場合は，分析の対象とする母集団の中に，複数の異質な潜在的消費者セグメントの存在が仮定されている。ID付POSデータにFinite Mixture Modelを適用することによって，そのような潜在的消費者セグメントを識別するとともに，興味の対象となるパラメータについての統計的推測や仮説検定を行うことができる。本節では，ID付POSデータへのFinite Mixture Modelの適用を念頭に置きながら，Wedel and Kamakura（2000）の記述に基づいて，Finite Mixture Modelの概要を確認していくこととする。なお，消費者セグメンテーションのためのFinite Mixture Modelの利用に関する入門的な解説は，例えばDillon and Kumar（1994）やLeeflang, Wittink, Wedel, and Naert（2000）でも行われている。また，Finite Mixture Modelの特徴やその推定方法，様々な研究分野における応用事例については，McLachlan and Basford（1988）やMcLachlan and Peel（2000）が詳細に議論しているので，より専門的な内容に興味のある読者は，これらの文献もあわせて参照していただきたい。

さて，複数の製品や製品カテゴリーに対する消費者の反応は，1回毎の買物出向の単位で見ると，製品カテゴリーや製品に対する購入・非購入の反応，そ

れぞれの購入数量などの変数で測定される。ある一定の期間における複数回の買物出向を単位として見る場合には，製品カテゴリーや製品についての購入頻度や購入経験の有無といった変数で，消費者の反応が測定される。

　このような何らかの変数で測定される消費者（あるいは当該消費者の特定の購買機会）を n $(n=1, \cdots, N)$ とする。このとき，それぞれの n について，購買行動の測定対象となる製品カテゴリーあるいは製品を k $(k=1, \cdots, K)$ とし，測定される変数を y_{nk} と表すものとする。さらに，K 個の対象についてのすべての変数のベクトルを $y_n=(y_{nk})$ とする。ここで，先に述べたように y_n は，S 個の異質な消費者セグメントが存在すると仮定される母集団からのサンプルであるものとする。加えて，s 番目の消費者セグメントの母集団における比率は，π_s で表すものとする。なお，このとき π_s は以下のように制約される。

$$\sum_{s=1}^{S} \pi_s = 1, \quad \pi_s \geq 0 \tag{5.1}$$

　消費者の購買行動に関する変数ベクトル y_n に仮定される特定の分布に対応して，セグメント s についての未知パラメータのベクトルが，$\theta_s=(\theta_{sk})$ と表されるものとする。また，セグメント s が与えられたもとでのベクトル y_n の条件付分布が，$f_s(y_n|\theta_s)$ で表されるものとする。このとき y_n の分布は，

$$f(y_n|\phi) = \sum_{s=1}^{S} \pi_s f_s(y_n|\theta_s) \tag{5.2}$$

と表される。ここで，$\phi=(\pi, \theta)$，$\pi=(\pi_1, \cdots, \pi_S)$，$\theta=(\theta_1, \cdots, \theta_S)$ である。

　我々は，ID付POSデータに対して，(5.2) 式で与えられたFinite Mixture Modelを適用することによって，興味の対象であるパラメータ ϕ を推定する。ϕ についての尤度関数は，

$$f(\phi;y) = \prod_{n=1}^{N} f(y_n|\phi) \tag{5.3}$$

と表される。ここで，$y=(y_1, \cdots, y_N)$ である。

　ϕ の推定値は，(5.1) 式の制約のもとで，(5.3) 式の尤度が最大化される ϕ の値を求めることによって得られる。

(5.3) 式を最大化する ϕ を求めるための方法には，Newton-Raphson法のような最適化手法やEM（Expectation-Maximization）アルゴリズム（Dempster, Laird, and Lubin 1977）と呼ばれる手法があるけれども，後者のEMアルゴリズムが比較的よく用いられている（例えば，Wedel and DeSarbo 1995; Wedel and Kamakura 2000; McLachlan and Peel 2000）。

ところで，Finite Mixture Modelの尤度関数は多峰となり，極大値が複数存在する可能性があるので，初期値によっては最大値に収束しないこともあり得る。このため複数の異なる初期値を用いて最適化の計算を行う必要があることにも注意しなければならない。

パラメータ・ベクトル ϕ の推定値を得ることができれば，それに基づいて，消費者 n が消費者セグメント s に帰属する確率 p_{ns} を以下のように推定することができる。

$$p_{ns} = \frac{\pi_s f_s(y_n|\theta_s)}{\sum_{t=1}^{T} \pi_t f_t(y_n|\theta_t)} \tag{5.4}$$

そしてこの p_{ns} は，個々の消費者 n を S 個のセグメントのいずれかに割り付けるための情報として利用される。

3 購買頻度に基づく消費者セグメンテーション

前節で述べたようにID付POSデータに記録されている消費者の購買行動は，多様なレベルの変数として捉えることができる。そのような様々な変数の中から，ここでは，複数の製品カテゴリーに対する購入頻度に基づいてセグメンテーションを行うためのFinite Mixture Modelについて考える。このようなモデルを適用した研究には，例えば，Dillon and Kumar（1994）の研究がある。Dillon and Kumar（1994）は，キャンディーの週当たり購入個数にPoisson分布を仮定した上で，分析対象としたすべてのサンプルについて単一のPoisson分布を仮定したモデルと，消費者間の多様性を考慮してPoisson Mixture Modelを仮定したモデルの2種類のモデルを当てはめた上で，後者のモデルの方が，消費者の購入頻度をより良く

説明し得るということを示している。

　Dillon and Kumar（1994）の研究では，1つの製品カテゴリーのみを対象とした1変量のPoisson Mixture Modelであるのに対して，本稿では，複数の製品カテゴリーに対する購入頻度パターンの差異に基づいて，消費者セグメンテーションを行うモデルを考える。ここで，複数の製品カテゴリーにおけるそれぞれの購入頻度の関係は，消費者セグメントとの関係で捉えられるものと仮定し，消費者セグメントが与えられた下では，それぞれの製品カテゴリーの購入頻度は独立であると仮定する（局所独立性の仮定）。このとき消費者セグメント s が与えられた下での分析対象の複数の製品カテゴリーの購入頻度の分布は，

$$f_s(y_n|\theta_s) = \prod_{k=1}^{K} \frac{e^{-\theta_{sk}} \theta_{sk}^{y_{nk}}}{y_{nk}!} \tag{5.5}$$

となる。この (5.5) 式を，(5.2) 式に代入することによって，Multivariate Poisson Mixture Model（以下MPMモデル）が構成される。

　本稿では (5.5) 式のようにシンプルな構造のモデルを用いているけれども，局所独立性の仮定を緩和し，変数間に相関を仮定したモデルに拡張することも可能である。Brijs, Larlist, Swinnen, Vanhoof, Wets, and Manchanda（2004）は，そのようなモデルの拡張を行っている。Brijs et al.（2004）は，複数の製品カテゴリーに対する購入頻度に基づいてスーパーマーケットの顧客をセグメンテーションするために，製品カテゴリー間の相関の構造を組み込んだMPMモデルを提案している。なお，変数間に相関のあるMultivariate Poisson分布については，Johnson, Kotz and Balakrishnan（1997）やWinkelmann（2003）が詳細な検討を行っている。ただし，Multivariate Poisson分布を仮定したモデルは，変数間の正の相関を考慮することは可能であるものの，負の相関については考慮できないという限界があることに注意していただきたい。負の相関も含めて考慮可能とするためのモデルについての議論は，例えば，Winkelmann（2003）で紹介されているので参照されたい。

　ところで，本分析事例では惣菜カテゴリーを分析対象としているため，製品カテゴリーレベルでの分析に対応したものであり，必ずしもブランドや単品レベルでの消費者の購買行動について考慮したモデルにはなっていないということには留意いただきたい。加工食品や菓子類，飲料などのように，ナショナ

ル・ブランドが品揃えの中心になる製品カテゴリーを分析しようとするのであれば，複数製品カテゴリーの購入パターンへの興味とともに，各製品カテゴリー内のブランドの購入パターンや，複数製品カテゴリーにまたがって拡張されたブランドの購入パターンについての関心も高くなるであろう。そのような観点からモデル化を試みているものとしては，Russell and Kamakura（1997）の研究がある。Russell and Kamakuraは，複数製品カテゴリーを同時に対象とし，製品カテゴリー間および製品カテゴリー内におけるブランド選好構造を分析するためのモデルを提案している。Russell and Kamakuraのモデルは，拡張ブランドのシナジー効果や製品カテゴリー内のブランド間の競争構造を同時に捉えようとする場合に適用可能なモデルとなっているので，ID付POSデータを活用し，ブランドや製品レベルで分析を行おうとする場合に利用できるモデルであることを付記しておきたい。

4 MPMモデルによる消費者セグメンテーション事例

2節では，モデルベース・セグメンテーションの手法として利用されるFinite Mixture Modelについて確認した。続いて3節では，ID付POSデータによって捕捉することができる複数製品カテゴリーの購入頻度の情報を利用して，消費者セグメンテーションを行おうとする場合のMPMモデルの概要を確認した。本節では，MPMモデルを実際にID付POSデータに基づく製品カテゴリーの購入頻度データに適用し，消費者セグメンテーションを行った事例を紹介する。

スーパーマーケットなどの小売業は，消費者に，自店でより多くの商品を購入してもらうために，品揃えや売り方の様々な工夫を行っている。そのような売り場の工夫の原点は，店舗を利用する顧客の購買行動であり，どのような顧客がどのような商品をどの程度購入するのかという情報は，売り場作りの基本になる情報である。

本事例では，あるスーパーマーケットの顧客の惣菜カテゴリーについての購買行動を分析する。天ぷらやフライなどの惣菜カテゴリーを，どの顧客が，どの程度の頻度で購入しているのかという情報が，ID付POSデータで測定されている。このデータにMPMモデルを適用し，複数の惣菜カテゴリーの購入頻度の

パターンを明らかにするとともに、そのような購入頻度パターンに基づく消費者セグメントを抽出しようと試みるものである。

惣菜は、提供するメニューに工夫を凝らすとともに、それを顧客に対して提案しアピールすることで購買促進につながるような、スーパーマーケットにとっての重要カテゴリーの1つである。加えてそれらは、消費期限が短く、売れ残るとロスになるため、品揃えとともにオペレーションについてもより配慮を要する。このような特徴を持つ惣菜は、店舗毎の顧客の嗜好に応じてきめ細やかな対応が求められるカテゴリーの1つであり、ID付POSデータの活用の仕方によって成果を高め得る可能性のあるカテゴリーであると見ることができる。

(1) データの概要

分析に利用するデータは、あるスーパーマーケットの2005年1月1日から12月31日までの1年分のID付POSデータである。このデータから来店頻度別での顧客の分布と年間の平均来店回数、平日来店日数や休日来店日数およびそれらの合計の総来店日数、売上金額構成比についてまとめたものが図表5-1である。

このデータセットには、全体で17,617人のカード会員のデータが含まれている。そのうち、店舗への来店頻度が週1回未満の顧客は13,593人（77.1%）である。来店頻度が週1回から週7回（ほぼ毎日）までの範囲の顧客は、3,960人（22.5%）であり、さらに週8回以上の来店頻度の顧客が64人（0.4%）含まれている。これに対して、売上金額構成比を見ると、来店頻度が週1回未満の顧客は29.1%であり、来店頻度が週1回から週7回の顧客は67.5%、来店頻度が

図表5-1　顧客の来店頻度別分布と店舗利用の特徴

来店頻度	人数	人数構成比	平均年間来店回数	平日来店日数	休日来店日数	総来店日数	売上金額構成比
月1回未満	7,934	0.450	4	2	1	4	0.048
週1回未満	5,659	0.321	27	16	9	25	0.243
週1〜2回	2,299	0.130	73	44	23	67	0.271
週3〜4回	1,267	0.072	142	86	41	127	0.264
週5〜7回	394	0.022	273	159	73	233	0.140
週8回以上	64	0.004	449	203	95	298	0.034
全体	17,617	1.000	38	22	11	34	1.000

週8回以上の顧客は3.4％となっている。したがって，週1回以上来店する約23％の顧客が，売上の約71％に貢献しているということである。

来店頻度が週1回未満の顧客は，他店舗をメインで利用しつつ，当該店舗については補完的に利用している可能性が高い。他方，週1回以上の顧客は当該店舗を主体として利用しているものと考えられる。このことから，ここでは分析対象とする顧客の抽出基準の1つとして，来店頻度が週1回以上というものを設定する。一方，週8回以上の来店頻度を示している顧客は0.4％と少数であり，店舗のパート従業員の利用やその他の特殊な状況によることも想定されるため，ここでは来店頻度週8回以上となっている顧客データについては，分析対象から除くこととする。したがって，最終的に来店頻度週1回から7回までの顧客3,960人を分析対象顧客として抽出することとする。

ところで，これらの分析対象として抽出した顧客の来店頻度には，週1回から週7回までとかなりの幅がある。このような差異の影響を考慮し，ここでは来店頻度が年間52回（週当たり1回）を基準としたときの各惣菜カテゴリーの購入頻度を求め，それらに対してMPMモデルを適用することとする。なお，本分析で対象とする具体的な惣菜カテゴリーは，天ぷら，フライ，チキン，唐揚・焼き物，和え物・煮物，サラダ，中華の7カテゴリーである。

分析対象として抽出された顧客の中には，曜日に無関係に来店する顧客と休日中心で店舗を利用する顧客が含まれている。休日来店日数比率に基づく分析顧客の分布を確認したものが図表5-2である。

休日来店日数比率が40％未満の顧客が3,097人（78％），40％以上の顧客が863人（22％）である。惣菜カテゴリーの購入の特徴が，平日と休日では異なる可能性もあるので，後述の分析において，惣菜カテゴリーの購入頻度パターンと

図表5-2 休日来店状況による顧客の分布

休日来店日数比率	人数	構成比
20％未満	405	0.102
20～40％未満	2,692	0.680
40～60％未満	708	0.179
60～80％未満	117	0.030
80％以上	38	0.010
合計	3,960	1.000

休日来店比率との関係を確認する。

(2) セグメント帰属確率のモデル化

分析で得られた結果に基づき消費者セグメントの特徴を理解するために、デモグラフィクスなどの顧客属性の変数を利用することが多い。本分析事例でも解釈を容易にするために、セグメントの混合比率π_sを説明するための変数として、ID付POSデータに含まれる年齢、性別および前節で確認した休日利用の特徴を利用することとする。なお、休日利用の特徴については、便宜的に、休日利用比率が40%以上の顧客を休日メイン顧客、その他を平日メイン顧客として分析する。

顧客nの性別をz_{n1}(男性1、女性2)、年齢をz_{n2}、休日利用度合いの変数をz_{n3}(平日メイン1、休日メイン2)で表すものとし、$z=(z_{n1}, z_{n2}, z_{n3})$とする。また、性別に対するパラメータを$\gamma_{s1z_{n1}}$、年齢に対するパラメータを$\gamma_{s2}$、休日利用度合いの変数に対するパラメータを$\gamma_{s3z_{n3}}$とする。このときセグメント$s$への帰属確率$\pi_{s|z}$は、以下のようにモデル化できる(Wedel and Kamakura, 2000; Vermunt and Magison, 2000)。

$$\pi_{s|z} = \frac{\exp(\eta_{s|z})}{\sum_{t=1}^{T} \exp(\eta_{s|z})} \tag{5.6}$$

$$\eta_{s|z} = \gamma_{s0} + \gamma_{s1z_{n1}} + \gamma_{s2}z_{n2} + \gamma_{s3z_{n3}} \tag{5.7}$$

ただし、

$$\sum_{s=1}^{S} \gamma_{s0}=0, \ \sum_{s=1}^{S} \gamma_{s1z_{n1}}=0, \ \sum_{s=1}^{S} \gamma_{s2}=0, \ \sum_{s=1}^{S} \gamma_{s3z_{n3}}=0, \ \sum_{z_{n1}=1}^{2} \gamma_{s1z_{n1}}=0, \ \sum_{z_{n3}=1}^{2} \gamma_{s3z_{n3}}=0,$$

と制約する。

なお、前節で抽出した分析対象顧客3,960人の中で、119人については性別や年齢の情報が欠落しているか、あるいは異常値と思われる内容であったため、それら119人分のID付POSデータの情報は除いて、最終的に3,841人のデータにMPMモデルを適用してセグメンテーションを行うこととする。

(3) セグメント数の検討

　本分析では，対数尤度から算出されるAIC，BICに基づいて，セグメント数の判断を行うこととする。図表5-3は，分析対象として抽出された顧客のID付POSデータに基づき構成された7つの惣菜カテゴリーの購入頻度のデータに対し

図表5-3　モデル選択結果

セグメント数	$\log L$	パラメータ数	AIC	BIC
1	-76831.7	7	153677.4	153721.2
2	-57807.6	18	115651.2	115763.8
3	-53619.5	29	107297.1	107478.4
4	-52046.7	40	104173.4	104423.5
5	-50866.5	51	101835.0	102153.9
6	-50257.6	62	100639.3	101027.0
7	-49782.5	73	99710.9	100167.4
8	-49416.7	84	99001.5	99526.8
9	-49069.7	95	98329.5	98923.6
10	-48816.9	106	97845.8	98508.7
11	-48539.8	117	97313.6	98045.3
12	-48373.1	128	97002.3	97802.7
13	-48191.9	139	96661.7	97530.9
14	-48060.3	150	96420.5	97358.6
15	-47923.7	161	96169.3	97176.2
16	-47775.5	172	95895.0	96970.6
17	-47689.6	183	95745.2	96889.6
18	-47577.8	194	95543.7	96756.9
19	-47466.4	205	95342.7	96624.7
20	-47424.2	216	95280.5	96631.2
21	-47315.3	227	95084.6	96504.1
22	-47324.9	238	95125.9	96614.2
23	-47179.2	249	94856.4	96413.5
24	-47125.2	260	94770.5	96396.4
25	-47052.9	271	94647.7	96342.4
26	-47055.9	282	94675.8	96439.3

て，MPMモデルを適用し，セグメント数を１から順に26まで増加させた場合に得られた対数尤度（$\log L$），AICおよびBICを示している[1]。

図表5-3に示されるように，セグメント数が25のモデルのAIC，BICがともに最小となっていることから，ここではセグメント数25のモデルを採用することとする。

ところで，セグメント数が25というのは，実務的な対応を考慮するとやや多いという印象を与えるかもしれない。本事例では，セグメントが与えられた下では各惣菜カテゴリーの購入頻度は独立であるとする，局所独立性の仮定の下にMPMモデルを構成している。けれども，セグメントとの関係で各カテゴリーの購入頻度間の相関を説明するだけでは不十分である場合，Brijs et al.（2004）の提案しているMPMモデルのように，この局所独立性の仮定を緩和することによって，セグメント数がより少ないモデルが採択される可能性もある。セグメント数を最終的に決定する際には，実務的対応の煩雑さも考慮して決定することが望ましいであろうから，このようなモデルの仮定についての吟味を行うことは，実務への応用に際して有益なものとなるであろう。

（4）パラメータ推定結果

本分析で利用している統計パッケージでは，(5.5) 式のパラメータを次のように再パラメータ化している，

$$\theta_{sk} = \exp(\eta_{ks}) \tag{5.8}$$

$$\eta_{ks} = \beta_k + \beta_{sk} \tag{5.9}$$

ただし，$\sum_{s=1}^{S} \beta_{sk} = 0$である。このため，本分析では，(5.8) 式に基づくパラメータの推定結果を示すこととする（図表5-4）。

図表5-4および図表5-5のパラメータ推定結果から，本分析で適用したモデルのパラメータは，統計的に有意となっていることが確認できる。そして図表5-4に示される結果から，性別や年齢，休日利用率の顧客属性を用いて，それぞれのセグメントに含まれる顧客の特徴を記述することには意味があるということが確認できる。なお，これらのパラメータ推定結果については，そのまま解釈を行うよりも，これらのパラメータ推定値に基づいて得られる各カテゴリ

図表5-4　セグメント別平均購入回数のパラメータ推定結果

カテゴリー	β_k	Wald	p-value
天ぷら	0.57	500.3	0.000
フライ	1.97	12644.0	0.000
チキン	-1.43	429.2	0.000
唐揚・焼き物	1.40	2981.9	0.000
和え物・煮物	1.18	1437.8	0.000
サラダ	0.92	503.6	0.000
中華	0.73	291.0	0.000

カテゴリー	β_{k1}	β_{k2}	β_{k3}	β_{k4}	β_{k5}	β_{k6}	β_{k7}	β_{k8}	β_{k9}
天ぷら	-2.06	-0.67	-2.25	-1.41	-0.17	-14.04	-0.04	0.17	0.04
フライ	-1.53	-0.41	-2.44	-1.40	-0.67	-0.55	-0.23	0.36	0.28
チキン	-1.67	-0.09	-3.48	-1.68	-1.95	0.11	-0.81	0.28	0.64
唐揚・焼き物	-1.29	-0.21	-3.36	-1.17	-1.35	-0.05	-0.25	0.35	0.24
和え物・煮物	-2.12	-1.21	-3.37	-0.25	-2.68	0.26	0.54	0.94	-0.55
サラダ	-1.68	-1.11	-3.59	-0.30	-2.18	0.43	-0.58	0.71	0.50
中華	-1.43	-0.33	-4.31	-1.02	-1.86	0.23	-0.22	0.64	0.00

カテゴリー	β_{k10}	β_{k11}	β_{k12}	β_{k13}	β_{k14}	β_{k15}	β_{k16}	β_{k17}	β_{k18}
天ぷら	-0.65	0.34	0.41	0.03	-0.46	0.21	0.08	1.42	-0.39
フライ	-0.84	0.63	0.69	-0.16	-0.15	-0.74	0.69	0.11	0.48
チキン	-0.12	1.15	0.45	0.06	0.70	-2.31	-0.69	-0.43	1.25
唐揚・焼き物	-0.38	1.11	0.56	0.27	0.73	-1.28	-0.38	-1.20	1.26
和え物・煮物	1.64	1.63	-0.52	1.85	0.63	-0.03	-2.36	-1.15	0.17
サラダ	0.56	0.90	-1.09	1.75	1.67	1.38	-3.19	-0.84	0.75
中華	0.24	1.14	0.60	1.06	0.93	-0.42	-1.38	-1.12	1.21

カテゴリー	β_{k19}	β_{k20}	β_{k21}	β_{k22}	β_{k23}	β_{k24}	β_{k25}	Wald	p-value
天ぷら	0.55	1.11	1.52	-0.60	1.39	0.87	1.60	1943.2	0.000
フライ	1.04	1.04	0.64	-0.46	1.18	1.28	1.25	4265.2	0.000
チキン	1.23	1.42	0.56	1.49	0.72	1.17	1.98	457.3	0.000
唐揚・焼き物	0.97	1.12	0.08	1.13	0.05	1.33	1.75	3390.6	0.000
和え物・煮物	0.98	2.14	1.77	-0.58	0.29	0.32	1.85	4305.7	0.000
サラダ	1.79	2.25	1.14	-1.47	0.68	0.34	1.16	3323.7	0.000
中華	1.26	1.56	0.79	-0.23	-0.27	1.01	1.93	2340.8	0.000

第5章　Finite Mixture Modelによるセグメンテーション

図表5-5　帰属確率に関するパラメータ推定結果

セグメント番号	1	2	3	4	5	6	7	8	9
γ_{s0}	-88.00	-62.42	-2.52	-30.70	51.45	-105.63	24.54	-4.93	-16.09
$\gamma_{s1zn1}(Z_{n1}=1)$	-0.38	-0.27	0.05	-0.07	0.05	0.14	-0.59	-0.03	-0.54
$\gamma_{s1zn1}(Z_{n1}=2)$	0.38	0.27	-0.05	0.07	-0.05	-0.14	0.59	0.03	0.54
γ_{s2}	0.05	0.03	0.00	0.02	-0.03	0.05	-0.01	0.00	0.01
$\gamma_{s3zn3}(Z_{n3}=1)$	0.01	-0.05	0.17	0.04	0.11	-0.04	0.21	0.12	-0.26
$\gamma_{s3zn3}(Z_{n3}=2)$	-0.01	0.05	-0.17	-0.04	-0.11	0.04	-0.21	-0.12	0.26

セグメント番号	10	11	12	13	14	15	16	17	18
γ_{s0}	48.57	-22.51	8.96	51.61	-79.59	94.91	226.56	54.32	-124.75
$\gamma_{s1zn1}(Z_{n1}=1)$	0.23	-0.06	-0.48	0.14	0.59	0.01	-0.17	-0.42	0.48
$\gamma_{s1zn1}(Z_{n1}=2)$	-0.23	0.06	0.48	-0.14	-0.59	-0.01	0.17	0.42	-0.48
γ_{s2}	-0.02	0.01	0.00	-0.03	0.04	-0.05	-0.01	-0.03	0.06
$\gamma_{s3zn3}(Z_{n3}=1)$	0.09	-0.04	0.08	0.20	-0.33	0.33	0.00	-0.30	0.78
$\gamma_{s3zn3}(Z_{n3}=2)$	-0.09	0.04	-0.08	-0.20	0.33	-0.33	0.00	0.30	-0.78

セグメント番号	19	20	21	22	23	24	25	Wald	p-value
γ_{s0}	-26.09	34.45	132.00	-50.36	54.4	34.20	-2.01	196.42	0.000
$\gamma_{s1zn1}(Z_{n1}=1)$	-0.59	0.42	0.04	0.36	0.69	0.04	0.37	102.60	0.000
$\gamma_{s1zn1}(Z_{n1}=2)$	0.59	-0.42	-0.04	-0.36	-0.69	-0.04	-0.37		
γ_{s2}	0.01	-0.02	-0.07	0.03	-0.03	-0.02	0.00	200.37	0.000
$\gamma_{s3zn3}(Z_{n3}=1)$	0.09	0.01	-0.28	-0.09	-0.10	-0.19	-0.55	35.10	0.067
$\gamma_{s3zn3}(Z_{n3}=2)$	-0.09	-0.01	0.28	0.09	0.10	0.19	0.55		

ーの購入頻度の推定値や顧客属性別の分布を見るほうがわかりやすいので，節を改めてそれらの結果の解釈を行っていくこととする。

（5）セグメント別購入頻度のパターン

　25個の顧客セグメントのそれぞれと分析対象顧客全体について，7つの惣菜カテゴリーに関して推定された平均購入頻度をまとめたものが図表5-6である。上段の太字の数値は購入頻度の推定値であり，下段の数値は，全体を1.0としたときの指数である。なお，先にも述べたように，分析対象とした顧客の来店頻度は週1回から7回まで幅があるので，ここでは年間52回（1週当たり1回）来

図表5−6　セグメント別購入頻度

セグメント番号	1	2	3	4	5	6	7	8	9
セグメントサイズ	0.146	0.137	0.111	0.102	0.071	0.067	0.051	0.049	0.043
天ぷら	0.2 / 0.2	0.9 / 0.87	0.2 / 0.1	0.4 / 0.3	1.5 / 1.2	0.6 / 0.5	1.7 / 1.3	2.1 / 1.6	1.8 / 1.4
フライ	1.6 / 0.3	4.8 / 0.9	0.6 / 0.1	1.8 / 0.3	3.7 / 0.7	4.1 / 0.8	5.7 / 1.1	10.3 / 1.9	9.6 / 1.8
チキン	0.0 / 0.2	0.2 / 1.0	0.0 / 0.2	0.0 / 0.2	0.0 / 0.2	0.3 / 1.3	0.1 / 0.5	0.3 / 1.5	0.5 / 2.2
唐揚・焼き物	1.1 / 0.3	3.3 / 1.0	0.1 / 0.0	1.2 / 0.4	1.0 / 0.3	3.8 / 1.1	3.1 / 0.9	5.7 / 1.7	5.1 / 1.5
和え物・煮物	0.4 / 0.1	1.0 / 0.3	0.1 / 0.0	2.5 / 0.7	0.2 / 0.1	4.2 / 1.1	5.6 / 1.5	8.3 / 2.3	1.9 / 0.5
サラダ	0.5 / 0.2	0.8 / 0.3	0.1 / 0.0	1.8 / 0.7	0.3 / 0.1	3.8 / 1.4	1.4 / 0.5	5.1 / 1.9	4.1 / 1.5
中華	0.5 / 0.3	1.5 / 0.8	0.0 / 0.0	0.8 / 0.4	0.3 / 0.2	2.6 / 1.4	1.7 / 0.9	4.0 / 2.1	2.1 / 1.1
延べ購入回数	4.3	12.5	1.1	8.6	7.1	19.5	19.3	35.8	25.1

セグメント番号	10	11	12	13	14	15	16	17	18
セグメントサイズ	0.028	0.026	0.026	0.019	0.017	0.016	0.015	0.013	0.012
天ぷら	0.9 / 0.7	2.5 / 1.9	2.7 / 2.1	1.8 / 1.4	1.1 / 0.9	2.2 / 1.7	1.9 / 1.5	7.3 / 5.7	1.2 / 0.9
フライ	3.1 / 0.6	13.6 / 2.5	14.3 / 2.7	6.1 / 1.1	6.2 / 1.1	3.4 / 0.6	14.3 / 2.7	8.0 / 1.5	11.7 / 2.2
チキン	0.2 / 1.0	0.8 / 3.6	0.4 / 1.8	0.3 / 1.2	0.5 / 2.3	0.0 / 0.1	0.1 / 0.6	0.2 / 0.7	0.8 / 4.0
唐揚・焼き物	2.8 / 0.8	12.2 / 3.6	7.1 / 2.1	5.3 / 1.6	8.4 / 2.5	1.1 / 0.3	2.8 / 0.8	1.2 / 0.4	14.3 / 4.2
和え物・煮物	13.9 / 3.8	16.5 / 4.5	1.9 / 0.5	20.6 / 5.6	6.1 / 1.7	3.1 / 0.9	0.3 / 0.1	1.0 / 0.3	3.9 / 1.1
サラダ	4.4 / 1.6	6.2 / 2.3	0.8 / 0.3	14.4 / 5.3	13.3 / 4.9	10.0 / 3.7	0.1 / 0.0	1.1 / 0.4	5.3 / 2.0
中華	2.7 / 1.4	6.5 / 3.4	3.8 / 2.0	6.0 / 3.1	5.2 / 2.8	1.4 / 0.7	0.5 / 0.3	0.7 / 0.4	7.0 / 3.7
延べ購入回数	28.0	58.2	21.0	54.5	40.7	21.3	20.0	19.5	44.1

セグメント番号	19	20	21	22	23	24	25	全体平均
セグメントサイズ	0.010	0.009	0.009	0.009	0.007	0.006	0.005	
天ぷら	3.0 / 2.4	5.3 / 4.2	8.1 / 6.3	1.0 / 0.8	7.1 / 5.5	4.2 / 3.3	8.7 / 6.8	1.3 / 1.0
フライ	20.3 / 3.8	20.4 / 3.8	13.7 / 2.5	4.6 / 0.8	23.5 / 4.4	25.8 / 4.8	25.1 / 4.7	5.4 / 1.0
チキン	0.8 / 3.9	1.0 / 4.7	0.4 / 2.0	1.1 / 5.0	0.5 / 2.3	0.8 / 3.7	1.7 / 8.2	0.2 / 1.0
唐揚・焼き物	10.6 / 3.1	12.4 / 3.6	4.4 / 1.3	12.5 / 3.7	4.2 / 1.3	15.3 / 4.5	23.1 / 6.8	3.4 / 1.0
和え物・煮物	8.6 / 2.4	27.7 / 7.6	18.9 / 5.2	1.8 / 0.5	4.3 / 1.2	4.5 / 1.2	20.6 / 5.6	3.7 / 1.0
サラダ	14.9 / 5.5	23.8 / 8.8	7.8 / 2.9	0.6 / 0.2	5.0 / 1.8	3.5 / 1.3	8.0 / 2.9	2.7 / 1.0
中華	7.3 / 3.9	9.9 / 5.2	4.6 / 2.4	1.6 / 0.9	1.6 / 0.8	5.7 / 3.0	14.3 / 7.5	1.9 / 1.0
延べ購入回数	65.7	100.4	57.9	23.1	46.2	59.8	101.5	18.5

注：上段数値：平均購入回数，下段数値：全体平均購入回数に対する指数

店を基準としたときの，平均的な惣菜購入頻度であることに注意いただきたい。

はじめに，7つの惣菜カテゴリーについて推定された平均購入頻度を，顧客セグメント毎に加算して求めた延べ購入回数を確認すると，セグメント3の顧客のように延べでも惣菜を1.1回しか購入しない顧客から，セグメント20やセグメント25の顧客のように，延べ100回を超える惣菜の購入がある顧客まで，惣菜の購入の仕方が多様であることが確認できる。さらに，各々の惣菜カテゴリーでは，購入頻度が顧客セグメント毎にばらついており，顧客の惣菜に対する嗜好の多様性を確認することができる。

図表5－6に示されている顧客セグメントの1つ1つを吟味することで，実に様々な顧客の購買行動を垣間見ることができ，惣菜を購入する顧客を理解するために役立つ知見を得ることができる。ここではそのような吟味を，より容易に行えるようにするために，便宜的に，延べ購入回数を基準にして30回未満のセグメントをライトユーザー，30回以上50回未満のセグメントをミドルユーザー，50回以上をヘビーユーザーと区分して検討を行うこととする。それぞれのタイプに該当する顧客セグメントのサイズを合算して，各タイプに含まれる顧客数の規模を確認すると，ライトユーザーが0.807，ミドルユーザーが0.109，ヘビーユーザーが0.083となっている。当該店舗において惣菜を購入する主体となっている顧客は，ヘビーユーザーとミドルユーザーを合わせた約20％の顧客であると考えられるので，これ以降は，主にそれらミドル，ヘビーの各ユーザーの惣菜購入の特徴に注目して，分析結果の確認を行うこととする。

はじめにミドルユーザーに区分される顧客セグメントの特徴を確認する。セグメント8は，全体平均と比較して，和え物・煮物や中華の購入頻度が2倍を超えており，食事のメニューに1品追加するための副菜を購入するような特徴が見える（ミドル副菜中心派）。

これに対してセグメント12は，和え物・煮物やサラダの購入頻度が低いものの，天ぷらやフライ，唐揚・焼き物，中華の購入頻度が全体平均の2倍を上回っており，メインのおかずを中心に購入している顧客のグループであるという特徴が確認できる（ミドル主菜重点派）。

セグメント14と18を見ると，セグメント14ではサラダが全体平均の5倍近い購入頻度となっているのに対して，セグメント18はチキンと唐揚・焼き物が4倍を超えている。このように，購入の重点カテゴリーに若干の違いはあるもの

の，和惣菜（天ぷらと和え物・煮物）の購入頻度が相対的に低いという点では，共通した特徴が見られる（ミドル和惣菜低購入派）。

　セグメント23は，天ぷらやフライが全体平均の4倍以上と，それらの購入頻度がミドルユーザーの中では際立っている。それに対して，唐揚・焼き物，和え物・煮物，サラダ，中華の購入頻度が相対的に低いという特徴がある（ミドル揚物中心派）。

　ヘビーユーザーに目を向けてみると，セグメント13は，和え物・煮物，サラダなどの副菜が全体平均の5倍を超える購入頻度であり，中華も4倍を超えている。その反面，天ぷらやフライ，チキン，唐揚・焼き物の購入頻度は，ヘビーユーザーの中で相対的に低いという特徴を示している（ヘビー副菜中心派）。

　セグメント24は，和え物・煮物やサラダの購入頻度が相対的に低く，フライや揚物・焼き物を中心とした主菜の購入頻度が高いという特徴がある（ヘビー主菜重点派）。

　セグメント11，19，20，21，25の5つのセグメントを見ると，購入頻度のレベルについてはセグメント間でバラツキがあるものの，概ねすべてのカテゴリーの購入頻度が高く，惣菜への依存度が高いという特徴が見える（ヘビー惣菜依存派）。この傾向は，特にセグメント20と25で顕著である。

　以上のような整理に基づけば，惣菜を購入する顧客には，ミドル副菜中心派，ミドル主菜重点派，ミドル和惣菜低購入派，ミドル揚物中心派，ヘビー副菜中心派，ヘビー主菜重点派，ヘビー惣菜依存派といった多様なタイプの顧客が混在していることが見えてくる。それではこのような惣菜の購買行動が異なるそれぞれのタイプの顧客とは，どのような顧客なのであろうか。次節では，性別や年齢などの顧客属性の観点から，その特徴を探っていくこととする。

（6）セグメントに含まれる顧客の特徴

　図表5-7は，25個のそれぞれの顧客セグメントについて，性別，年齢層，平日休日の店舗利用度合いに基づいて，顧客の分布をまとめたものである。ここでは，前節と同様にミドルユーザー（セグメント8，12，14，18，23）と，ヘビーユーザー（セグメント11，13，19，20，21，24，25）の特徴に焦点を絞って確認する。また，惣菜を利用する顧客像のイメージをより豊かなものとするために，主観的ではあるものの，誤解をおそれずに，得られた分析結果とその

図表5-7　セグメント毎の顧客の特徴

セグメント番号	1	2	3	4	5	6	7	8	9
セグメントサイズ	0.146	0.137	0.111	0.102	0.071	0.067	0.051	0.049	0.043
男性	0.11	0.13	0.23	0.19	0.25	0.26	0.08	0.21	0.08
女性	0.89	0.87	0.77	0.81	0.75	0.74	0.92	0.79	0.92
60代以上	0.43	0.51	0.67	0.60	0.83	0.38	0.74	0.70	0.66
60代未満	0.57	0.49	0.33	0.40	0.17	0.62	0.26	0.30	0.34
平日メイン顧客比率	0.77	0.75	0.83	0.79	0.82	0.75	0.84	0.81	0.67
休日メイン顧客比率	0.23	0.25	0.17	0.21	0.18	0.25	0.16	0.19	0.33

セグメント番号	10	11	12	13	14	15	16	17	18
セグメントサイズ	0.028	0.026	0.026	0.019	0.017	0.016	0.015	0.013	0.012
男性	0.32	0.19	0.10	0.28	0.46	0.25	0.17	0.11	0.41
女性	0.68	0.81	0.90	0.72	0.54	0.75	0.83	0.89	0.59
60代以上	0.79	0.65	0.72	0.77	0.48	0.89	0.75	0.85	0.39
60代未満	0.21	0.35	0.28	0.23	0.52	0.11	0.25	0.15	0.61
平日メイン顧客比率	0.81	0.76	0.80	0.84	0.63	0.88	0.78	0.66	0.94
休日メイン顧客比率	0.19	0.24	0.20	0.16	0.37	0.12	0.22	0.34	0.06

セグメント番号	19	20	21	22	23	24	25	全体平均
セグメントサイズ	0.010	0.009	0.009	0.009	0.007	0.006	0.005	
男性	0.08	0.40	0.27	0.35	0.54	0.23	0.36	0.19
女性	0.92	0.60	0.73	0.65	0.46	0.77	0.64	0.81
60代以上	0.58	0.80	0.92	0.59	0.93	0.79	0.64	0.61
60代未満	0.42	0.20	0.08	0.41	0.07	0.21	0.36	0.39
平日メイン顧客比率	0.80	0.79	0.69	0.74	0.76	0.71	0.54	0.78
休日メイン顧客比率	0.20	0.21	0.31	0.26	0.24	0.29	0.46	0.22

解釈から想定され得る顧客像についてもあわせて考察を試みることとする。

　はじめに，ミドル副菜中心派であるセグメント8と，ヘビー副菜中心派のセグメント13の顧客について見ると，それらの顧客は，ともに60代以上の比率が全体平均より10％程度高く，男性比率も全体平均と比較してやや高いという特徴がある。そしてこのような特徴からは，メニューの品数を増やして食事を豊かなものにしつつ，栄養のバランスにも配慮するための追加1品をスーパーの惣菜利用で補うといったような行動をとる顧客のイメージが，1つの可能性と

して想定される。

　ミドル主菜重点派のセグメント12と，ヘビー主菜重点派のセグメント24の顧客の特徴を見ると，双方とも60代以上の比率が高いことは共通している。しかしながら，男女比や平日休日の店舗利用度合いで見ると，やや傾向が異なっている。ミドル主菜重点派は女性比率が高く（90％），平日メイン顧客比率が全体平均より若干高い傾向を示している。これに対して，ヘビー主菜重点派は，全体平均より男性比率と休日メイン顧客比率がやや高い。これらのセグメントについての可能性のある顧客像を類推するとすれば，例えば前者については，普段は概ね自身で料理することが主体であるものの，その負担を軽減するために一定の頻度で惣菜利用を行っているような顧客像を想定することができる。後者については，休日の食事の中で主菜の多くをスーパーの惣菜に頼っている顧客像というものを想定することができる。

　ミドル和惣菜低購入派のセグメント14と18は，男性比率と60代未満の顧客比率が全体平均に比べて高いという点が共通している。平日休日の店舗利用度合いは，セグメント14では休日比率が高く，セグメント18はほとんどが平日メインの顧客である。図表5-6で購入頻度が特に高いカテゴリーを確認すると，休日主体のセグメント14はサラダの頻度（13.3）が際立っており，平日主体のセグメント18は唐揚・焼き物（14.3）が特に高い。これらの顧客は，天ぷらや和え物・煮物などの和惣菜の購入頻度が低いとはいえ，若干は購入していることから，和惣菜を消費しないのではなく自前で作り，それにサラダや揚げ物・焼き物を中心に和惣菜以外の惣菜をメニューに追加するためにスーパーマーケットの惣菜を購入しているというような顧客像が想定され得る。

　天ぷらやフライの購入頻度が特に高いミドル揚物中心派のセグメント23は，男性の比率が高く，年齢層で見るとほとんどが60代以上（93％）である。全体平均と比較して平日か休日のいずれかに極端に偏った傾向は見当たらない。男性が主菜として購入していくということの他に，天ぷらやフライは油を多量に使った料理であるため，その手間や安全面などの理由から，大量に作るなどの特段の事情がない限りは，高齢の方は自分で調理することを避け，スーパーの惣菜を利用しているというようなことが，1つの可能性として予想できる。

　セグメント11，19，20，21，25の顧客を，ヘビー惣菜依存派として一括りにしていたけれども，その属性の観点から見ると若干特徴に違いが見られる。男

女比で見ると、セグメント19の女性比率が高く、セグメント20と25の男性比率が全体平均と比べて2倍程度あり、セグメント21もやや男性比率が全体平均よりも高めである。年齢層では、セグメント19を除いて概ね60代以上の比率が高く、セグメント20, 21, 24の60代以上の比率が特に高い。平日休日の店舗利用度合いで見ると、セグメント25は休日メインの顧客比率が全体平均と比較して高く、セグメント21や24もやや高い。このような傾向から、ヘビー惣菜依存派については、女性比率と60代未満の比率が相対的に高いセグメント19、男性比率と60代以上の比率が相対的に高いセグメント20, 21、男性比率と休日メイン比率が高いセグメント25、全体平均からさほどの乖離は見られないセグメント11の4つのサブタイプに区分することができる。

　このように区分した上で、図表5-6に基づき改めて各カテゴリーの購入頻度の特徴を確認すると、女性が中心のセグメント19は、惣菜全体の利用が多い中で、特にサラダの購入頻度が高いところに特徴がある。家事負担の軽減と食事の栄養バランスをとるために、惣菜を利用している顧客像が1つの可能性として想定できる。このような顧客として典型的なのは、有職の主婦であろう。ところでセグメント11は、顧客属性の観点からは顕著な特徴は見られないものの、購入頻度の傾向はセグメント19と類似しており、サラダではなく和え物・煮物が特に高いという特徴がある。この顧客の惣菜利用の行動は、比較的セグメント19に類似するものである。

　60代以上と男性比率が高いセグメント20と21は、天ぷらと和え物・煮物の和惣菜の購入頻度が特に高い。一方、男性比率が高く休日比率の高いセグメント25は、ほぼすべての惣菜カテゴリーの購入頻度が総じて高い。このような傾向を見ると、前者は、和食中心の食生活を嗜好する高齢の男性が、その主要な部分をスーパーマーケットの惣菜に依存しているという顧客像が想定される。これに対して後者は、休日の食事を惣菜主体で賄っているという有職で単身か高齢で単身の男性顧客が中心であることが推測される。

　以上のように、惣菜カテゴリーの購入頻度に基づき類型化された顧客セグメントを、その顧客属性の観点から解釈することで、惣菜カテゴリーの購買行動の特徴と、そのような行動を行う顧客の特徴を、より鮮明に把握し得るということを理解していただけたものと思う。小売業は、このような購買行動の分析を通じて、顧客についての詳細なイメージを持つことによって、ターゲットが

明確になり，どのような点に配慮しながら惣菜を提供すべきか，品揃えや売り場作り，売り方について，より具体的な検討を行うことが可能になるであろう。

ところで，全体平均を見るとわかるように，本事例で分析対象とした店舗では，惣菜利用が多い顧客の6割以上が60代以上の顧客で占められている。スーパーマーケットの惣菜は，少量でも自身で必要な分だけ購入できるという形態が主流であろうから，調理の負担の軽減と食卓の充実を両立する手段として高齢の顧客に支持されていることが，このような数値の背景にあるものと考えられる。とはいえ，このような特徴は，店舗によって異なり得るので，惣菜の品揃えやメニュー提案は，商圏内の居住者特性を商圏データで確認しつつ，来店客の購買行動をID付POSデータなどで捕捉しながら，店舗毎にきめ細かく対応していくべきものであることは指摘しておきたい。

5 まとめ

本章では，はじめにモデルベース・セグメンテーション手法であるFinite Mixture Modelの概要について確認した。その上で，複数製品カテゴリーの購入頻度データに適用して消費者セグメンテーションを行うために利用することが可能な，Finite Mixture Modelの1種であるMPMモデルについて解説した。本章の後半では，某スーパーマーケットのID付POSデータから得られた惣菜の購入頻度データに，MPMモデルを適用した事例を提示した。事例の分析結果からは，購買行動の特徴が異なる複数の顧客セグメントが確認され，それらの規模も推定された。さらに，顧客セグメント毎に推定されたパラメータの解釈を行うことによって，それぞれの顧客セグメントの購買行動の特徴や，そこに含まれる顧客の特徴を明らかにできることを示した。

本分析事例で適用したMPMモデルは，局所独立性の仮定に基づき構成された標準的なモデルであり，統計パッケージを用いれば比較的容易に適用することが可能である。ID付POSデータから，顧客の購買行動に関する有益な知見を得るために，このようなモデルベース・セグメンテーション手法が，今後さらに実務に応用されていくことを期待したい。

第5章 Finite Mixture Modelによるセグメンテーション

[注記]
1) 推定ではLatentGOLDR V.3.0.1 を利用している。

[参考文献]

Ainslie, A., and P. E. Rossi [1998], "Similarities in Choice Behavior Across Product Categories," *Marketing Science*, Vol.17, No.2, 91-106.

Berry, M. J. A., and G. S. Linoff [2004], *Data Mining Techniques: For Marketing, Sales, and Customer Relationship Management*, 2nd ed., John Wiley & Sons. 江原淳他訳 [2006],『データマイニング手法——営業、マーケティング、CRMのための顧客分析——2訂版』,海文堂.

Brijs, T., D. Larlist, G. Swinnen, K. Vanhoof, G. Wets, and P. Manchanda [2004], "A Multivariate Poisson Mixture Model for Marketing Applications," *Statistica Neerlandica*, Vol.58, No.3, 322-348.

Dempster, A. P., N. M. Laird, and D. B. Rubin [1977], "Maximum Likelihood from Incomplete Data via the EM-Algorithm," *Journal of the Royal Statistical Society*, B39, 1-38.

Dillon, W. R., and A. Kumar [1994], "Latent Structure and Other Mixture Models in Marketing: An Integrative Survey and Overview," in *Advanced Methods in Marketing Research*, R. P. Bagozzi (ed.), Blackwell, 295-351.

Johnson, N. L., S. Kotz, and N. Balakrishnan [1997], *Discrete Multivariate Distributions*, Wiley.

Leeflang, P. S. H., D. R. Wittink, M. Wedel, and P. A. Naert [2000], *Building Models for Marketing Decisions*, Kluwer.

Manchanda, P., A. Ansari, and S. Gupta [1999], "The Shopping Basket: A Model for Multicategory Purchase Incidence Decisions," *Marketing Science*, Vol.18, No.2, 95-114.

McLachlan, G. J., and K. E. Basford [1988], *Mixture Models: Inference and Applications to Clustering*, Marcel Dekker.

McLachlan, G. J., and D. Peel [2000], *Finite Mixture Models*, John Wiley & Sons.

中村博,佐藤忠彦 [2001],「ID付POSデータを用いた優良顧客のためのグルーピング仮説抽出とその効果」,『流通情報』,No.388, 13-22.

Russell, G. J., and W. A. Kamakura [1997], "Modeling Multiple Category Brand Performance with Household Basket Data," *Journal of Retailing*, Vol.73, No.4, 439-461.

Russell, G. J., and A. Petersen [2000], "Analysis of Cross Category Dependence in Market Basket Selection," *Journal of Retailing*, Vol.76, No.3, 367-392.

Vermunt, J. K., and J. Magidson [2000], *Latent Gold User's Guide*, Statistical Innovations.

Wedel, M., and W. S. DeSarbo [1995], "A Mixture Likelihood Approach for Generalized Linear Models," *Journal of Classification*, Vol.12, 21-55.

Wedel, M., and W. A. Kamakura [2000], *Market Segmentation: Conceptual and Methodological Foundations*, 2nd ed., Kluwer.

Winkelmann, R. [2003], *Econometric Analysis of Count Data*, 4th ed., Springer.

第6章 自己組織化マップによる顧客セグメンテーション

1 はじめに

　自己組織化マップ（Self-Organizing Map）は，Teuvo Kohonenが開発した，大量のデータに対して効率的にセグメンテーションを行うことができる手法である（コホネン特徴写像ともいわれる）。入力層と出力層の二層からなる，教師データを持たない学習型のニューラル・ネットワーク・モデル[1]である。本章では，自己組織化マップについて概観し，ID付POSデータに対して自己組織化マップを適用した分析事例を紹介し，その結果をマーケティングへの適応について考察する。

2 自己組織化マップの概要

2-1 データ・マイニング手法としての位置付け

　データ・マイニングとは，記述統計を非集計のレベルで探索的に行うデータ分析と予測の作業である（古川・守口・阿部 2003）。データ・ウェアハウス，インターネットの発達など，情報がデータとし容易に蓄積できる環境が整い，日常のビジネスにおいて，蓄積された大量のデータから有用な知見を抽出することは重要な課題となっている。データ・マイニングの手法は，そのような課題を解決するために開発された，実務的な必要性から生まれた手法である（デ

ータマイニング手法についての解説は，Berry and Linoff（1987），豊田（2001），山口・高橋・竹内（2004）などがある）。そのため，効率性を重視した目的志向の手法である。データ・マイニングの手法は，データを分析して活用する目的により主に4つに分類することができる。その目的とデータ・マイニングの手法をまとめると以下の通りである。
- 関係性の把握（連関）：アソシエーション・ルール，逐次ルール
- データの分類：決定木，自己組織化マップ
- 予測：ニューラル・ネットワーク，記憶ベース推論
- 判別：サポート・ベクターマシーン（ニューラル・ネットワーク）

　本章で扱う自己組織化マップは決定木と同じように，与えられた変数を分類し，意味のある小さな集団（セグメント）に分ける手法であるが，決定木は基準変数を分類するのに有効な変数の組み合わせを見つける手法であるのに対し，自己組織化マップは，クラスター分析のように，集団全体を細かいグループに分類する手法である。

2-2　多変量解析手法との比較

　多変量のデータを分類にする方法には，①クラスター化，②射影法の2つがある（Deboeck and Kohonen 1998）。クラスター化は類似するデータを集めて分類する手法であり，既存の多変量解析の手法ではクラスター分析に当たる。射影法はデータの特徴を残しながら元のデータの特徴を低い次元で表現することであり，既存の多変量解析の手法では，多次元尺度構成法（MDS）や主成分分析にあたる。

　クラスター分析は，何らかのアルゴリズムを用いて各ケースをある特徴を有するグループ（クラスター）に分類する手法である。クラスター分析の詳細については，第2章に譲るが，変数間の類似度を測定し，データをクラスターに分類する。クラスター分析は階層型と非階層型に大きく分けることができ，階層型は視覚的にデータの分類を把握できるが，大サンプルの分析には不向きである。一方，非階層型は大サンプルの分析には向いているが，その結果を視覚的に把握することはできない。その点，自己組織化マップは大量のデータを2次元のユニットに分類するので，大量データの分析と分析結果の可視化を並立

させている。

　次元の縮小は，主成分分析でも行っているが，得られた結果に対して，オブザベーションのグループ分けには，主成分得点を利用しクラスター分析を行う必要がある。また主成分分析では通常，名義尺度のデータを分析することができない（名義尺度のデータを分析には非線形主成分分析という手法を用いる）。一方，自己組織化マップは，ニューロン上で類似の入力ベクトルを集め，高次元の空間から平面に射影し，2次元のユニットに出力を行う。高次元のデータを可視化すると同時にクラスタリングを行うことが可能である（Mazanec 1999）。また，データの尺度についても名義尺度から比尺度まですべての尺度を扱うことができる。さらに，自己組織化マップでは，教師なし学習で，予期されない構造やパターンを見つけることも可能である（Deboeck & Kohonen 1998）。

　実務において，データから知見を得るには，データの尺度，量に関し制約が少なく，得られた結果が誰にでも理解しやすいように可視的な出力が得られることが望ましい。これらの点を考慮すると従来の多変量解析の手法では難しい場面に遭遇することも少なくない。そのため，自己組織化マップは十分に実務の要請を応えることができる手法であるといえる。

2-3　自己組織化マップのアルゴリズム

　自己組織化マップは入力層にあるデータを，データの類似性をもとにそれぞれユニットにデータを振り分ける手法である。具体的な学習の流れは，
①出力層を各ユニットの状態ベクトルを乱数で初期化する
②勝者ユニットを確定
③勝者ユニットと近傍ユニットの状態ベクトルを更新する
④②，③をT回繰り返す
である。

　分析のイメージを図に示すと図表6-1のようになる。

　入力層のデータはすべての出力層のユニットに流れるが，出力ユニット同士は競合しており，最も似ていたユニットを勝者として振り分けられる。勝者ユニットは重みが調整され，入力情報にさらに近づけられる。

　そこで，問題となるのが，データの類似性をもとにデータを振り分ける基準

図表6−1　自己組織化マップのイメージ

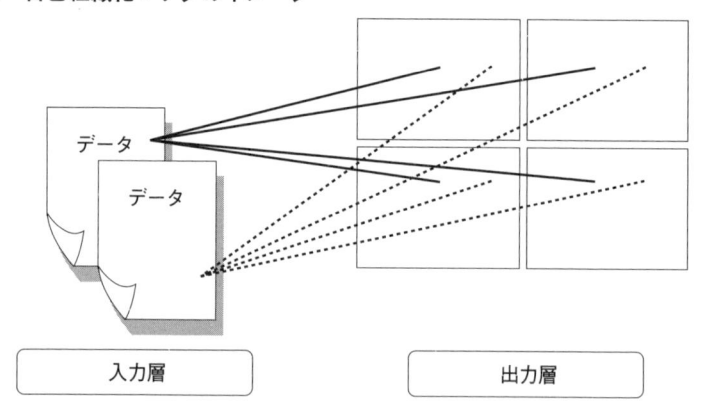

である。入力層 x の t 番目のデータを $x(t)$ とする。データ $x(t)$ が，出力層の $m_c(t)$ に分類されるということは，$x(t)$ と $m_c(t)$ の類似性が高いこと意味している。つまり，入力されるデータに対し最も差が小さくなるような出力層に分類できればよい。与えられたデータ $x(t)$ との差が最小になる $m_j(t)$ を見つければよい（解の収束条件となる）。

$$\|x(t) - m_c(t)\| = \min(j) \|x(t) - m_j(t)\| \tag{6.1}$$

この式において，右辺を最小にする $m_j(t)$ を見つければよく，その収束条件は以下の式で表すことができる。時間の経過に対し，$m_j(t)$ と $m_{j+1}(t)$ の差がなくなるまで続けられる。

$$m_j(t+1) = m_j(t) + \alpha(t) \times h_{cj}(t) \times (x(t) - m_j(t)) \tag{6.2}$$

$\alpha(t)$ と $h_{cj}(t)$ は学習が進むにつれて，修正度合いを減少させる関数である。$h_{cj}(t)$ は，ユニット c と勝者ユニット j との近さを表した関数であり，以下のように表し，勝者ユニットと近隣のユニットに対する修正を行う。

$$h_{cj}(t) = \exp\left(\frac{-\|r_c - r_j\|}{2\delta^2(t)}\right) \tag{6.3}$$

αは勝者ユニットを含め全体的な修正度合いを減少させる関数である。

　また，自己組織化マップは，勝者ユニットとその近傍のユニットの状態ベクトルを変更する。その結果勝者ユニットを中心に距離に応じてベクトルが変化する。このことは勝者ユニットに隣接するユニットは，類似しているが，距離に応じて類似性が低くなることを示す。ただし，自己組織化マップの場合，ユニット間の距離について，定量的な尺度を持たないので，ユニットが離れていればその距離に応じて内容が異なるということではない。多変量解析の手法で得られるマップは，通常ユークリッド距離により求められる，距離と内容に関係はあるが，自己組織化マップでは距離と内容に差異については定量的な関係がなく，結果を解釈する際に注意を払う必要がある。

3 自己組織化マップにおけるマーケティングへの活用

　自己組織化マップを用いた分析事例は少なくない。例えば佐藤（2003）はコンビニエンス・ストアのレシートデータを用い，セグメンテーションを行い，コンビニエンス・ストア来店者の購買目的とその規模を明らかにした。渡辺・北村・星野・関（2005）らは，百貨店のID付POSデータより，顧客を分類している。また五反田・石井・原・関（2007）らは，CDショップの購買履歴データより消費者をセグメンテーションしている。

　綿貫（2002）SOMが，そもそも人間の脳のネットワーク・モデルから開発されたことに着目し，ブランドに対する分類を報告している例もある。その他の事例については，Deboeck and Kohonen（1999）に報告がある。

　自己組織化マップはデータ・マイニングといわれる分析方法の中の1つであり，データを分析することで，大量のデータの中から貴重な示唆，仮説，ルールを導くことが重要な課題である。例えば，食品スーパーなどが実施するフリークエント・ショッパーズ・プログラム（FSP）[2]から得られる，ID付POSデータより有用な知見を抽出することは，知見を得た後に施策を立案するため，結果を得るまでの時間が短く，結果についても視覚的で，直感的に理解できるものが望ましい。このような課題は自己組織マップにおいて最もその効果を発揮する領域である。

4 自己組織化マップのためのソフトウェア

　現在では，自己組織化マップのプログラムは，データ・マイニングを標榜したソフトウェアに装備されている。これらのソフトウェアは統計分析のパッケージを扱っているベンダーから出されている。詳細は第8章に譲るが，日本で一般的に使用されているのが，SAS社のEnterprise Miner，SPSS社のClementine，数理システムのVisual Mining Studio（VMS）である。

　これらのソフトは価格の面で誰でも使いやすいとは言い難いが，データの整形，加工に優れ，大量のデータをスムーズに扱える。特に，データベースに蓄積されているデータを用い，購買している商品をもとにセグメンテーションを実施する際，分析用データを人×商品に整形する必要がある。そのような操作も簡単に操作ができることは大きなメリットである。さらに分析の手順をコマンドではなくストリームとして，視覚的に保存できるといったメリットがある。誰かが作成した分析の手順を視覚的に確認でき，分析の流れを共有し，形式知として活用できる。そのため，データ分析をビジネスに活用することを考えると大変使いやすい。以下にClementineによる事例とSPSSでシンタックスを用い

図表6-2　ストリームのメリット（左：Clementine，右：SPSS）

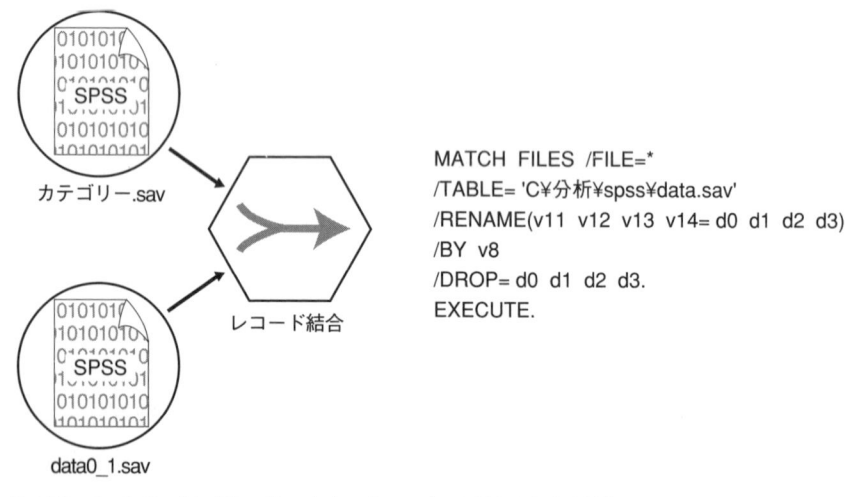

```
MATCH FILES /FILE=*
/TABLE= 'C¥分析¥spss¥data.sav'
/RENAME(v11 v12 v13 v14= d0 d1 d2 d3)
/BY v8
/DROP= d0 d1 d2 d3.
EXECUTE.
```

注：開いているデータに対し，「data」というファイルを張り合わせる操作

た事例を示す。直感的なイメージは図表6-2の左図の方がわかりやすいことが理解できる。

5 分析事例

　POSデータのように集計されたデータは，グラフや表に加工するだけで，どのような商品が売れているかすぐに把握できる。ただし，その把握できる範囲は何が売れたか，売れなかったのかという事実の確認だけである。一方，レシートデータやID付POSデータでは，グラフや表を作成するだけでは有効な情報は得られない。情報量が多いので，適切な手法を選択することで有効な情報を得ることができる。例えば，商品の組み合わせ，客単価，購買者属性など様々な視点で分析でき，マーケティングへの活用範囲は広い。特に消費者を購買している商品でセグメンテーションできることは，消費者の嗜好にあわせたマーケティング施策を実施することが可能であり大変有効である。

5-1 分析の目的

　ID付POSデータに対して，自己組織化マップによりセグメンテーションを実施し，得られたセグメント別にマーケティング施策に対する示唆を抽出することを目的とし分析を進めた。
　消費者の購買パターンを整理して，どのような購買パターンを有する人が，いつ来店するかということは，店頭を管理する上で重要である。ある曜日にまとめ買いをする人が多ければ，当該の曜日は，メニュー展開など，複数のカテゴリーを組み合わせた提案が効果的である。また，ある時間帯では，少数のカテゴリーのみを購買する人が多ければ，まとめ買いの提案は効果なく，当該カテゴリーの商品そのものの提案が重要である。さらに購買のパターンとデシル[3]の関係が確認できれば，優良な顧客である上位のデシルの特徴が把握でき，上位のデシルの維持や中位のデシルが上位へ移行するにあたり不足しているものが明らかになる。

5-2 供試データならびに分析の手順

データは東北地方の食品スーパーのID付POSデータを用いた。分析対象期間の選定に当たっては、季節的な影響をあまり受けないことを考慮し、2005年5月1日～31日までの1か月とした。分析対象のカテゴリーはID付POSデータに含まれる全カテゴリーとした。期間中の全レシート数は56,815枚（レシート数＝購買人数）であった。

本分析の手順は以下の通りである。データをチェックした後、データの構造をID×部門へ変形した。部門[4]のデータは購買時に購買が確認された部門であれば「1」、確認されなければ「0」とした。

今回は部門別の金額を用いずに、購買の有無を表す2値データ（購買あり＝1、購買なし＝0）を用いたのは、家庭内での消費量の影響を受けることなく購買パターンを把握するためである。

5-3 分析結果

図表6－3 分析の手順

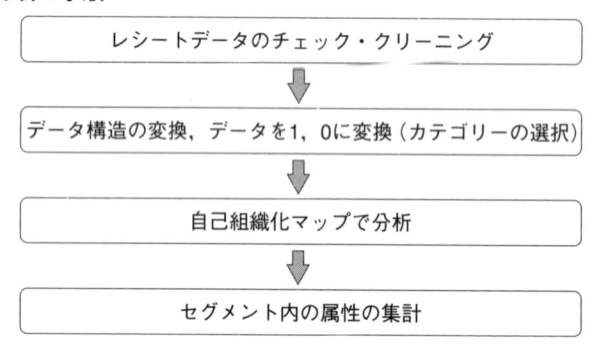

```
レシートデータのチェック・クリーニング
          ↓
データ構造の変換、データを1、0に変換（カテゴリーの選択）
          ↓
自己組織化マップで分析
          ↓
セグメント内の属性の集計
```

（1）セグメンテーションの解釈

自己組織化マップによりセグメンテーションする際は、出力層のユニットの数をいくつに決定するかが重要である。ユニットの数が多ければ、空白のユニットが生じ、少なければ分析結果の解釈が容易ではない。本分析では、何回かの試行の結果、5×4に決定した。各ユニットに含まれる部門の比率は、章末に

添付資料としてまとめた。

自己組織化マップは2次元のマップであるため，章末の表のようにまとめるとユニット間の関係が理解しがたい。入力されたデータは2次元のユニットに出力され，隣接するユニット同士は類似性が高い（前述したように，自己組織化マップでは，隣接のユニットの重みを調整する）ので，結果は2次元にまとめた方が理解しやすい。各ユニット内の実数は当該のユニットの購買パターンを表すレシート数（購買人数）を示し，％はレシート数全体に対する比率である。また，ユニット内に標記されている部門は当該ユニットのレシートに対し50％以上の比率[5]を占める部門を表記しており，また，80％以上の部門は太字で表記している。

得られた2次元のマップについて，結果を解釈すると，横方向（X方向）においてA→E，縦方向（Y方向）に対してa→dへ向かうにつれて購買される

図表6-4 自己組織化マップの結果（1）

Y／X	A	B	C	D	E
a	特になし (6605, 11.6%)	嗜好品 (3739, 6.6%)	パン，乳製品，嗜好品 (4196, 7.4%)	乳製品 (2390, 4.2%)	乳製品，水物，野菜 (3268, 5.8%)
b	特になし （野菜多い） (2977, 5.2%)	パン (1420, 2.5%)	パン，嗜好品，農産乾物 (1541, 2.7%)	パン，乳製品，嗜好品，野菜 (1516, 2.7%)	乳製品，塩干，水物，野菜 (3345, 5.9%)
c	野菜 (2873, 5.1%)	野菜 (1605, 2.8%)	パン，嗜好品，調味料，農産乾物，野菜 (1764, 3.1%)	パン，乳製品，嗜好品，水物，菓子，調味料，農産乾物，野菜 (1235, 2.2%)	パン，乳製品，塩干，果物，水物，水産，野菜，食肉 (3056, 5.4%)
d	塩干，水物，水産，野菜 (4497, 7.9%)	水物，野菜 (1995, 3.5%)	水物，調味料，農産乾物，野菜 (2785, 4.9%)	パン，乳製品，嗜好品，水物，水産，調味料，農産乾物，野菜，食肉 (2302, 4.1%)	パン，乳製品，加工肉，嗜好品，塩干，果物，水物，水産，漬物，練製品，菓子，調味料，農産乾物，野菜，食肉 (3706, 6.5%)

部門数が増加する。Edに入るユニットに所属するレシートが最も部門数が多い。

各ユニットに含まれる部門を見ると，水物，野菜，乳製品，パンが登場するユニットが多い。これらの部門がユニットに含まれると，80％の高い比率で含まれることが多い。このことから水物，野菜，乳製品，パンは来店者にとって購買の中心となるユニットといえる。

また，隣接する部門間の共通性をまとめると，図表6－5のようになる。部門間の共通性とはより大きな括りでの購買の特徴である。部門で重要なのが，野菜，水物，乳製品，嗜好品であるが，購買のパターンを見ると，同じ野菜が購買の基本になっている購買パターンでも，同時に現れる部門によりAd, BdとDb, Ea, Ebでは異なる。前者は「野菜と水物」の組み合わせであり，後者は「野菜と水物と乳製品」の組み合わせになる。

さらに特徴的なのは，ユニットAa, Abのように購買の特徴が見られないユニット（顕著に比率の高い部門が見られないユニット）があることである。このようなユニットは全レシートに対し16.8％にものぼり（Aaだけでも11.6％），決して低い数字ではない。

図表6－5より，購買された部門の比率より，近傍のユニットを含めて購買の特徴を見ると，購買の中心となる部門は野菜，水物であることがわかる。また，

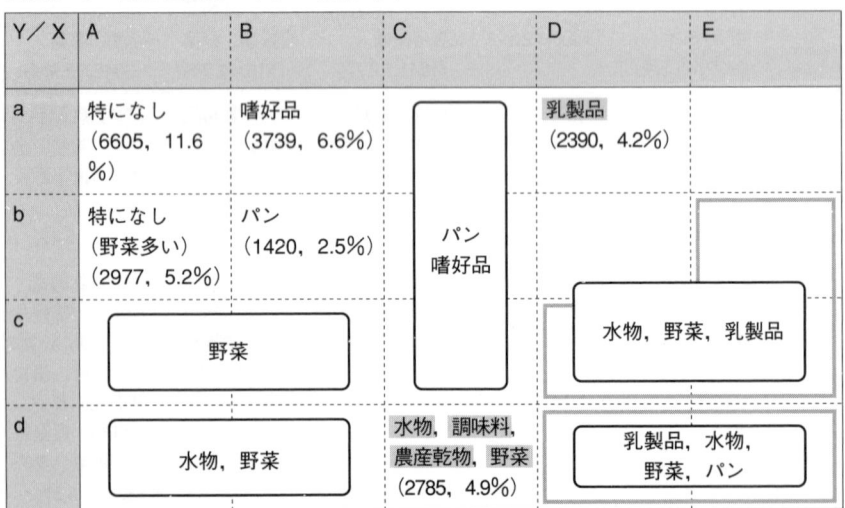

図表6－5　自己組織化マップの結果（2）

Y／X	A	B	C	D	E
a	特になし (6605, 11.6％)	嗜好品 (3739, 6.6％)	パン 嗜好品	乳製品 (2390, 4.2％)	
b	特になし (野菜多い) (2977, 5.2％)	パン (1420, 2.5％)			
c	野菜			水物，野菜，乳製品	
d	水物，野菜		水物，調味料，農産乾物，野菜 (2785, 4.9％)	乳製品，水物，野菜，パン	

パンと嗜好品も重要な部門であることがわかる。

（2）各セグメントの特徴：客単価

　マーケティングにおいて消費者をセグメンテーションする際は，いくつかのセグメントに分類しただけでは不十分である。セグメンテーションする理由は，ある消費者の集団が，同質ではなくいくつかのセグメントに分けることができ，そのセグメント別にマーケティング施策を採用したほうが，施策に対する反応率が向上することが期待できるからである。そのため，セグメント別にマーケティング施策を実施するには，対象とする集団をセグメントに分けた後，各セグメントの特徴を把握する必要がある。

　今回の分析目的は来店した顧客に対し，効果的なソリューション提案や店頭の管理に対する示唆を得ることである。そのため，購買パターン別にマーケティング施策に対する示唆を抽出するため，購買パターンにより分けられたセグメント（自己組織化マップの各ユニット，以後セグメンテーションの結果なので，セグメントとする）の特徴について理解する必要がある。

　各セグメント別に店舗への貢献度として客単価をまとめると以下のようになる。全体の客単価の平均値は2372.8円である。この平均客単価よりも高いセグメントは太字で表記している。

　複数の部門が同時に購買されるセグメント（Dc，Dd，Ec，Ed）は客単価も高く，店舗にとって好ましい顧客であるといえる。一方，Ac，Bc，Daといった特徴のある部門が1種類しか購買されないセグメントでは，客単価が低い。

　複数の部門にまたがり購買するパターンでは客単価が高く，購買パターンとしては店舗にとって利益をもたらす購買パターンである。そのため，店舗はこのような複数購買する顧客を逃さないため，複数の部門を購買する顧客が来店

図表6－6　ユニット別の客単価

Y／X	A	B	C	D	E
a	1258.1	1050.6	1322.2	1614.9	1910.2
b	1247.3	1472.9	1936.1	2590.2	2852.8
c	1584.0	1776.6	2529.2	3282.7	3994.3
d	2503.1	2485.4	2972.0	4311.2	5969.3

したときには，複数の部門の商品を購買してもらうようなプロモーションを実施し，沢山の商品を購買してもらう必要がある。そのため，店頭では商品の選定，欠品による販売機会のロスなどの配慮が大事である。

客単価が高い複数の部門の購買パターンを表すユニット（Dc，Dd，Ec，Ed）が特定の曜日に集中する傾向にあれば，当該の曜日に人員を計画的に配置することで，店頭における欠品防止をすることができる。そこで，次に曜日別の購買行動把握することを目標に分析を行った。

（3）各セグメントの特徴：曜日別の購買行動

Dc，Dd，Ec，Edといった複数の部門を購買するセグメントの曜日別の購買人数のグラフを見ると，日曜日に購買人数が増加する傾向にある（図表6－7参照）。この結果を見ると，日曜日はまとめ買いをする傾向があるため，複数の部門で商品が売れると考えられる。複数の売場に注意が行き届くように，店頭を管理する人数を多くする必要がある。

一方，セグメントAc，Bc，Daは野菜，もしくは乳製品というように，1つの部門に購買が集中する傾向が見られるパターンである（図表6－8参照）。このパターンではグラフの山が，月曜日，水曜日，金曜日に現れており，毎日の食事

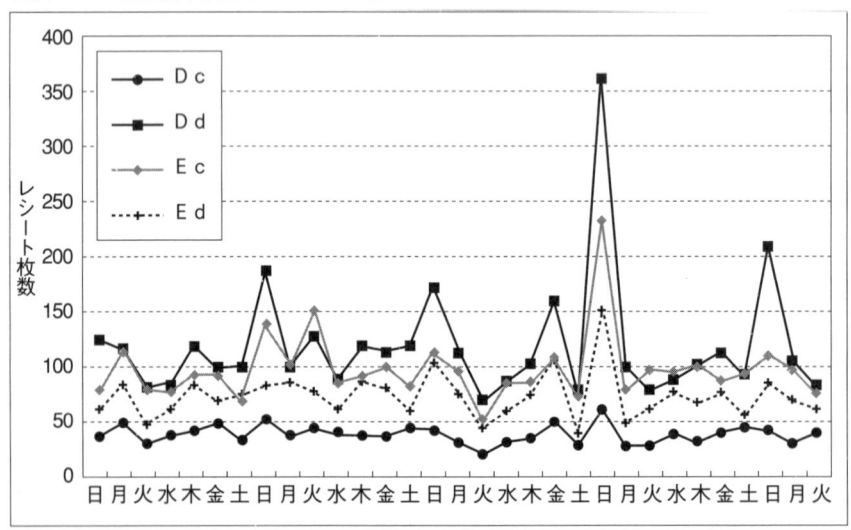

図表6－7　複数部門購買パターンと曜日

に必要な分を少しずつ購入する傾向がうかがえる。このことより，野菜や乳製品の部門は，購買間隔が短い顧客も購買する部門であり，日々の管理が重要である。

図表6-8 購買する部門が少ないパターンと曜日

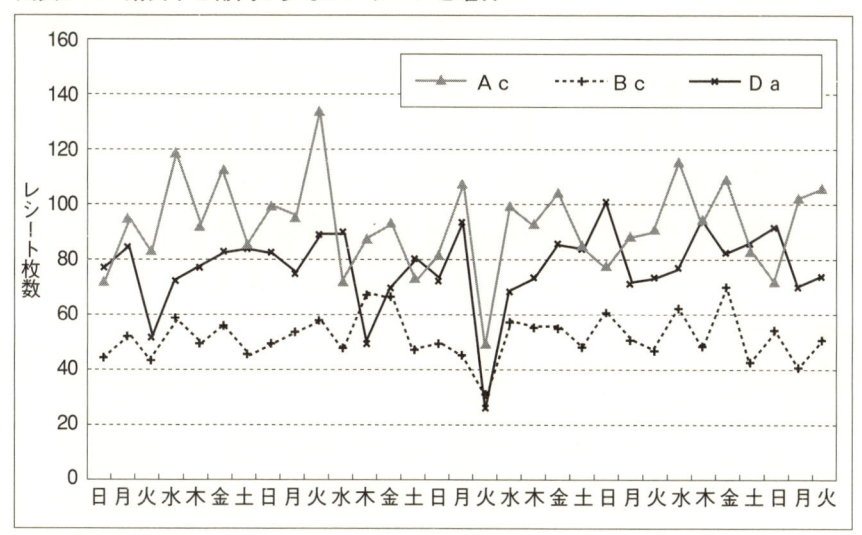

図表6-9 購買に特徴がみられないパターンと曜日

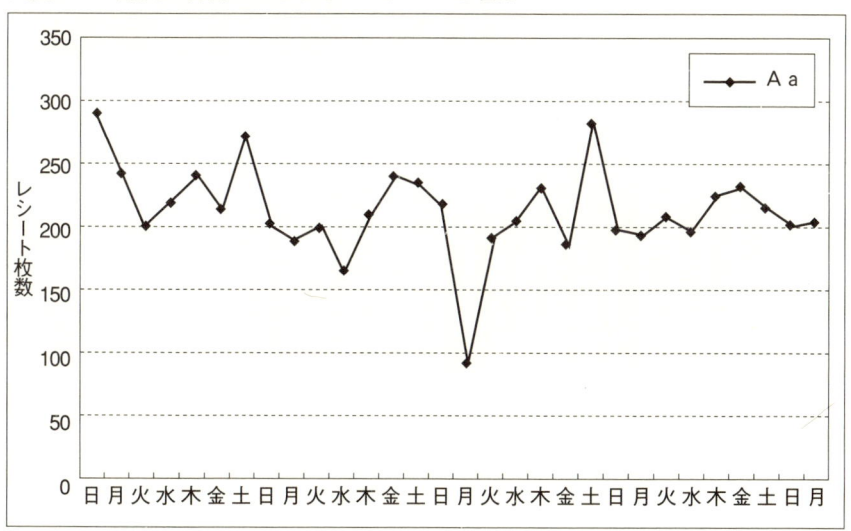

図表6-10 購買パターンと時間帯（実数）

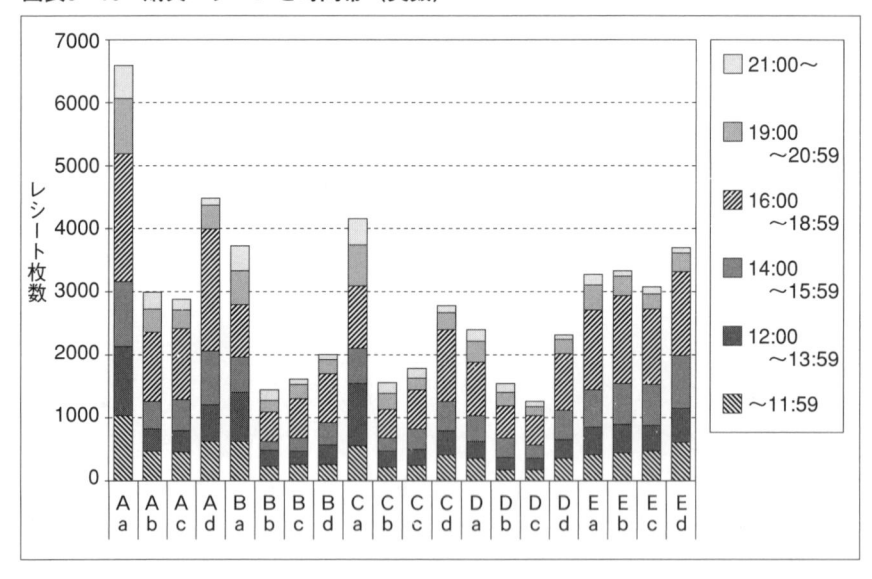

図表6-11 購買パターンと時間帯（比率）

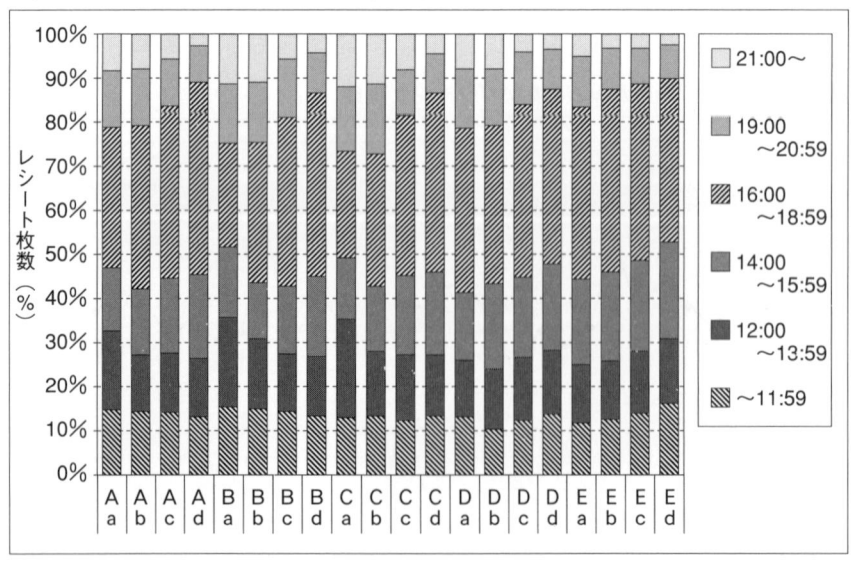

また，Aaのように，特に購買する部門に特徴が見られない購買パターンでは，木曜日に来店する傾向が強い（図表6－9参照）。チラシやセールなどの店舗の何らかの施策に対し，反応し来店する顧客である。しかしながら客単価が低いので，他の商品を購買するのではなく，チラシなどの特定の施策の商品のみを購買する傾向がうかがわれる。

（4）各セグメントの特徴：時間帯

店頭では人員の配置を弾力的に行うことで，コストを抑えながら，来店者へのサービスの質を落とさないようにしている。先の分析で複数の部門にまたがる購買パターンが日曜日に集中する傾向が見られたが，パートやアルバイトなどの手配を日曜日の午前中からすべきなのか，もしくは午後からすべきなのかといった問題は大きな問題である。そのため，各購買パターンが一体どの時間帯に現れるのか，確認する必要がある。

時間帯別で見ると，複数の部門を購買するセグメント（Dc，Dd，Ec，Ed）では19:00以降の購買者数が少ない。一方，Aa，Ba，Caなどのセグメントは19:00以降の購買者数が多い（図表6－10，6－11参照）。Caのセグメントに所属する人の購買パターンを見るとパン，乳製品，嗜好品の購買比率の高い部門であり，明日の朝食を夜に購入していると考えられる。また，このCaのパターンの年代を見ると20代の比率が高く（添付資料(2)参照），仕事の帰りのこの時間帯に短い時間で朝食を購入することも考えられるので，関連商品を平台などで陳列するで，商品を見つけやすくすれば，来店者の負担を減らし購買点数が伸びることも想像できる。

（5）各セグメントの特徴：購買者属性

ここまでの分析はレシートデータでも分析可能である。ID付POSデータを分析するメリットは，購買者それぞれの属性について理解できる点である。本分析の結果は，最終的には，小売業のマーケティング施策に活用することを目標にしており，消費者1人ひとりに対してその特徴を把握する必要がある。特に店舗にとって貢献度の高い優良顧客という視点は重要な視点である。

購買パターンをセグメンテーションした結果では，AaやAbにように特徴的な部門の購買（もしくは併買）が見られないユニットは客単価が低く，店舗に対

図表6-12　購買パターンに占める各デシル（実数）

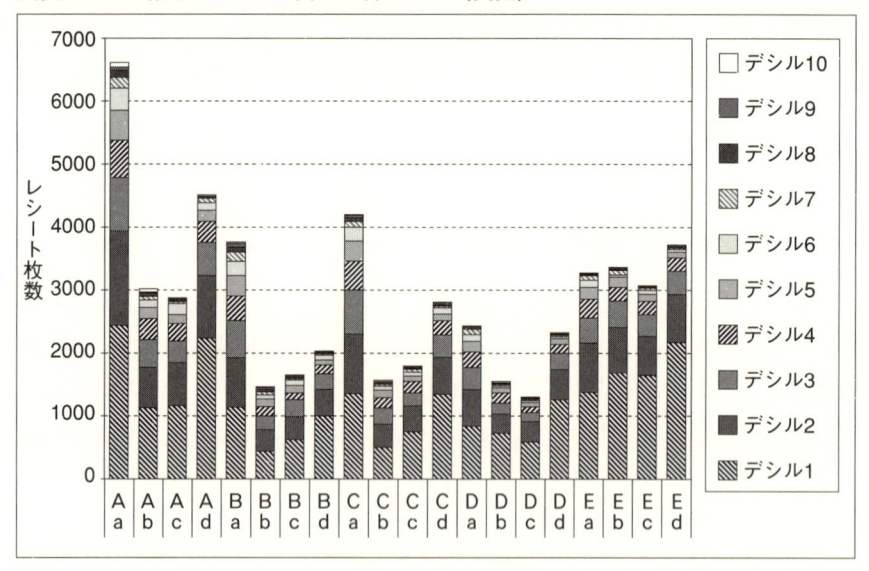

図表6-13　購買パターンに占める各デシル（比率）

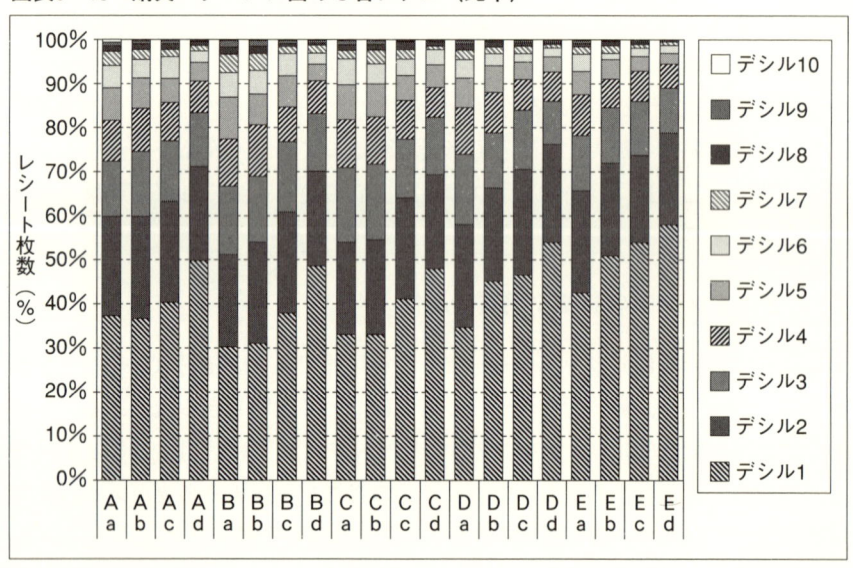

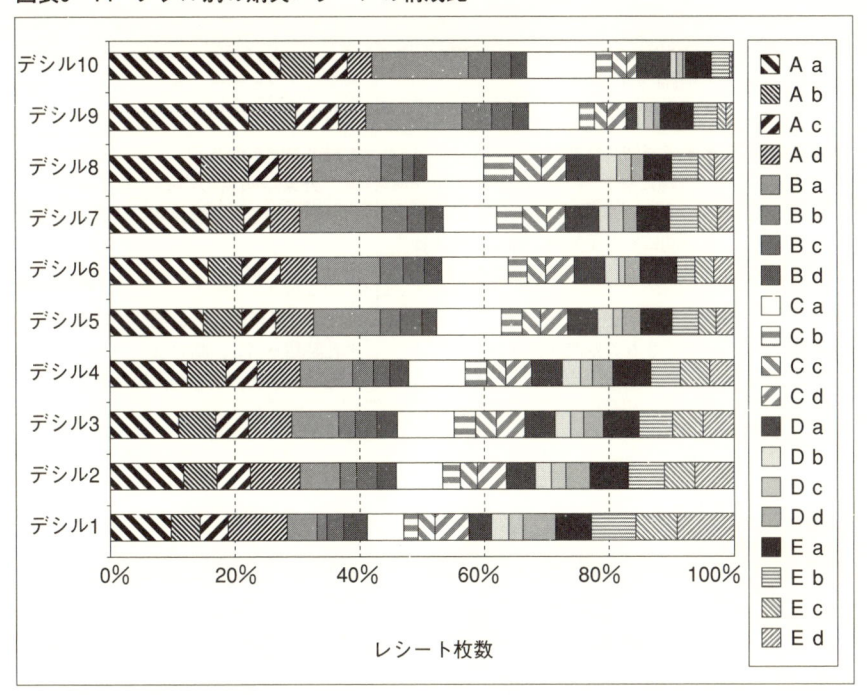

図表6−14 デシル別の購買パターンの構成比

する貢献度が低いように思われる。

　ただし，今回の分析が1回1回の購買であるため，来店頻度が高く，1回当たり少ない部門のみの購買をする顧客である可能性もある。そこで，各ユニットに含まれるデシルの分布を確認すると図表6−12〜6−14のようになった。

　このグラフよりいえることは，購買する部門が増加すると，デシル1〜3の上位顧客の比率が増加する点と，セグメントAa，Abといった特徴のある部門の購買が見られないセグメントでは，デシル4位以上の貢献度の低い顧客比率が増加する（ただし，このセグメントにおいてもデシル1の絶対数は多いので，曜日によって購買パターンに変化があると思われる）点である。

　また，図表6−14でデシル内の購買パターンの比率を見ると，店舗への貢献度が低くなると，別の言い方では，デシル1から10へと移動するにつれて，セグメントAaの比率が上昇するが，一方で，Ec，Edといった多数の部門を購買するセグメントが増加する。

図表6-15 分析結果からの示唆

	方針	売場の対応
日曜日	●他部門間の購買 ●朝の欠品は厳禁	●クロスプロモーション ●食シーンの演出
木曜日	●来店維持，促進 　（特に決まっていないセグメントの消費者が多い） ●夜間にも目玉商品と商品の補充は忘れずに	●野菜の購買促進 　（野菜は購買の中心となるカテゴリーなので，鮮度，旬の訴求）
月曜日， 水曜日， 金曜日	買い忘れ防止 　（併買される部門が少ない）	キーとなる部門に近い部門の推薦 ●乳製品→パン，嗜好品 ●野菜→水物，調味料，農産乾物

6 考察

　まず，今回の分析結果，ID付POSデータによる購買時のレシートデータから購買パターンを分類した時の活用について考えたい。食品や日用雑貨といった最寄品は，家電製品や自動車と異なり，低関与の商品である。そのため，購買の前の情報探索は熱心には行わず，店頭における情報を探索する傾向にある。

　恩蔵・守口（1994）によると，日本では店頭における意思決定の比率が高く，店頭の管理が売上に大きく影響を与えるので大変重要である。データをもとに，消費者の購買パターンを把握し店頭における対応を考える必要がる。

　今回の分析結果より曜日・時間帯別のセグメントの特徴を考慮し，店頭における対応は，図表6-15のようにまとめることができる。例えば，日曜日は複数購買をする消費者が来店するので，他部門の購買を促進するようなクロスプロモーション，特に購買を喚起するような食シーンを演出することが重要である。また，複数部門を購買するセグメントは午前中にも来店するので，開店直後の忙しい時間でもあるが，朝から店頭の管理には注意を払う必要がある。

　小売業のデータの開示[6]が進み，データをもとに課題を抽出し，店頭において施策を実施するカテゴリー・マネジメントが珍しいものではなくなりつつある。そのような状況で重要となるのが，店頭における管理である。

第6章　自己組織化マップによる顧客セグメンテーション

　イギリスの調査期間であるIGD[7]の報告によると，カテゴリー・マネジメントを実施する上で，今後の問題として7項目を挙げているが，その中に「店頭における実施（In-store Implementaion）」という問題がある。施策は店頭において実施して初めて施策となるのだが，その実施が難しいことを示している。この報告書において，店頭における実施を妨げる要因をいくつか挙げているが，その中に店頭における管理業務の多さがある。管理する項目を減らすには，自店の顧客の来店行動を分析し，その内容を把握し，管理項目の選択を行うべきである。

　今回の分析結果は，ID付POSデータにより，自店の顧客の購買行動を分析し，売場の対応について示唆を導きだした事例である。データから得られた売場の対応に対し，必要な管理項目を選択することで，マーケティング施策を売場において実施することは容易になろう。

[注記]
1）自己組織化マップの概念を発展させた，教師付学習のアルゴリズムによるセグメンテーションの手法にLearning Vector Quantizationがある。
2）小売業が自社の顧客に対して，購買金額に応じてサービスを提供するプログラム。
3）デシル：購買全額で全員を10等分すること。通常，上位10％がデシル1位を指し，デシルが下がることは購買全額の下がることを意味する。
4）自己組織化マップにおいて，セグメンテーションを実施するにあたり，分析する変数の分類の大きさが問題となる。経験からいうと，細かい分類よりは少々粗い分類のほうが有効な結果が得られやすい。
5）当該のユニットのレシートの内，2枚に1枚の割合でその部門が購買されていたことを示す。
6）2003年にコープさっぽろが自社のPOSデータを開示して以来，データを開示する企業が増えている。2007年にはライフ，サニーマートが開示した。
7）IGDの活動については，ホームページ参照のこと（URL：http://www.igd.com/）。

[参考文献]
Berry, M. J. A., and G. S. Linoff [2004], *Data Mining Techniques: For Marketing, Sales, and Customer Relationship Management*, 2nd. ed., John Wiley & Sons. 江原淳他訳［2006］，『データマイニング手法―営業，マーケティング，CRMのための顧客分析―2訂版』，海文堂.
Deboeck, G., and T. Kohonen [1998], *Visual Explorations in Finance with Self-Organizing Maps*. 徳高平蔵，田中雅博監訳［1999］，「金融・経済問題における可視化情報探索」，『自己組織化マップの応用』，シュプリンガー・フェアラーク東京.

古川一郎，守口剛，阿部誠［2003］,『マーケティング・サイエンス入門』，有斐閣. 281-282.
五反田剛，石井良和，原健一郎，関庸一［2007］,「SOMによるファン層の解析に基づくCD購買予測モデルの作成」,『オペレーションズ・リサーチ』, 52巻，2号，87-93.
IGD［2005］, Report Category Management 2006.
Mazanec, J. A.［1999］, "Simultaneous Positioning and Segmentation Analysis With Topologically Ordered Feature Maps", *J. of Retailing and Consumer Services*, Vol.6, No.4, 219-235.
恩蔵直人，守口剛［1994］,『セールスプロモーション』，同文舘出版.
佐藤栄作［2003］,『POS・顧客データの分析と活用』，同文舘出版.
豊田秀樹［2001］,『金鉱を掘り当てる統計学』，講談社.
渡辺亮，北村裕人，星野直人，関庸一［2005］,「買回りタイプによる顧客購買行動の理解」,『オペレーションズ・リサーチ』, 50巻，9号，644-653.
　　　内容：百貨店のID付POSデータにより消費者を区分。
綿貫真也［2002］,「「ブランドのゲシュタルト」，生成過程に関するSOMアルゴリズムによる自己組織化意味ネットワークモデルによる検討」,『広告科学』, 43巻，53-65.
山口和範，高橋淳一，竹内光悦［2004］,『よくわかる多変量解析の基本と仕組み』，秀和システム.

第6章 自己組織化マップによる顧客セグメンテーション

添付資料

(1) 自己組織化マップで得られた各部門の比率

X Y	A a	A b	A c	A d	B a	B b	B c	B d	C a	C b
たばこ	0.01	0.01	0.01	0.01	0.01	0.01	0.01	0.01	0.01	0.01
バター	0.02	0.03	0.04	0.05	0.02	0.04	0.04	0.05	0.05	0.07
パン	0.01	0.01	0.17	0.29	0.23	0.51	0.33	0.28	0.53	0.71
不明	0.07	0.01	0.02	0.02	0.01	0.01	0.01	0.01	0.02	0.02
乳製品	0.00	0.00	0.00	0.00	0.23	0.00	0.00	0.00	0.86	0.40
冷凍	0.02	0.03	0.05	0.07	0.03	0.06	0.07	0.09	0.04	0.09
加工肉	0.02	0.05	0.10	0.17	0.02	0.09	0.14	0.21	0.04	0.12
嗜好品	0.03	0.03	0.09	0.12	0.54	0.35	0.19	0.18	0.59	0.76
塩干	0.02	0.10	0.26	0.65	0.01	0.11	0.21	0.46	0.03	0.10
惣菜	0.26	0.24	0.31	0.37	0.28	0.40	0.29	0.30	0.40	0.43
果物	0.07	0.12	0.24	0.33	0.05	0.16	0.25	0.28	0.11	0.19
水物	0.00	0.25	0.43	0.77	0.00	0.19	0.48	0.85	0.03	0.27
水産	0.01	0.25	0.45	0.72	0.02	0.16	0.18	0.46	0.05	0.08
漬物	0.03	0.09	0.15	0.28	0.02	0.10	0.17	0.26	0.04	0.11
牛肉	0.00	0.02	0.03	0.05	0.01	0.02	0.04	0.06	0.01	0.02
米	0.02	0.01	0.01	0.01	0.00	0.02	0.01	0.02	0.00	0.01
練製品	0.01	0.04	0.10	0.18	0.01	0.06	0.13	0.21	0.02	0.09
菓子	0.15	0.11	0.11	0.12	0.18	0.31	0.29	0.22	0.30	0.50
衣料	0.00	0.00	0.00	0.00	0.00	0.00	0.00	0.00	0.00	0.00
調味料	0.10	0.11	0.05	0.08	0.06	0.21	0.45	0.44	0.07	0.40
農産乾物	0.11	0.12	0.04	0.04	0.08	0.35	0.35	0.39	0.13	0.53
酒	0.32	0.20	0.20	0.15	0.15	0.14	0.17	0.17	0.12	0.16
野菜	0.00	0.38	0.71	0.94	0.00	0.16	0.69	0.97	0.00	0.17
雑貨	0.17	0.10	0.09	0.12	0.10	0.15	0.15	0.16	0.11	0.18
食肉	0.02	0.09	0.19	0.42	0.01	0.14	0.22	0.48	0.05	0.12

X Y	C c	C d	D a	D b	D c	D d	E a	E b	E c	E d
たばこ	0.01	0.01	0.01	0.02	0.01	0.01	0.01	0.01	0.01	0.02
バター	0.09	0.09	0.07	0.09	0.12	0.15	0.07	0.08	0.11	0.19
パン	0.67	0.31	0.42	0.70	0.68	0.53	0.18	0.48	0.64	0.67
不明	0.02	0.02	0.02	0.03	0.03	0.02	0.02	0.02	0.02	0.03
乳製品	0.23	0.12	1.00	1.00	0.90	0.55	1.00	1.00	0.98	0.87
冷凍	0.13	0.13	0.08	0.11	0.15	0.20	0.08	0.09	0.15	0.27
加工肉	0.19	0.23	0.10	0.21	0.30	0.41	0.11	0.22	0.36	0.56
嗜好品	0.64	0.31	0.17	0.67	0.62	0.53	0.04	0.19	0.40	0.56
塩干	0.21	0.42	0.17	0.26	0.31	0.63	0.33	0.57	0.78	0.89
惣菜	0.39	0.29	0.38	0.35	0.35	0.39	0.35	0.36	0.46	0.48
果物	0.30	0.26	0.20	0.35	0.45	0.44	0.24	0.44	0.57	0.65
水物	0.48	0.81	0.35	0.46	0.72	0.88	0.67	0.83	0.87	0.94
水産	0.18	0.28	0.20	0.27	0.31	0.51	0.36	0.55	0.72	0.78
漬物	0.18	0.27	0.11	0.19	0.28	0.42	0.14	0.29	0.43	0.63
牛肉	0.04	0.06	0.02	0.04	0.05	0.07	0.05	0.05	0.07	0.08
米	0.02	0.02	0.01	0.01	0.01	0.03	0.01	0.01	0.02	0.02
練製品	0.18	0.23	0.08	0.17	0.25	0.37	0.12	0.20	0.32	0.56
菓子	0.50	0.30	0.22	0.49	0.57	0.42	0.12	0.20	0.34	0.53
衣料	0.00	0.00	0.00	0.00	0.00	0.00	0.00	0.00	0.00	0.00
調味料	0.69	0.88	0.11	0.29	0.57	0.88	0.11	0.17	0.29	0.70
農産乾物	0.66	0.83	0.12	0.27	0.56	0.87	0.12	0.12	0.22	0.67
酒	0.20	0.19	0.15	0.16	0.15	0.20	0.15	0.17	0.17	0.23
野菜	0.61	0.93	0.37	0.63	0.80	0.94	0.87	0.93	0.94	0.96
雑貨	0.25	0.22	0.11	0.18	0.26	0.29	0.11	0.14	0.20	0.33
食肉	0.27	0.48	0.13	0.31	0.48	0.60	0.20	0.45	0.60	0.75

(2) 購買パターン別年代の比率

X	Y	購買パターン	10代	20代	30代	40代	50代	60代〜
A	a	特になし	0.5	5.4	14.4	19.5	26.8	33.5
A	b	特になし（野菜多い）	0.2	4.8	11.9	16.1	27.2	39.9
A	c	野菜	0.1	3.8	8.7	15.2	28.1	44.0
A	d	塩干，水物，水産，野菜	0.1	2.0	7.1	13.3	31.5	45.9
B	a	嗜好品	1.2	11.6	18.5	19.4	21.7	27.7
B	b	パン	0.5	7.4	15.8	17.7	24.7	33.8
B	c	野菜	0.6	4.5	13.0	18.7	27.2	36.0
B	d	水物，野菜	0.4	4.0	11.7	16.8	30.7	36.4
C	a	パン，乳製品，嗜好品	2.1	12.9	20.6	22.2	19.8	22.3
C	b	パン，嗜好品，農産乾物	1.2	9.0	18.4	23.9	23.2	24.4
C	c	パン，嗜好品，調味料，農産乾物，野菜	0.7	6.1	15.2	23.4	26.4	28.1
C	d	水物，調味料，農産乾物，野菜	0.2	5.8	14.5	20.0	27.7	31.8
D	a	乳製品	0.4	5.9	15.1	19.9	24.6	34.1
D	b	パン，乳製品，嗜好品，野菜	0.4	5.8	15.8	25.2	25.1	27.8
D	c	パン，乳製品，嗜好品，水物，菓子，調味料，農産乾物，野菜	0.2	5.1	17.5	27.5	24.0	25.7
D	d	パン，乳製品，嗜好品，水物，水産，調味料，農産乾物，野菜，食肉	0.3	3.9	13.9	22.5	28.5	30.8
E	a	乳製品，水物，野菜	0.1	4.8	12.7	17.0	25.9	39.6
E	b	乳製品，塩干，水物，水産，野菜	0.1	2.9	10.3	18.3	29.3	39.0
E	c	パン，乳製品，塩干，果物，水物，水産，野菜，食肉	0.2	2.3	9.6	19.9	31.0	37.0
E	d	パン，乳製品，加工肉，嗜好品，塩干，果物，水物，水産，漬物，練製品，菓子，調味料，農産乾物，野菜，食肉	0.2	3.1	11.8	21.9	31.1	31.8
		全体	0.9	7.7	16.7	18.9	24.8	31.0

第7章 ネットワーク分析によるマーケット・セグメンテーション

1 ネットワーク分析への注目

　近年，社会科学分野において社会ネットワーク分析（social network analysis）[1]が注目されつつある。その起源は，1930年代の米国において発生したグループ・ダイナミクス研究にある（金光 2003）。ここでは，多様な民族からなる米国社会を組織化することを課題として，行政・軍隊・企業などの諸組織における集団力学が研究されてきた。さらに，18世紀の数学者Eulerを始祖としHarary（1969）などによって精緻化されたグラフ理論によって，ネットワーク分析の数学的基礎が与えられた。そして，「弱い紐帯の強さ」（Granovetter 1973），「スモール・ワールド」（Watts 1999），「スケール・フリー・ネットワーク」（Barabasi 2002）など，身近な社会現象に関する示唆に富む知見が見い出されてきた。一方，情報化の進展などを背景に，WebサイトやSNS（Social Network Service）などに注目することにより，関係データを容易に把握できるようになってきた。これらにより，社会や組織などを考察する手法としてネットワーク分析が注目されるようになってきた。

　ネットワーク分析においては，個別単位（例えば，個人・組織・社会など）を点（node, point, vertex），それらの間の何らかの関係を線（edge, line）と考え，個別単位（点）間の形式的関係を考察しようとする（図表7-1）。そして，構造主義・関係主義的アプローチに依拠し，個別単位間の関係構造こそが個別単位の行動を決定すると考える。

　例えば，従来のマーケティング研究においては，個人（個別単位）の行動を

図表7-1　点間の形式的関係

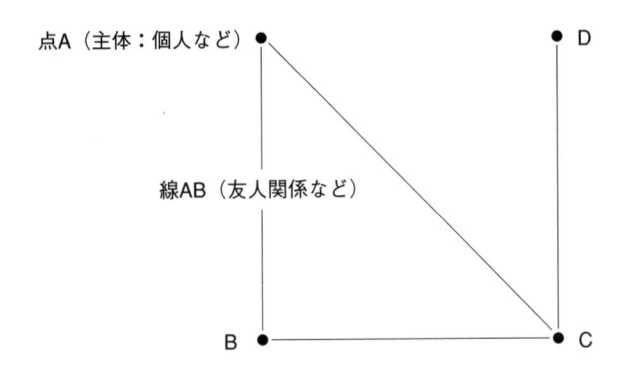

```
点A（主体：個人など）●                    ● D



          線AB（友人関係など）



              B ●                    ● C
```

考察するとき，外部からの刺激に対して個人が内的にどのように反応するかなど，個人固有の内面に焦点が当てられてきた。また，個人固有の属性（例えば，性・年齢・職業・所得など）によって，集団が定義されることが多かった。一方，構造主義・関係主義に依拠するネットワーク分析においては，個人の行動は社会関係によって強く制約されると考える。それゆえ，ある個人の意識・意思決定・行動は，当該個人の属性ではなく，彼を取りまく他の個人との関係や，個人が属する組織の構造から決定されると考える。例えば，ある高級ブランドを所有するのは，彼がそのブランドを好きだからというより，そのブランドを身に付けねばならぬという周囲からの影響・圧力があるからだと考える。また，ある社員が別の社員の命令に常に服従するのは，その命令に真に合意しているからではなく，両者の間に厳格な上下関係があるなど組織構造によると考える。さらに，個別単位間の多重関係から構造が発生するメカニズムを考察しようとする。

　なお，ネットワーク分析における分析対象は，個別単位ないしその内的属性によって定義される集団ではなく，それらの間の関係であることに注意しよう。例えば，個人の行動を考えるとき，分析の対象は，「個人」ではなく，個人と周囲との「関係」である。

2 マーケティングにおけるネットワーク分析

2-1 先行研究

　マーケティング研究においては，他の社会科学分野に比して，ネットワーク分析の導入が遅れた。それは，マーケティング研究においては，歴史的に，戦略の担い手である企業や戦略の受け手である消費者が研究対象であったこと，すなわち，個別単位こそが研究対象であったこと，さらには個別単位間の独立性が仮定されていたことなどによる。一方，ネットワーク分析が考察しようとする，個別単位そのものではなく，それらの間の関係が注目されることは多くはなかった[2]。

　しかしながら，個別単位間の独立性の仮定が成立しないことがあること，個別単位間の相互依存関係にこそ興味深い核心があることなどが指摘されるにつれ（Iacobucci 2000），1980年代後半から，マーケティング研究においても，ネットワーク分析が徐々に試みられるようになってきた。具体的な研究として，個別単位の捉え方に注目して以下のように分類できるだろう[3]。

　まず，個別単位として消費者を考え，社会（およびインターネットなどの仮想社会）における消費者間の関係を考察する研究が挙げられる。具体的な研究として，Brown and Reingen (1987)，Henderson, Iacobucci and Calder (1998)，Reingen (1986)，Reingen and Kernan (1986)，桑嶋・小林（2005），山本（2005）などがある。ここでは，主に消費者行動研究の文脈から，くちコミやネットコミ，製品の普及過程などが考察されてきた。次に，個別単位として企業（もしくは企業内部門）などの組織を考え，組織間の関係を分析する研究が挙げられる。ここでは，主に，流通構造・流通機構などが研究の対象とされてきた。

　一方，個人やその集団である組織ではなく，ブランド・製品などを個別単位として捉える研究もある。すなわち，個別単位としてブランド・製品・製品属性・イメージなどを考え，個人内で，それらがどのように認知的に関係付けられているか考察する研究が挙げられる。具体的には，Henderson, Iacobucci and Calder (2002) などがある。次に，ブランド・製品を個別単位と考え，市場内における関係を考察する研究が挙げられる。具体的には，Hopkins, Henderson and Iacobucci (1995), Iacobucci, Henderson, Marcati and Chang (1996), Marcati (1996), 熊倉・中村 (2006a), 熊倉・中村 (2006b), 熊倉 (2007), 桑嶋 (2007), 安田 (2006) などがある。ここでは,ブランド・製品間の競合関係や補完・代替関係などが考察されてきた。

　ネットワーク分析の中心的領域である社会学においては,個別単位として個人ないしその集合である組織を考えることが多い。一方,マーケティング研究においては,個別単位として消費者ないし企業を考える研究が見られる一方,製品などを考える研究も散見される。この点で,製品間の関係を考えようとする研究は,マーケティング研究独自の試みといえるかもしれない。そこで,ネットワーク分析の手法を用いて,製品間の関係を考察することを試みる。

3 ネットワーク分析の概念と方法

　ネットワーク分析で考察されてきた概念や方法は多岐に渡る[4]。このうち,マーケティング研究に依拠し製品間の関係を考察するとき,クリークとブロックモデリングが有用となるだろう。事実,製品間の関係を考察した研究のほとんどにおいて,ブロックモデリングが用いられている。そこで,ここでは,ネットワーク分析において用いられる概念・手法のうち,クリークとブロックモデリングについて紹介する。

3-1　クリーク

　ネットワーク分析上における重要な概念として,クリーク (clique) がある。クリークとは,ネットワークにおける凝集的な部分集合であり,具体的には,クリーク外の点との結合に比べ,互いに密に結びついた点の集合である(金光 2003)。クリークの同定方法は様々に提案されているものの,いずれも点間の結合の程度に注目している。最も代表的な測度として,線の密度 $dens(V)$

$$dens(V) = \frac{2r}{N(N-1)} \tag{7.1}$$

ただし
V：ネットワーク上の任意の部分点集合
N：Vにおける点の数
r：それらの点の間に存在する線の数

がある。部分点集合Vにおいてすべての点の間に直接結合があるとき，$dens(V)=1$となり，クリークであると同定される（完備グラフ complete graph）。ただし，社会科学分野のネットワークにおいて$dens(V)=1$となることは稀であるため，適当な閾値θ（$0≦\theta≦1$）を定め，それ以上であるとき，当該部分点集合をクリークであると同定する（平松・三隅 1990）。

3-2　ブロックモデリング

同様に，ネットワーク分析における重要概念として，ブロックモデリングと構造同値（structural equivalent）がある。ブロックモデリングとは，任意の2点が，別の点との関係を媒介にして，どのような位置関係を有しているか，すなわち，第三者との結合の仕方の類似性に基づき，点をブロック（セグメント，クラスター）と呼ばれる集合に直和分割する。このとき，他の点との関係構造が同一（ないし類似）である点[5]は，構造的に同値であると見なされ，同一ブロックに分類される。例えば，点①はブロック1として，点②および③はブロック2として，点④～⑦はブロック3として識別することができる（図表7-2）。これにより，点間の関係構造を縮約し，ブロック内・間の関係構造を考察しよ

図表7-2　ブロックモデリング

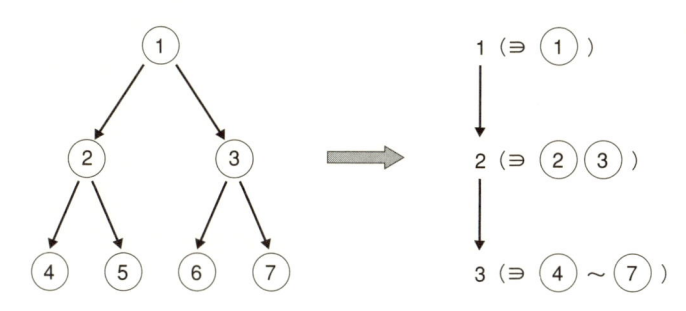

うとする。具体的には，まず，他の点との関係構造を判別原理として，どの点とどの点が関係構造上，同じ（ないし類似）位置を占めるのかを識別し，点をブロックに直和分割する。次に，ブロック内およびブロック間の関係を考察することにより，ネットワーク全体の構造特性を明らかにしようとする。

　まず，点をブロックに直和分割する際，演繹的方法と帰納的方法とがある。演繹的方法とは，研究者の判断によりあらかじめ点をブロック化する方法である。他方，帰納的方法とは，後述の計算アルゴリズムを用いてブロック化する方法である。そして，帰納的方法においては，ある点の第三者との結合の仕方の類似性を測定する概念として，正則同値，自己同型写像同値，構造同値がある（金光 2003）。

　ここでは，ブロックモデリングにおいて最も頻繁に用いられる構造同値について説明する。点iと点jが構造同値であるとは，点iと点j以外のすべての点との関係（結合の仕方）が同一であることをいう。すなわち，任意の2点の関係を表現する隣接行列において，i列とj列，i行とj行が，i番名とj番目の要素を除いて等しいことをいう（$i \neq j$）。そして，具体的な測定方法として，点の間のユークリッド距離を測定する方法 STRUCTURE（Burt 1976）と，ピアソンの積率相関係数によって測定する方法 CONCOR（Breiger, Boorman and Arabie 1975; White, Boorman and Breiger 1976）がある。

　ユークリッド距離を測定する方法においては，点iと点j（$i \neq j$）との間の結合の値をx_{ij}，R個の多重関係があるとすると，点iと点jの間のユークリッド距離d_{ij}は

$$d_{ij} = \sqrt{\sum_{r=1}^{R} \sum_{k=1}^{} \left\{ (x_{ikr} - x_{jkr})^2 - (x_{kir} - x_{kjr})^2 \right\}} \tag{7.2}$$

となる。そして，$d_{ij}=0$ であるとき，点iと点jは構造同値であると識別される。ただし，社会科学分野において $d_{ij}=0$ となることは稀であるため，適当な閾値を考え，それ以下であるとき構造同値であるとする。

　ピアソンの積率相関係数を用いる方法では，他の点との関係に注目して，点iと点jとの相関係数をとり，相関の近い点をブロックにまとめる。相関行列を計算する作業を Corr とすると，点iと点j（$i \neq j$）の積率相関係数 r_{ij}

$$r_{ij} = Corr((x_{i1}, x_{i1}, \ldots, x_{in}, x_{1i}, x_{2i}, \ldots, x_{ni})(x_{j1}, x_{j2}, \ldots, x_{jn}, x_{1j}, x_{2j}, \ldots, x_{jn})) \quad (7.3)$$

ただし，x_{ii}, x_{jj}, x_{ij}, x_{ji} は除く

となる。ここで，$C_1 = (r_{ij})$，$C_n = Corr(C_{n-1})$ として，相関行列をとる作業を繰り返すと，$n \to \infty$ で，C_n は全成分が +1 または -1 である行列に収束する。そして，C_∞ の成分を $r_{ij\infty}$ とし，$r_{ij\infty} = 1$ ならば点 i と点 j は構造同値であると定義すれば，すべての点は二分される。これを m 回繰り返せば，2^m 個のブロックが得られる。

点をブロックに直和分割した後，ブロック内・間の関係を考察する。あるネットワークにおいて，点が K 個のブロック B_k に分割されたとする（点の数は K より多，$k = 1, 2, \ldots, K$）。ここで，b_{mn} はブロック間（およびブロック内）の関係を示し，$b_{mn} = 1$（または 0）のとき，ブロック B_m と B_n は関係がある（ない）と考える（$m = 1, 2, \ldots, K$，$n = 1, 2, \ldots, K$）。具体的には，ブロック B_m に属する点と B_n に属する点の間の線の密度 $dens(B_m B_n)$ について，ある閾値 α を考え，$dens(B_m B_n) \geq \alpha$ のとき $b_{mn} = 1$（ブロック間に関係がある）と考え，$dens(B_m B_n) < \alpha$ のとき $b_{mn} = 0$（ブロック間に関係がない）と考える。

ブロックモデルは，実際のネットワークが縮小的に写像されたイメージであり，ブロック間の関係が縮図的に表現されている。そこで，ブロック間の関係 b_{mn} に注目することにより，ネットワーク構造を把握することができる。具体的な構造として，①クリーク構造，②中心—周辺構造，③中心化構造，④階統構造，⑤推移構造が提示される（金光 2003；図表7-3）。

3-3　マーケティングへの含意
　　　—ブランドスイッチのパターン識別

クリークおよびブロックモデリングの含意について考える。ネットワーク分析が盛んである社会学において，点を個人と考えるとき，クリークは個人が相互に直接的に関係付けられた凝集的部分集合（集団）となる。ここでは，同一集団に属する個人において同質性が仮定されるため，類似する社会行動を採用する傾向にあるとされる。一方では，当該集団内において微細な分裂構造を発見することにより，集団内で個人間の紛争の可能性があることなどを見い出す

ことができる（金光 2003）。

　マーケティングにおいて，点を製品と考えるとき，クリークは製品が直接的に関係付けられた凝集的部分集合となる。例えば，製品イメージに注目するならば，クリークは同一のイメージによって関連付けられた，その結果，恐らくは類似したイメージを有する製品の集合となる。また，製品の購買履歴に注目するならば，クリークは同時ないし相前後して購買される製品の集合であり，クリーク内の製品は代替的ないし補完的関係にあることが示唆される[6]。

　また，社会学において，点を個人と捉えるとき，同一ブロックに同定される個人は，ネットワーク上で占める位置（position）に独自性がないため，競争関係が生じる傾向にあるとされる（安田 2001）。ここで，直接結合（クリークを形成）と構造同値（同一ブロックに弁別）は，独立の概念であることに注意しよう。すなわち，2点が直接結合かつ構造同値（例えば，図表7-3①クリーク構造においてブロックAに属する2点），直接結合だが構造同値ではない（②階統構造においてAに属する点とBの属する点），直接結合ではないが構造同値（②階統構造においてAに属する2点），直接結合ではなくかつ構造同値でもない（①クリーク構造においてAに属する点とBに属する点）が考えられる。そして，クリークは，（個人間の）直接的な結合関係による類似行動の生起を説明し，ブロックモデリングは，（個人間の）競合関係による類似行動の生起を説明すると整理できる（安田 2001）。

　マーケティング研究において，Iacobucci et al.（1996）は，自動車市場におけるブランド・スイッチについて考察し，直接結合の関係にある製品は，交代（alternate）で購買され，構造同値である製品は，代替可能（interchangeable）であるとした。すなわち，直接結合があるとき，両者はブランド・スイッチ関係として，同じ消費者をめぐって争う競合関係にある。例えば，製品Aを購買した消費者が次にBを購買するとき，A→Bの直接結合が観察できる（図表7-4）。一方，Aを購買した消費者が，次にBかCのいずれか一方のみを購買するとき（BC間にスイッチは観察されない，すなわち，BとCが同時ないし相前後して購買されることはない），BとCは構造同値であるとされる[7]。

　上の議論を参考に，ブロックモデリングから得られるネットワーク構造についてのマーケティング上の含意を考える。製品を点と考え，製品の購買履歴（ブランド・スイッチ）に注目するとき，ネットワーク構造とは，ブランド・ス

図表7-3 関係構造の類型化

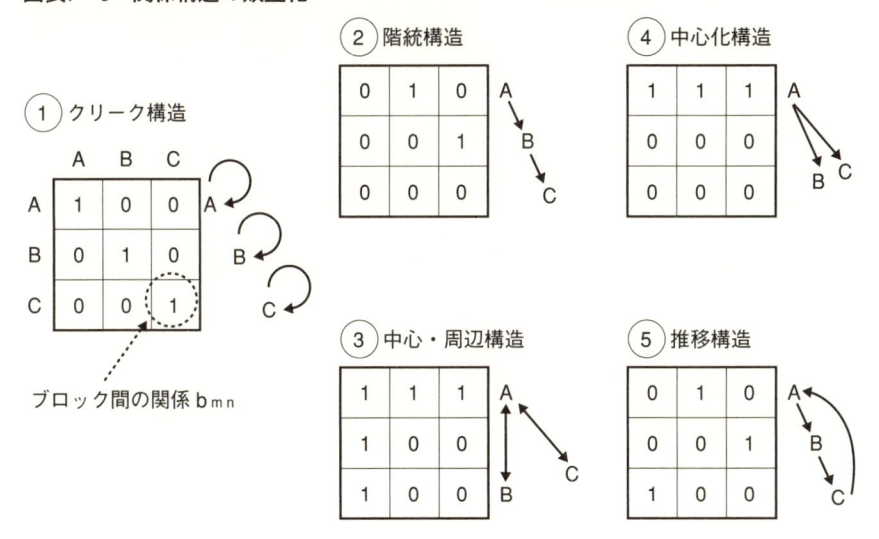

①クリーク構造

	A	B	C
A	1	0	0
B	0	1	0
C	0	0	1

ブロック間の関係 b_{mn}

②階統構造

0	1	0
0	0	1
0	0	0

A→B→C

③中心・周辺構造

1	1	1
1	0	0
1	0	0

A↔B, A↔C

④中心化構造

1	1	1
0	0	0
0	0	0

A→B, A→C

⑤推移構造

0	1	0
0	0	1
1	0	0

A→B→C→A

イッチのパターンないし構造に他ならない。具体的な解釈は以下の通りである（図表7-3）。

①クリーク構造：ブロック内（例えば，ブロックA）において，製品間の結合が観察できる一方，ブロック間の結合は観察できない。このとき，明確に区別でき孤立した複数の消費者セグメント・選好・嗜好が並存する下，その中で購買が繰り返される（ブランドがスイッチする）と解釈できる。

②階統構造：ブロック間の結合に向きがあり，ブロック間の推移が観察できる（A→B→Cなど）。マーケティング現象としては，Aに属する製品を購買・消費した後，Bに属する製品，次いでCに属する製品を購買・消費することなどである。例えば，Aには入門的な製品，Bには中程度の製品，Cには高度な製品が属しており，消費者が購買する製品をステップ・アップする構造にあるなどの解釈ができる。

③中心化構造：中心ブロック（例えば，A）から周辺ブロック（B，C）への推移が見られる状態（A→B，A→C），もしくは周辺ブロックから中心ブロ

図表7−4　直接結合と構造同値

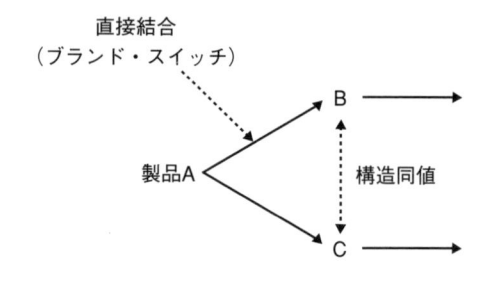

```
        直接結合
    (ブランド・スイッチ)
                    B ──→
           ╱ ┈┈┈ ↗
          ╱
     製品A          ┊ 構造同値
          ╲
           ╲ ┈┈┈ ↘
                    C ──→
```

(Aを購買 ⟶ Bを購買) または (Aを購買 ⟶ Cを購買)
(Bを購買 かつ Cを購買) は無し

ックへの推移が見られる状態である（B→A，C→A）。マーケティング現象としては，Aに属する製品を購買・消費した後，Bに属する製品またはCに属する製品を購買・消費すること（または，その逆）などである。例えば，Aには入門的な製品，BとCにはより高度な製品が属するとして，Aに属する製品を購買した後に，多様な選好や嗜好などに応じて，BまたはCに属する製品へと分岐しながらステップ・アップするなどの解釈ができるだろう（BとCは，Iacobucci et al. (1996) のいうinterchangeableな関係にある）。

④中心・周辺構造：中心ブロック（例えば，A）と周辺ブロック（例えば，B，C）との間に相互の推移が見られる状態（例えば，A←→B，A←→C）である。マーケティング現象としては，Aに属する製品を購買・消費した後，BまたはCのいずれかに属する製品を購買し，再度，Aに属する製品を購買する（さらに，BまたはCのいずれかに属する製品を購買する）ことなどである。解釈として，例えば，Aには中核的な製品，BとCには多様な選好や嗜好を反映した派生的な製品が属し，AとB（およびAとC）に属する製品とが強い補完関係にあるなどが考えられる。

⑤推移構造：階統構造において，推移の起点となったブロックに再び推移する状態である（例えば，A→B→C→A→B→…）。マーケティング現象としては，Aに属する製品を購買・消費した後，Bのそれ，次いでCのそれ，さら

には再びAのそれを購買することである。購買の循環性もしくはバラエティ・シーキングの連続が観察できることなどが該当しよう。

以上，ブロックモデリングにより点をブロックに分割し，ブロック内・間の関係を観察することにより，ネットワーク構造を理解できる。これにより，市場がどのように細分化されるのかを理解可能となる。

4 適用事例

4-1 データと方法

ここでは，データとして，スーパーマーケット（SM）から得られた購買履歴データを用いた。概要は，以下の通りである。
- 店舗数：1店舗
- 顧客：法人を除く個人世帯
- 期間：2001年9月1日～2006年8月31日
- カテゴリー：清酒および清酒ギフト。清酒に注目した理由は，消費者の嗜好が明確かつ頑健で，製品間の差異（原料・製法・味覚・容器など）が大であることから，解釈が容易であると思われたためである。
- アイテム（SKU）：データ利用期間5年間に渡って継続して購買されたアイテム（抽出されたアイテム数は62）。データ期間中に新製品の発売や既存製品の終売がある場合，発売・終売時期や販売期間に依存して製品がブロック化されてしまう傾向にある。これを避けるため，2001年9月1日～2002年8月31日および2005年9月1日～2006年8月31日の両期間において購買があった製品のみを抽出とした。

上のデータにより，CONCOR（Ucinet 6）を用いて，ブロックモデリングを行った。ここでは，マーケティング上の蓋然性を有する結果が得られるように，6ブロックに直和分割した。

また，ブロック内・間の関係の識別に際して，点i（∈ブロックB_m）と点j（∈B_n）間の線の密度を算出した（$m=1, 2, \ldots, K$，$n=1, 2, \ldots, K$）。ここでは，

購買履歴データを用い，製品 i の購買直後に製品 j が購買された場合，ブロック B_m と B_n の間に重みが 1 である線をひいた。この重みを分子として，ブロック B_m と B_n の間にひくことのできる線の場合の数を分母として，密度を計算した。このため，製品間の線は，相前後して購買された製品間にのみ線がひかれたことに注意しよう（例えば，購買履歴が製品 A→B→C の場合，A→C 間には直接の線はひかれない）。さらに，密度はデータ収集期間に依存するため，絶対値そのものは意味をもたず，相対的な大小のみが重要であることに注意しよう。

4-2 分析結果および解釈

識別された各ブロックの概要は以下の通りである（図表7-5）。まず，中核的なブロックとして，やや高単価な製品から構成される「上選」ブロック，低価格の普及品から構成される「マス・ブランド」ブロックを識別できる。さらに，価格や味覚評価などで最上位に位置する「銘酒」ブロックが識別できる。一方，特定の性質を有した製品のみから構成されるブロックも観察できる。すなわち，味覚（純米酒）・醸造地（地元）上の特徴を有し高単価である「純米地酒」ブロック，特定の容器の製品から構成される「ワン・カップ」ブロック，特定の

図表7-5-1　ブロック1

ブロック名称	「銘酒」（プレミアム）
アイテム数	4
平均単価	5942円
金額シェア	0.5%
点数シェア	0.1%
購買回数シェア	0.1%
1購買当たりの点数	1.04
主要アイテム	「久保田　萬寿　純米大吟」平均単価12960円 「八海山　吟醸」　　　　　　平均単価　5470円
特徴	●平均単価は6ブロック中で最高であり，最上級市場と解釈できる。 ●アイテム数，金額・点数シェアは微小。 ●「久保田」「八海山」「越乃寒梅」など，味覚評価の高い日本を代表する製品から構成される。

注：平均単価，金額シェア，点数シェア，購買回数シェア，1購買当たりの点数は，いずれも2001年9月1日～2006年8月31日の平均である。

図表7-5-2　ブロック2

ブロック名称	「上選」（アッパー・マス）
アイテム数	8
平均単価	1389円
金額シェア	27.0%
点数シェア	18.3%
購買回数シェア	16.1%
1購買当たりの点数	1.42
主要アイテム	「岩手川　上選」　　　平均単価1375円 「岩手　あさ開　上撰」　　同1389円 「松竹梅　上撰」　　　　同1290円 「月桂冠　上撰」　　　　同1549円
特徴	● 市場規模は「マス・ブランド」ブロックに次ぐ。 ● 平均単価は，6ブロック中の第3位。 ● 家庭内飲用向けの上級市場と解釈できる。 ● 製品の格などは「銘酒」と「マス・ブランド」の中間に位置する。 ● マス・ブランド（松竹梅，月桂冠など）のうち，やや高単価の製品が属する。

用途（ギフト向け）から構成される「贈答品」ブロックである。以上，製品間の関係にのみ依拠してブロックモデリングを行ったにもかかわらず，製品属性上の解釈は極めて容易であり，かつ実務的蓋然性のある結果が得られた。

　ブロック内・間の結合の密度は以下の通りである（図表7-6, 図表7-7：図式的な表現）。これより，結合密度に応じてブロック内・間の関係を判定し，関係構造を解釈できる。まず，クリーク構造が観察できる。特に，「上選」「マス・ブランド」および「ワン・カップ」において，ブロック内での強い結合が指摘できる。このため，同一ブロックに属する製品（結果として，価格・容器・原料・製法などの属性が類似する製品）を継続して購買する傾向にあることが理解できる。例えば，「ワン・カップ」がクリークを形成していることは，家庭内飲用のときは（「上選」「マス・ブランド」に属する）一升瓶や紙パックの清酒を購買し，家庭外飲用のときは，その携帯用容器であるワン・カップを時おり購買するといった使い分けが行われているというより，ワン・カップのみを継続して購買する傾向にあることを示す。

図表7-5-3　ブロック3

ブロック名称	「マス・ブランド」（エコノミー・マス）
アイテム数	37
平均単価	814円
金額シェア	67.0%
点数シェア	77.7%
購買回数シェア	80.2%
1購買当たりの点数	1.21
主要アイテム	「月桂冠　定番酒　月」 「松竹梅　大徳利パック」 「爛漫　美酒パック」 「白鶴　サケパックまる」 「小山本家　武蔵太郎鬼ころし　醇パック」 「岩手　桜顔　北の寒桜パック」
特徴	●市場規模は6ブロック中で最大。 ●平均単価は低い。 ●紙パックなど簡易包装の製品が多い（16アイテム）。 ●「月桂冠」「松竹梅」「白鶴」など全国展開ないし地域で有力なマス・ブランドから構成される。 ●家庭内飲用向けの普及品市場と解釈できる。 ●他のブロックに比べ，製法・原料上の特徴はやや明確ではない。 ●「生酒」（8アイテム）は全てが本ブロックに分類される。

図表7-5-4　ブロック4

ブロック名称	「純米地酒」（特定の味覚・醸造地）
アイテム数	3
平均単価	1986円
金額シェア	1.3%
点数シェア	0.6%
購買回数シェア	0.7%
1購買当たりの点数	1.06
構成アイテム	「岩手　浜千鳥　純米酒」 「岩手　月の輪　特別純米酒」 「岩手　酔仙　岩手の地酒　特別純米酒」
特徴	●味覚（純米酒），醸造地（岩手県）上の特徴を有する。 ●平均単価は6ブロック中で第3位である。 ●データを収集したチェーンが所在する県で醸造され，地元の嗜好に合致するであろう濃醇な味わいの純米酒から構成される。

図表7−5−5　ブロック5

ブロック名称	「ワン・カップ」（特定の容器）
アイテム数	2
平均単価	198円
金額シェア	0.3%
点数シェア	1.5%
購買回数シェア	1.2%
1購買当たりの点数	1.61
構成アイテム	「月桂冠ザ・カップ」平均単価205円 「ワンカップ大関」　平均単価196円
特徴	●全国ブランドかつ低価格の普及品である，ワン・カップ製品のみから構成される。 ●購買1回当たりの点数は1.61個と6ブロック中で最大である。

図表7−5−6　ブロック6

ブロック名称	「贈答品」（ギフト向け）
アイテム数	8
平均単価	2105円
金額シェア	3.9%
点数シェア	1.7%
購買回数シェア	1.7%
1購買当たりの点数	1.27
主要アイテム	「岩手　岩手川上撰　2本カートン詰」 「京都　松竹梅　上撰　カートン詰め」 「桜顔　桜はなの舞　2本カートン詰め」
特徴	●カートン詰めされた贈答品から主に構成される（6アイテム）。 ●用途が贈答であるため，購買1回当たりの点数は1.27個とやや大。

図表7−6　ブロック内・間の結合の密度

ブロック	銘酒	贈答品	マス・ブランド	ワン・カップ	上選	純米地酒
銘酒	0.000	0.031	0.142	0.000	0.188	0.333
贈答品	0.031	0.607	1.101	0.375	4.531	0.917
マス・ブランド	0.155	1.297	9.560	4.041	8.493	1.144
ワン・カップ	0.000	0.375	4.392	11.000	3.625	0.333
上選	0.156	4.234	8.476	2.313	31.196	2.708
純米地酒	0.250	0.667	1.288	0.500	2.667	2.833

次に,「上選」を中心とする中心・周辺構造を指摘できる。すなわち,やや高単価な製品の集合である「上選」を中心に,同じく高単価で味覚上・醸造地上の特徴を有する製品からなる「純米地酒」,特定用途向けの製品からなる「贈答品」が周辺として連なる。なお,「上選」と「純米地酒」の間に結合があることから,「純米地酒」はニッチというより,チェンジオブペース・ブランド（Khan et al. 1988）と解釈できる。さらに,「上選」と（より低価格な普及品である）「マス・ブランド」が結合し,さらに,「マス・ブランド」と（容器以外の属性が類似し,容器のみが異なる）「ワン・カップ」が多少,結合する。

一方,最上位市場である「銘酒」は,他ブロックから孤立し,また,クリークも形成していない。これより,「銘酒」に属する製品は,連続して購買されるのではなく,他の製品を購買する合間に時おり購買されるにすぎないことがわかる。なお,「銘酒」は,市場規模が大である「上選」より,高額品としての類似性が大である「純米地酒」との結合が相対的に強い。

以上,清酒市場においては,主に価格を鍵として,「銘酒」「上選（アッパー・マス）」「マス・ブランド（エコノミー・マス）」にブロック化され,さらに,特定の味覚・醸造地「純米地酒」,特定の用途「贈答品」,特定の容器「ワン・カップ」にブロック化される。そして,「上選」「マス・ブランド」「ワン・カップ」がクリークを形成し,相互に結合すると同時に,「上選」を中心に「純米地酒」「贈答品」が周辺として連なる。

こうした解釈の実務的意義として,例えば,棚割への示唆があるだろう。す

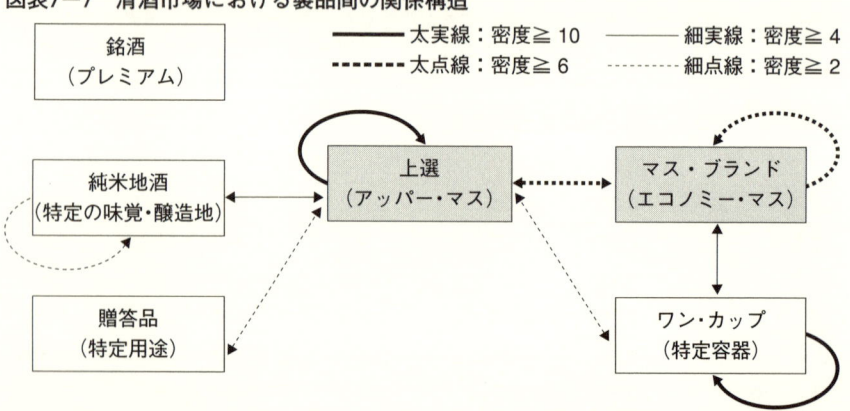

図表7-7　清酒市場における製品間の関係構造

なわち，製品をクリークごとにまとめると同時に，結合のあるブロックが隣接するように配置する。清酒の場合，右から「銘酒」「純米地酒」「上選」「マス・ブランド」「ワン・カップ」の順に配置するべきであろう。このとき，単価は右から左へ低くなる。

5 まとめ

　ここでは，社会科学分野においてネットワーク分析に注目して，その主要な概念・手法を記述し，マーケティング現象への適用を試みた。ネットワーク分析においては，個人（もしくは，その集合である組織）を点，個人（組織）間の関係を線として捉えることが多い。一方，マーケティング研究においても，消費者を点として捉える傾向にあるものの，製品・ブランドを考えることも可能である。このため，製品を点として捉え，製品間の関係を考察しようとする試みは，ネットワーク分析の外延を拡張することに役立つかもしれない。

　また，ネットワーク分析の利用は，マーケティング研究の発展に貢献できるだろう。すなわち，従前のマーケティング研究においては，個人や製品の属性に注目することが多かった。一方，ネットワーク分析は，構造主義および関係主義に依拠する。すなわち，分析の焦点は，個別単位の内的な属性ではなく，個別単位間の関係である。そして，個別単位の活動は，個別単位間の関係によって強く制約されると説明する。これより，消費者（製品）属性ではなく，消費者（製品）を取りまく他の消費者（製品）との関係（形式的な関係のパターン）によって，消費者の行動（製品の購買）を説明できることになる。このとき，マーケティング研究の発展にわずかながらも貢献できるかもしれない。

[注記]
1) 以下，ネットワーク分析と記述する。
2) 金光（2003）によれば，「マーケティングにおける社会ネットワーク分析の導入は非常に遅れた。（略）この分野の分析手法は社会ネットワーク分析とは正反対の行動主義的な統計モデルに基づいていたからである」（284）。
3) ネットワーク分析を用いたマーケティング研究については，Iacobucci（2000），芳賀（2005），安田（2006），山本・水野（2005）などが詳しい。
4) ネットワーク分析に関する教科書として，Carrington et al.（2005），Freeman et al.（1992），Wasserman and Faust（1994），安田（1997），安田（2001），金光（2003）などが著名である。
5) すなわち，グラフ上において，点のラベルを交換しても関係構造が変化しない点を指す。
6) 形式的な関係だけでは，代替・補完のいずれであるかの解釈は難しいだろう。
7) ただし，これはブランド・スイッチに注目した場合であり，他のデータを用いた場合には別の解釈が必要となる。

[参考文献]
Barabasi, A. -. [2002], *Linked: The New Science of Networks*, Perseus Books Group.
Breiger, R. L., Scott A. Boorman and Phipps Arabie [1975], "An Algorithm for Clustering Relational Data, with Applicaion to Social Network Analysis and Comparison with Multi-Dimensional Scaling," *Journal of Mathematical Psychology*, 12, 328-383.
Brown, J. J., and Peter H. Reingen [1987], "Social Ties and Word-of-Mouth Referral Behavior," *Journal of Consumer Research*, 14（December），350-362.
Burt, S. R. [1976], "Positions in Network," *Social Forces*, 55:1, 93-122.
Carrington, P. J., J. Scott and S. Wasserman eds. [2005], *Models and Methods in Social Network Analysis*, Cambridge University Press.
Freeman, L. C., D. R. White and A. K. Romney eds. [1992], *Research Methods in Social Network Analysis*, Transaction Publishers.
Granovetter, M. [1973], "The Strength of Weak Ties," *American Journal of Sociology*, 78, 1360-1380.
芳賀康浩 [2005]，「マーケティングにおけるネットワーク～社会ネットワーク分析の示唆～」，『マーケティング・ジャーナル』，24:4，31-44.
Harary, F. [1969], *Graph Theory*, Addison Wesley Longman Publishing Co.
Henderson, G. R., D. Iacobucci and B. J. Calder [1998], "Brand Diagnostics: Mapping Branding Effects Using Consumer Associative Networks," *European Journal of Operational Reseach*, 111, 306-327.
Henderson, G. R., D. Iacobucci and Bobby J. Calder [2002], "Using Network Analysis to Understand Brands," *Advances in Consumer Research*, 29, 397-405.
平松闊，三隅一人 [1990]，『社会ネットワーク』，福村出版.
Hopkins, N., G. Henderson and D. Iacobucci [1995], "Actor Equivalence in Networks: The Business Ties That Bind," *Journal of Business-to-Business Marketing*, 2:1, 3-31.
Iacobucci, D. [2000], "Quantitative Marketing Research," in Iacobucci, D., ed., *Kellogg on Marketing*,

Wiley.

Iacobucci, D., G. Henderson, A. Marcati and J. E. Chang [1996], "Networks Analysis and Brand-Switching Behavior," in Iacobucci, Dawn, ed., *Network in Marketing*, Sage Publications.

Kahn, B. E., M. U. Kalwani and D. G. Morrison [1988], "Niching Versus Change-of-Pace Brands: Using Purchase Frequencies and Penetration Rates to Infer Brand Positionings," *Journal of Marketing Reseach*, XXIII (November), 384-390.

金光淳 [2003], 『社会ネットワーク分析の基礎』, 勁草書房.

熊倉広志, 中村仁也 [2006a], 「ネットワーク分析を用いた芸術作品の購買行動の考察—購買の連鎖への注目—」, 経営科学系研究部会連合協議会(日本オペレーションズ・リサーチ学会マーケティング・インテリジェンス研究部会, 日本マーケティング・サイエンス学会ID付POSデータ活用研究部会, 早稲田大学マーケティング・コミュニケーション研究所CRM研究会, 日本データベース学会ビジネスインテリジェンス研究グループ, 日本経営工学会経営科学のニューフロンティア研究部会, 株式会社産業科学研究開発センター, 株式会社NTTデータ技術開発本部)共催平成17年度データ解析コンペティション成果報告会, 2006年3月27日.

熊倉広志, 中村仁也 [2006b], 「ネットワーク分析による連鎖的な購買行動の考察」, 日本マーケティング・サイエンス学会第79回研究大会, 2006年6月25日.

熊倉広志 [2007], 「構造同値と直接結合に注目した音楽市場の構造分析」, 『商学研究所報』, 38:4, 1-22.

桑嶋由美, 小林大祐 [2005], 「Webネットワークにおけるクチコミ効果」, 『東京大学21世紀CEOものづくり研究センターディスカッションペーパー』, 56, 1-14.

桑嶋由芙 [2007], 「関係性から見る購買行動—ネットワーク分析を用いて—」, 東京大学21世紀CEOものづくり研究センターディスカッションペーパー, 144, 1-17.

Marcati, A. [1996], "Brand Switching and Competition," *in* Iacobucci, D., ed., *Network in Marketing*, Sage Publications.

Reingen, P. H. [1986], "A Word-of-Mouth Network," *Advances in Consumer Research*, XIV, 213-217.

Reingen, P. H., and J. B. Karnan [1986], "Analysis of Referral Networks in Marketing: Method and Illustration," *Journal of Marketing Reseach*, XXIII (November), 370-378.

Wasserman, S., and K. Faust [1994], *Social Network Analysis: Methods and Applications*, Cambridge University Press.

Watts, D. J. [1999], *Small Worlds: The Dynamics of Networks Between Order and Randomness*, Princeton University Press.

White, H. C., Scott A. Boorman and R. L. Breiger [1976], "Social Structure from Multiple Networks. I. Blockmodels of Roles and Positions," *American Journal of Sociology*, 81:4, 730-780.

安田雪 [1997], 『ネットワーク分析』, 新曜社.

安田雪 [2001], 『実践ネットワーク分析』, 新曜社.

安田雪 [2006], 「マーケティングは, 関係を制することができるか〜ネットワーク分析による消費者関係と商品関係特定の可能性から〜」, 『マーケティング・ジャーナル』, 26:1,

　　　　4-17.
山本晶［2005］,「クチコミ・マーケティングの実践に向けて―化粧品クチコミサイトの実証分析―」, 日本商業学会関東部会, 2005年10月29日.
山本晶, 水野誠［2005］,「消費者間影響関係の研究枠組みレビュー」, 日本マーケティング・サイエンス学会第78回研究大会, 2005年12月11日.

第8章 多次元尺度構成法を用いたポジショニング分析

1 はじめに

　Plan-Do-Checkサイクル[1]（以降，PDCサイクル）は経営，マーケティングを含む多くの事業活動を効率的に運営するための事業管理の考え方である。このPDCサイクルを実施する上で，重要な要素の1つはサイクルの第一歩である[Plan]に先立つもの，つまり，計画を立案するための現状分析であり，そこから導き出させる仮説・課題の発見であろう。この現状分析，および仮説・課題に大きな誤りがあれば，適切な計画立案ができず，活動を成功させることは難しくなる。また，仮に適切な現状分析を経ずに活動が運良く成功したとしても，その成功を継続することはやはり難しくなる。この現状分析の重要性を強調する場合，PDCサイクルは，頭にResearchの言葉を加えResearch-Plan-Do-Checkサイクル（RPDCサイクル）と呼ばれることもある。

　このように事業活動の重要な要素である現状分析や仮説・課題の発見には，当然個人の勘や経験則も重要である。しかし，組織として永続的に事業を運営していくためには現状を共有可能な形で整理すること，また，共有可能な分析結果に基づき仮説・課題を発見することが重要となる。このような現状や課題の共有の際に有効となるのは「可視化」の考え方である。可視化とは人間が直接見ることのできないデータに潜む情報を目に「見える」ようにすることをいう。個人が経験的に獲得した無形の情報，暗黙の情報ではなく，無形の情報を目に見えるようにすることで誰でもその情報を共有することができるようになる。

　この可視化を実現する1つの方法が，本章で取り上げる多次元尺度構成法で

ある。現状分析のために，集められたデータや調査結果は，多くの場合，データに含まれる全情報を可視化することはできない。可視化のためには，データに含まれる情報の枝葉を切り払い，情報の幹を明らかにする手法が必要であり，多次元尺度構成法はその代表的な手法である。

本章では，前半部でこの多次元尺度構成法に関する概要，およびマーケティング上の活用領域を整理し，後半部で実際のID付POSデータを用いた分析事例に関して紹介する。

2 多次元尺度構成法の概要

多次元尺度構成法は多変量解析手法の一手法である。多変量解析手法は大きく2つに分類することができる。1つは，目的変数がある手法であり，この手法には分散分析，回帰分析，判別分析，共分散構造分析などが含まれる。もう1つは目的変数がない手法であり，この手法には多次元尺度構成法，クラスター分析，因子分析，コレスポンデンス分析などが含まれる。

それぞれの手法は個々に特長を持っており，分析目的にあった手法が選択される。ここでは多変量解析手法の1つである多次元尺度構成法の概要を整理し，マーケティング・リサーチの分野のどのような分析の際に多次元尺度構成法が主に用いられているかを確認する。

2-1 多次元尺度構成法の考え方

多次元尺度構成法の詳細な中身を整理する前に，その考え方をいくつかの例えを交えて確認していきたい。

多次元尺度構成法の考え方を整理する上で，重要となる概念は「距離」の概念である。例えるなら，多次元尺度構成法は「距離から地図を作成する」手法と呼ぶことができる。

例えば，「東京－名古屋」「名古屋－金沢」「金沢－東京」の都市間の直線距離を測定しようとするときは，測量によって物理的なその距離を測定するであろう。また，概算の数字で問題がなければ正確な地図をもとに，両都市間の地図

図表8−1　都市間の距離行列

	東京	名古屋	金沢
東京	−	−	−
名古屋	X	−	−
金沢	Y	Z	−

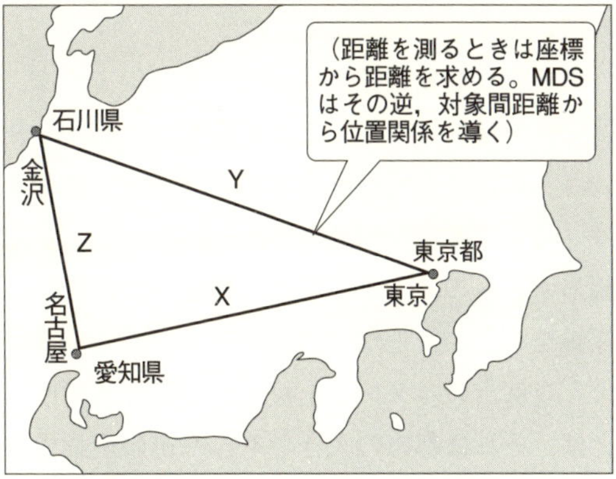

（距離を測るときは座標から距離を求める。MDSはその逆，対象間距離から位置関係を導く）

上の距離を測定し，その縮尺に基づき実際の距離に近い数値を計算することができるだろう。もしくは，都市の座標に相当する緯度・経度をもとに，三平方の定理を用いてその距離を概算する方法もあるだろう。

　多次元尺度構成法は，この距離を測定する行為とは逆の手順をたどろうとするものである。例えば，ここに東京−名古屋間距離X，名古屋−金沢間距離Y，金沢−東京間距離Zがわかっていたとする。しかし，3つの都市間の位置関係はわからなかったとする。このとき，このX，Y，Zの各都市間の距離をもとに都市の位置関係を求めようとするのが多次元尺度構成法である。

　以上の例で用いたような，距離の情報が事前にわかっており，わざわざそこから都市間の位置関係を推測するような場面に出会うことは実際にはないだろう。しかし，消費者が抱く都市のイメージを知りたい，といったマーケティング上の課題が発生した場合はどうだろうか。具体的にいえば，消費者アンケートから得られた，都市のイメージが似ている・似ていないという基準に基づき都市間の関係を共有可能な形で可視化する必要があったとする。もちろん，消費者の頭の中を実際にのぞき見ることはできず，また，消費者自身も頭の中にある都市のイメージや類似性を言葉や図でうまく表現することは難しいだろう。このような時に多次元尺度構成法は有効となる。例えば，消費者に対しアンケートを実施し，都市間の組合せを提示して，その組合せの都市同士のイメージが似ているか否かを答えてもらったとする。その似ている・似ていないという回答結果に基づき，似ていないと回答された都市同士は遠くに，似ている

と回答された都市同士は近くに配置されるような心理的な地図を多次元尺度構成法によって作ることができる。

このような物理的には測定できないような，心理的な事象，感覚的な事象の関係性を可視化できることが多次元尺度構成法を用いる大きなメリットである。

さらに，多次元尺度構成法の考え方を整理する上で，もう1つの重要な概念は「次元（軸）」の概念である。次元は，地図に例えれば地図中の緯度・経度に相当するものである。都市の物理的な位置関係であれば，緯度・経度という座標軸をもとに，地球におけるその都市の位置が特定される。しかし，先ほどのような都市のイメージを決定する要因は緯度・経度とは別の要素であろう。例えば，それは都市の大きさや，都市の産業構成や，都市の文化など，緯度・経度とはまったく異なる座標軸によってその位置関係が規定されていると考えられる。多次元尺度構成法は分析結果を通じて，関係性の基準となる座標軸を分析者に提供する。都市の心理的な関係であれば，消費者が各都市をどのような観点から評価し，区別しているのかを知ることができる。このような理解を通じて，分析者は，従来持っていた自分自身の視点ではなく消費者や調査対象者の視点から事象の関係性などを見分けることができる。

このように多次元尺度構成法は不可視である事象について，その関係性を可視化することができる強力な手法である。マーケティング・リサーチの分野ではその不可視の事象とは主に消費者の購買行動やその背後に潜むその心理である。消費者の理解というマーケティング上の重要な課題に対して多次元尺度構成法は有効な分析手段となっている。

次節以降からは，多次元尺度構成法の分析に関する具体的な内容を整理する。ただし，ここで目的とするのは多次元尺度構成法による分析手順の理解ではなく，分析結果の読み取り方と，その際に必要となる最低限の分析の中身を確認することにある。また，以降の多次元尺度構成法に関するアルゴリズムの解説は，多次元尺度構成法に関して詳しく解説した良書である岡太・今泉（1994），岡太（2001）の解説に準じたものである。多次元尺度構成法に関する専門的な知識を求められる読者はこれらの書籍を参照されることを強くお薦めする。

2-2　多次元尺度構成法

　はじめに多次元尺度構成法によってどのような出力が得られるかを説明する。図表8-2は多次元尺度構成法の分析結果例である。これはある食品カテゴリー内のブランドAからEの競争構造を表した仮想の分析結果である。この2次元の縦軸は「家族利用－個食利用」を表す軸であり，横軸は「（ブランドに対する）親しみ－高級感」を表す軸であったとする。図中のAからEの各ブランドはそれぞれの座標を持ち，位置が近いモノほど同じ消費者によって購入されやすいことを意味している。これはブランドの立場から見れば，同じ消費者の需要をこれらのブランドで奪いあっていることを意味する。つまり，座標が近接するブランドほど競合状況あると見ること事ができる。この図の場合，A，B，Cはブランド全体の位置関係から見て強い競合関係にあるといえる。逆に位置が遠いブランドほど同じ消費者によって購入されることがなく，競合関係にはないと判断することができる。図中のブランドDとEの関係はまさにそのような状態にある。

　また，座標軸との関係に注目すると，A，B，Cブランドは親しみがあり家族と一緒に食べるブランドというイメージが強く，Dはブランドに対して親しみがあり個人で食べるというイメージが強く，Eは高級感があり，かつ個人で食べるというイメージが強いということがわかる。

　このような多次元尺度構成法の出力は「布置」と呼ばれる。次に，このような布置がどのように算出されるかを整理しておきたい。

　本節では，多次元尺度構成法の中でも「クルスカルの方法」の概要に関して

図表8-2　多次元尺度構成法の出力例

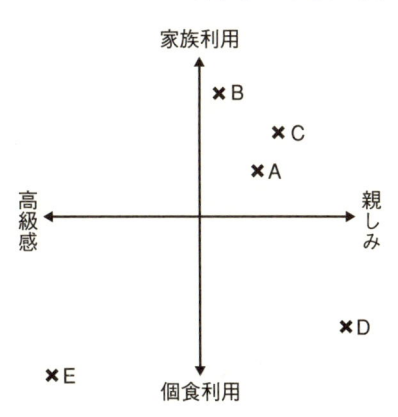

整理する。クルスカルの方法は多次元尺度構成法の中でも最も代表的な手法である（岡太・今泉1994；岡太2001）。

クルスカルの方法では多次元空間上に（2次元であれば平面上に）対象間の類似度が大きい（非類似度が小さい）対象ほど，点間の距離が小さくなるよう対象の座標を決定する。

先ほどの例と比較すると，ここでいう「対象」とはブランドに相当するものである。また，先ほどの例では，2次元の出力を示したため平面上の座標に各対象が位置付けられていた。しかし，クルスカルの方法では2次元に限らず，3次元以上の多次元空間上の座標にも対象は位置付けられる。次元数は後述する適合度や解釈のしやすさによって分析者が決定する。

以降，数式によりそのロジックを確認したい。

分析にあたって，出力のもとになるデータは，対象間の類似度である。

ここにある対象 j, k, l, m があったする。このときの対象 j と対象 k の類似度を δ_{jk} とする。また対象 l と対象 m の類似度を δ_{lm} とする。

また分析によって出力される要素の1つは，多次元空間上の対象間の距離である。ここで，対象 j, k, l, m の距離を次のように定義したい。対象 j と対象 k の多次元空間上の距離を d_{jk}，また対象 l と対象 m の多次元空間上の距離を d_{lm} とする。

そして，このとき，

$$\delta_{jk} > \delta_{lm} \text{ ならば } d_{jk} \leq d_{lm} \tag{8.1}$$

となるように対象の多次元空間の座標を求める。つまり，類似度が近いものは多次元空間上の対象間の距離が小さくなるように座標を決定する。

ただし，対象 j と対象 k の多次元空間上の距離 d_{jk} は次のように数式で表現される。

$$d_{ij} = \sqrt{\sum_{i=1}^{p}(x_{jt}-x_{kt})^2} \tag{8.2}$$

x_{jt} は多次元空間上の次元 t における対象 j の座標である。また p は布置の次元数である。クルスカルの方法では，(8.1)式の関係を満たすような，各対象の座標 x_{jt} を求める。したがって，分析によって得られる最終的な出力は，多次元

図表8−3　対象間の類似度行列

	対象1	対象2	対象3	対象4	対象5
対象1					
対象2	δ_{21}				
対象3	δ_{31}	δ_{32}			
対象4	δ_{41}	δ_{42}	δ_{43}		
対象5	δ_{51}	δ_{52}	δ_{53}	δ_{54}	

空間上の各対象の座標である。

なお，対象間の類似度データ（類似度行列）は，類似度行列と呼ばれ，図表8-3のように表される。類似度行列において主対角要素と，それよりも右上の部分は空白となる。この箇所が空白になるのは，主対角要素に関しては同一対象の類似度を計ることはできないためである。また，右上の部分は，例えば対象1から見た対象2の類似度と，対象2から見た対象1の類似度が同じであると考えるためである[2]。

なお，出力の決定に際して問題となるのは，次元数の決定の問題である。次元数の決定は，適合度と解釈のしやすさによって判断する。適合度で判断する場合，2次元解，3次元解，4次元解・・・という形で次元解毎の適合度の変化を比較して決定する。適合度指標にはVAF比（説明される分散の比率），不適合度を表すものにはクルスカル−ウィッシュのストレス公式1などがある。理論的には，これら指標を次元数の小さい解の順に並べ，数値の変化が小さくなる次元（エルボー）を解とするのが望ましい。しかし，実務的には解釈のしやすさ，説明のしやすさが重視されるので，できるだけ2次元解を採用することが望ましい。

最終的には決定した次元解を主に，対象の布置を見ながら軸の解釈を実施する。軸の解釈のために次元を回転させることもできる。

2-3　個人差多次元尺度構成法

クルスカルの方法は，1つの類似度行列を分析するものであった。ここで概要を整理する個人差多次元尺度構成法（INDSCAL：individual differences multidimensional scaling）は複数の類似度データを分析する手法である。

この個人差の「個人」とは個人別という意味だけではなくセグメント別，顧客属性別，地域別といった意味も含むものである。マーケティング・リサーチの場面では，消費者セグメント毎にブランド間の競争状況を比較したいといった目的で利用される。
　このような場面では，セグメント毎の類似度行列をそれぞれクルスカルの方法で分析し，その結果を何らかの形で比較する，重ね合わせるという方法も考えられるだろう。
　しかし，各セグメントに共通する軸を仮定し，セグメント毎の各対象の位置付けがどのように異なるのか？という点に注目する場合，セグメント毎の布置を比較することは困難となる。なぜならば，それぞれの布置は無関係に出力されたものであり，次元軸の意味するところも異なっているため，その軸を重ねて比較するのは困難となる。
　このような場合には，セグメント毎の類似度行列をINDSCALで分析する。次に説明するようにINDSCALではすべてのセグメントに共通した対象の布置を抽出し，各セグメントの個性を次元への重みとして表現することで比較を可能にする。
　図表8-4は個人差多次元尺度構成法の出力例である。
　ここでは，先述の食品カテゴリーのブランド間競争構造の例をもとに布置の見方を説明していきたい。この食品カテゴリーのユーザーには2つのセグメントがあり，1つはブランドが持つ高級感-親しみやすさといったイメージを重視するセグメントだとする。また，もう1つのセグメントはブランド毎の利用シーンの違いを重視するセグメントだとする。ある別の調査によって2つのセグメントの存在が明らかとなっており，それぞれのセグメントにおけるブランド間の併買回数をもとにした複数の類似度行列が取得できている場合を想定して考えていきたい。
　複数の類似度行列を分析し，その結果から各セグメントに共通する競争構造を表したものが図表8-4の「共通対象布置」である。ここでは2次元解を採用している。
　そして，各個人（この例であれば各セグメント）がその次元軸をどれだけ重視するかを表した布置が「個人布置（重み布置）」である。詳しい布置の見方は次に説明する。なお，この例では，イメージ重視セグメントは次元1を重視し，

第8章　多次元尺度構成法を用いたポジショニング分析

図表8-4　個人差多次元尺度構成法の布置

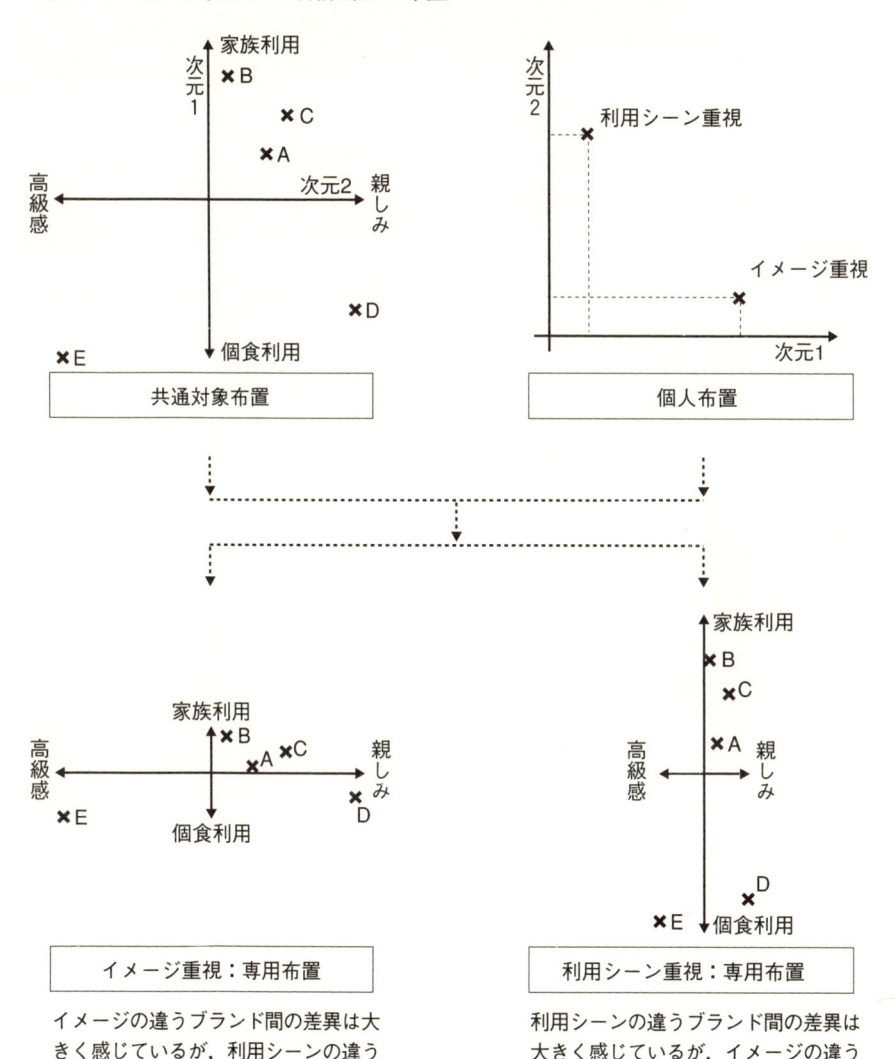

共通対象布置（次元1：家族利用／個食利用、次元2：高級感／親しみ）にはA, B, C, D, Eが配置されている。

個人布置：次元1（イメージ重視）、次元2（利用シーン重視）。

イメージ重視：専用布置
イメージの違うブランド間の差異は大きく感じているが、利用シーンの違うブランド間の違いはほとんど感じない。

利用シーン重視：専用布置
利用シーンの違うブランド間の差異は大きく感じているが、イメージの違うブランド間の違いはほとんど感じない。

利用シーン重視セグメントは次元2を重視していることを表している。

　最後に，共通対象布置を，各個人布置の重みに基づき，伸縮したものが，「専用布置」となる。例えばイメージ重視セグメントの重み布置における次元1の座標の値は大きく，次元2の座標の値は小さい。専用布置では，この重み布置

の座標の値に基づき，共通対象布置の次元1を伸ばす形で，次元2を縮める形で表現している。この図表8-4の内容は次のように解釈することができる。イメージ重視セグメントは次元1を重視するセグメントであり，イメージの違うブランド間の差異は大きく，利用シーンの違うブランド間の差異が小さいことがわかる。つまり，利用シーンの違いはあまり問題にならない。同様に，利用シーン重視セグメントは次元2を重視するセグメントであり，利用シーン重視セグメントは利用シーンの違うブランド間の差異は大きく，イメージの違うブランド間の差異が小さいことがわかる。この場合，イメージの違いはあまり問題にならないことを意味している。

次元数の決定はクルスカルの方法と同様にVAF比などの適合度指標と解釈のしやすさを勘案して決定する。特に，個人差多次元尺度構成法に関する専門論文では，4次元以上の解を採用する場合も多い。しかし，実務的にはできるだけ2次元解を採用することが望ましい。

また，クルスカルの方法とは異なり，次元の方向は一義的に決定されるので次元の回転はできないことに注意されたい。

2-4　外部分析（PREFMAP）

多次元尺度構成法によって得られた布置から，競争を規定する軸とブランドの競争関係が把握されたとしよう。その後，その2次元の平面ないし3次元以上の空間の中で，どのポイントに自社ブランドが位置すれば最も消費者から支持されるものになるかが問題となるであろう。

そのようなすでにある布置の中に，セグメントや個人の選好や購買傾向を表現することができる手法の1つに外部分析（PREFMAP: preference mapping）がある。外部分析では，すでにある布置の中に，セグメントや個人の購買傾向や選好を点（理想点），ベクトル（理想ベクトル）で表現する。点によって選好を表現するものを理想点モデル，ベクトルによって選好を表現するものを理想ベクトル・モデルと呼ぶ。理想ベクトル・モデルは理想点が非常に大きい座標を持つ場合と同義である。

図表8-5は理想点モデルの出力例である。布置自体はこれまでの説明で利用してきた布置と同じ布置である。ここで別の調査によってあるセグメントのブ

第8章　多次元尺度構成法を用いたポジショニング分析

図表8－5　理想点モデル

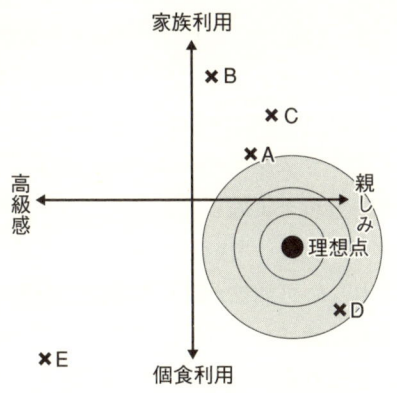

ランドに対する選好度が把握されていたとする。図表8－5はそのセグメントにとっての理想点を，布置の中に表現したものである。この出力は理想点を中心として対象との距離が近ければ近いほど，対象はセグメントの理想に近く，離れるほど，対象はセグメントの理想とは遠い，と解釈する。この例の場合，あるセグメントは親しみがあり，かつ個食シーンを想定したブランドに対する選好が高いということがわかる。その理想からの距離を見た場合，ブランドDが最も理想に近く，ブランドAがそれに次ぐブランドであることがわかる。

外部分析に用いるデータはセグメントや個人の選好度だけではなく，例えば，ブランド毎の購入金額や購入シェアといった購買データを用いる場合もある。その場合は，理想点と対象の距離の近さは対象に対する選好度の高さではなく，購買のされやすさを表すモノとなる。

2-5　クラスター分析との併用

マーケティング・リサーチの分野では，多次元尺度構成法に限らず，因子分析やコレスポンデンス分析から得られた布置の座標をもとにしてクラスター分析を実施する場合が多く見られる。

布置の座標をもとにしたクラスター分析が広く用いられる理由としては，多次元尺度構成法などによって得られた布置をクラスター分析によってより解釈しやすく表現することができる，もしくは布置の説明がしやすくなるといった

メリットがあるからだろう。しかし，理論的には注意すべき点が多く，分析の際にもそのデメリットを十分理解した上で，実施する必要がある。

　岡太（2004）は，布置の座標をもとにしたクラスター分析による問題点をいくつか指摘している。その中で特に留意すべき点は次の指摘であろう。それは，布置の座標をもとにしたクラスター分析はデータの持っている情報の一部分だけに基づいてクラスター分析を実施している，という点である。つまり，このような分析結果は，データが持っている情報を十分に抽出し切れていないものであり，実態が把握されない可能性が高くなる。この意味で，布置の座標をもとにしたクラスター分析は適切な分析手法ではない。ただし，多次元尺度構成法等によってデータに含まれる誤差を減らし，誤差が少ないデータを分析したいという目的に限り，このような手順も適切であると判断することができると指摘している。

　結論としては，Shepard（1972），岡太（2004）が指摘するように，上記の誤差が少ないデータを分析したいという目的に従い分析する場合を除き，多次元尺度構成法とクラスター分析を併用する場合は次のように行うことが望ましい。それは，同じデータを用いてクラスター分析と多次元尺度構成法を別々に実施し，その結果を同時に布置する方法である（図表8−6）。この分析方法によって，データの持つ情報を損なうことなく，2つの視点からデータが持つ情報をより深く，解釈しやすい形で得ることができる。

2-6　多次元尺度構成法のためのソフトウェア

　統計プログラム・パッケージとして広く利用されるSPSSではALSCAL（alternative least squares algorithm for individual differences scaling）と呼ばれる多次元尺度構成法のモデルによる分析が可能になっている。ALSCALはTakane, Young and Leeuw（1977）によって提案されたモデルであり，多次元尺度構成法と，個人差多次元尺度構成法を分析することができる。

　また，同じく統計プログラム・パッケージとして広く普及しているSASでも，ALSCALとほぼ同様の数値が算出できる。

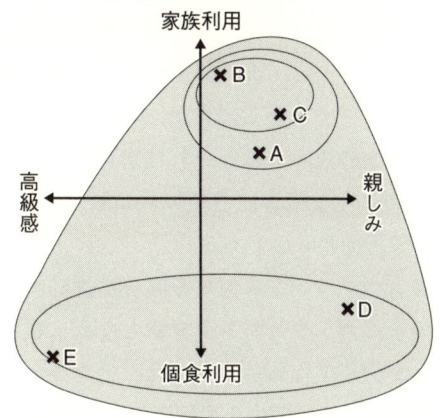

図表8-6 布置にクラスター分析結果を表現した例

（図：家族利用／個食利用を縦軸、高級感／親しみを横軸に、点A・B・C・D・Eをクラスターで囲った布置図）

2-7　マーケティング・リサーチにおける多次元尺度構成法の活用領域

　以上では，多次元尺度構成法の理論的な側面に関して，整理を行ってきた。次に，実務的な観点からマーケティング・リサーチにおける活用領域に関して整理しておきたい。

　マーケティング・リサーチの分野で主に多次元尺度構成法が活用される領域はポジショニング分析とセグメンテーション分析の領域であろう。

　ポジショニング分析ではブランド・スイッチ行列や，期間併買行列などから主対角要素を挟んだ数値の平均値を用いて分析する場合と，パネルデータなどから顧客内ブランド・シェアや顧客内ブランド購入金額などを算出し，それらのデータからユークリッド距離（この場合は非類似度行列となる）や相関係数（この場合は類似度行列となる）を求めて分析する場合がある。例えば，顧客内ブランド・シェアをもとにブランド間の相関係数を算出した場合，同じ顧客に購入されやすいブランド間の相関係数は高くなり，同じ消費者の需要を取り合うブランドとして類似度はすなわち競争の強さを表す数値となる。

　ポジショニング分析の発展として，ブランド間ではなく，カテゴリー間での期間併買行列を分析する場合もある。店舗のレイアウトの変更や，クロスMDなどの異なるカテゴリー同士を用いたセールス・プロモーション企画立案などの検討材料として用いられる場合がある。

また，ブランド間のポジショニング分析と表裏の関係にセグメンテーション分析がある。例えば顧客内ブランド・シェアのデータがあったとする。このとき，ブランド間の類似度データ・非類似度データを作成すれば，それはブランド間の競争関係を表すデータとなる。また，同じデータから顧客間の類似度データ・非類似度データを作成すれば，それは購買行動の類似性・非類似性を表すデータとなる。このような顧客間の類似性に着目し顧客を分類する分析は，セグメンテーション分析そのものである。

以上の様に，消費者のブランドに対する購買や選好データに関して，ブランドの視点で捉えた場合はポジショニング分析となり，顧客の視点で捉えた場合はセグメンテーション分析となる。次節では，セグメンテーションと表裏の関係にあるポジショニング分析に関する事例分析とその結果を紹介する。

3 事例分析

3-1 分析の目的

ここでは多次元尺度構成法の主な活用領域である，ポジショニング分析を試みる。このポジショニング分析にあたっては多次元尺度構成法とクラスター分析による分析結果をあわせて表現する形での分析を試みる。

このポジショニング分析の意義に関して，簡単に整理しておきたい。

まず，メーカーの立場から見た場合，ポジショニング分析は自社の製品が市場において十分に差別化がなされているかを確認する，大変重要な分析となる。他製品に浮気することなく，自社製品のみ集中的に購入しているロイヤル・ユーザーを十分獲得していれば，必然的に市場においても独自のポジショニングを築くことができる。逆に，自社製品ユーザーのほとんどが，自社製品と他社製品間で頻繁にブランド・スイッチを繰り返すユーザーであれば，市場においても独自のポジショニングを築くことはできず，他製品と特別に異なるところが少ない商品と見なされていることになる。このような状況に陥れば，値引きなどブランドの個性以外の側面によって顧客の購買を獲得せざるを得なくなり，自社製品の収益性が悪化しやすくなる。このような状況に陥っている場合，ブ

ランドのポジションを改善する試み（リポジショニング）が必要な状況にあると判断することができる。

　また，流通業の立場から見た場合もやはりポジショニング分析は重要である。流通業にとって，ブランド間の競争構造の情報は自社店舗の棚割計画などの商品陳列の重要な検討材料となる。例えば，AのブランドとBのブランド間で頻繁にブランド・スイッチが観測されるような状況にあったとする。これは，消費者にとってはブランドAとブランドBは類似性が高く，そのカテゴリーの購買が発生する際には双方のブランドが選択肢として挙がる可能性が高い状況にあることを意味している。特に，スーパーマーケットや，コンビニエンス・ストア，ドラッグ・ストアなどのセルフ販売の業態の場合には，デパートなどの対面販売と異なり，接客を通じて来店客が欲する商品の代替案や他の選択肢を提案することができない。したがって，店頭における商品陳列の構成が重要となり，棚割計画の時点で消費者の選択肢として挙がる可能性が高いブランド同士が近接する形で陳列されている状態を作ることが，最終的には買いやすい売場の実現に繋がる。さらには，近年多くの流通業はプライベート・ブランド（PB）開発を重要政策の1つとしており，流通業におけるメーカーとしての機能を考えれば，ブランド間の競争における自社PBの状況を確認することはいうまでもなく重要となる。

3-2　分析対象データの概要と分析手法

　分析対象データは東北地方の食品スーパーのID付POSデータである。分析対象期間は2005年8月〜2006年9月である。分析対象のカテゴリーはバターである。対象ブランドは，メーカー別タイプ別にPBバター，PB無塩バター，PBミニパック，NB1バター，NB1無塩バター，NB1ミニパック，NB1カット済み，NB2バターである。

　分析にはSPSSを用いた。対象データからバター購買者データを抽出し，期間中の顧客内ブランド購入金額シェアを算出，その顧客内シェアから求めたブランド間のユークリッド距離を非類似度行列として，ALSCALによる分析を実施した。ただし，期間中の購買が少ない顧客は1〜2回のみの購買でシェアに大きな偏りが生じるため，カテゴリー購買金額が期間合計で1500円以上の顧客に

絞り込んでいる。

　また同時に実施するクラスター分析も，布置の座標ではなく，顧客内シェアから求めたブランド間のユークリッド距離を分析した。

3-3　分析結果と考察

　上記のデータをALSCALによって分析した結果，2次元解のストレス（クルスカルの公式1）が0.051と比較的低いことと，解釈のしやすさを勘案し，2次元解を解とした。図表8-7はデータをそれぞれ，多次元尺度構成法とクラスター分析で分析した結果をあわせて布置に表現したものである。ここからバターの競争構造は次のように解釈することができる。対象ブランドの布置から解釈すると次元1は「PB-NB」の違いを表す軸だと解釈することができる。これは次元1の座標が負から0の領域にはPBバター，PB無塩バターが布置しており，次元1の座標が正の領域にはNB1，NB2の各種ブランドが布置していることからこのように解釈した。同様に，次元2はバターの中身が「通常タイプ-特殊タイプ」の違いを表す軸であると解釈することができる。これは次元2の座標が負の領域には有塩のカットされていない通常タイプであるNB1バター，NB2バター，PBバターが布置しており，次元2の座標が正の領域には無塩タイプや，あらかじめバターがカットされているミニタイプが布置されていることからこのように解釈した。

　次にブランドの競争状況に関して整理しておきたい。まず，ブランド間競争の中でPBバターのポジショニングが，他のブランドから大きく離れており，またクラスター分析の結果からも，最初にPBバターか，それ以外か，という分類がなされている。この点から，PBバターは十分に差別化が実現できている状況にあることがわかる。

　クラスター分析の結果をさらに詳細に見ていくと，次にカット済みか，それ以外かという形で分類される。この結果，カット済みの商品はその他のユーザーとは特に異なったユーザー層に購入されていると考察することができよう。

　さらにクラスターを分割すると，次に，通常タイプのバターか，ミニパックタイプ・無塩タイプバターの括りに分割される。通常タイプのバターの括りの中には異なるNBメーカーのブランドが含まれており，また，ミニパック・無塩

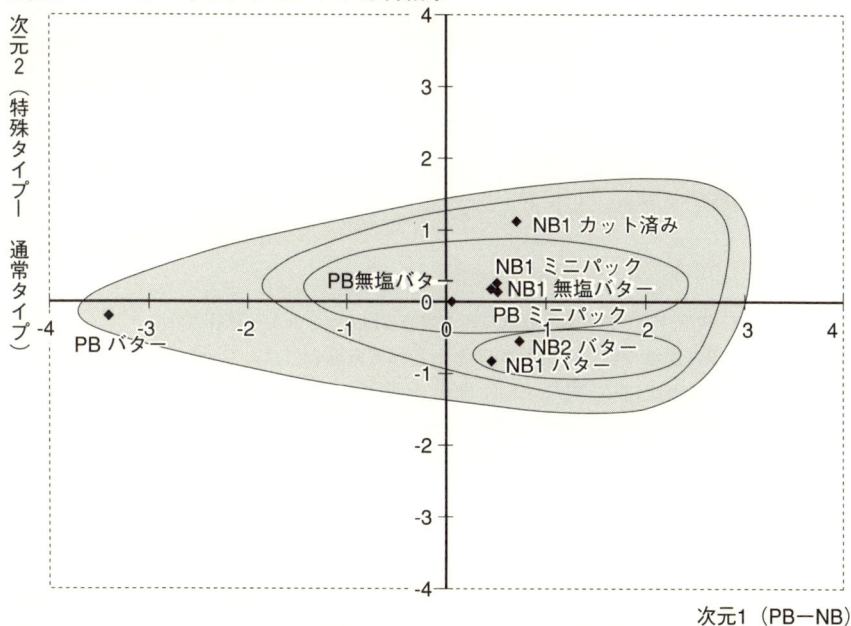

図表8-7 バター；ポジショニング分析結果

次元2（特殊タイプ－通常タイプ）／次元1（PB－NB）

プロット点：
- PB バター（約 −3.5, 0）
- PB 無塩バター（約 −0.7, 0.2）
- PB ミニパック（約 0.2, −0.2）
- NB1 カット済み（約 1, 1）
- NB1 ミニパック（約 1.3, 0.2）
- NB1 無塩バター（約 1.4, 0.2）
- NB1 バター（約 1.5, −1）
- NB2 バター（約 1.5, −0.8）

　バターの括りにもPBとNBのブランドが混在している。この結果から，これらのブランドのユーザーは店頭での購買の際に，ブランドの違いよりも，バターのタイプの違いを優先して購入しているものと考察することができる。

　以上の結果に基づき，メーカーの視点からマーケティング方向性を考えた場合，相対的にNB間の差別化は十分ではない点が大きな問題であると思われる。NBメーカーの立場から見た場合には，それぞれのブランドの個性を十分店頭や広告で訴求できているかを再検討する必要があると思われる。また，バター利用ユーザーに占める自社ロイヤル・ユーザーの比率を維持，拡大することも検討する余地があるだろう。一方，PB販売メーカーとしての流通業という立場から見た場合，当該のPBは他のNBにはない魅力が十分にユーザーに伝わっているものと考えられる。PB戦略は成功しており，現状は好ましい状況にあるといえよう。

　また，流通業の立場から見た場合，これらの消費者購買行動の結果に基づき，店頭の棚割計画が実施されているかを確認し，現状の棚割計画が，今回把握された購買行動と異なる状況にある場合は，計画を再検討する必要があるだろう。

例えば，PBバターとNB1カット済みの両ブランドは十分に差別化されており，比較検討がしやすい陳列というよりは，その商品自体をそれらのロイヤル・ユーザーが探しやすいように目立つ位置に陳列する必要があるだろう。一方，その他の通常バター，ミニパック，無塩バターはブランド毎にタイプの異なる商品をまとめるのではなく，タイプが同じ商品をブランド間で比較しやすいように陳列を検討する必要があるだろう。

[注記]
1) PLAN-DO-SEEサイクルとも呼ばれ，この場合はPDSサイクルと略称される。
2) 相互の関係が対称ではなく非対称であると考える場合には，非対称多次元尺度構成法（DeSarbo and Manrai 1992；岡太，元治 1995）と呼ばれる手法により分析されることもある。ただし，非対称多次元尺度構成法は市販される統計パッケージ・ソフトに分析機能として搭載されておらず，また理論的にも難易度が高い。そのため，非対称のデータであっても多くの場合にデータの主対角要素を挟んで類似度データの平均値を求めるなどの処理によりデータを対称化した上で，クルスカルの方法などで分析されることが多い。このように多くの場合は非対称データが持つ情報は十分に抽出されておらず，非対称多次元尺度構成法の利用が容易に可能になれば，従来発見することができなかった新たな情報が見いだされるものと期待される。今後，多くの統計パッケージ・ソフトに非対称多次元尺度構成法の分析機能が搭載されることが強く望まれる。

[参考文献]

DeSarbo, W. S., and A. K. Manrai [1992], "A new multidimensional scaling methodology of the analysis of asymmetric proximity data in marketing research," *Maketing Science*, 11, 1-20.

Kruskal, J. B. [1964], "Multidimensional scaling by optimizing goodness of fit to an nonmetric hypothesis," *Psychometrika*, 29, 1-27.

岡太彬訓，木島正明，守口剛 [2001]，「次元の縮約とクラスター化」，『マーケティングの数理モデル』，35-72.

岡太彬訓，元治恵子 [1995]，『インスタントコーヒーブランドのブランド変更におけるエンドの効果』，オペレーションズ・リサーチ，40，498-501.

岡太彬訓，今泉忠 [1994]，『パソコン多次元尺度構成法』，共立出版.

Shepard, R. N. [1972], "A taxonomy of some principal types of data and of multidimensional methods for their analysis," in R. N. Shepard, A. K. Romeny and S. B. Nerlove (eds.), *Multidimensional Scaling: Theory and Aplications in the Behavioral Sciences*, Vol.1: Theory, Seminar Press, 21-47.

Takane, Y., F. W.Young and J.de Leeuw [1977], "Nonmetric individual differences multidimensional scaling: An alternating least squares method with optimal scaling features," *Psychometrika*, 42, 8-67.

第9章 決定木分析による マーケット・セグメンテーション

1 はじめに

決定木分析（Decision Tree Analysis）は，判別分析やサポート・ベクター・マシンなどと並び，事前に所属するクラスが与えられている教師付データについて，所属クラスを識別する説明変数とその基準を求める分析手法である。決定木はサポート・ベクター・マシンやニューラル・ネットワークなどとともに，大量データに対する機械学習アプローチによる分析手法の総称であるデータ・マイニングの一手法であり，大量データからのルール発見のための有効な手法として知られている。

本章では，決定木について概観し，ID付POSデータに対して分類木分析を適用し，結果を考察する。

2 決定木分析の概要

2-1 判別問題としての決定木分析

判別問題とは，あらかじめ与えられたクラス（基準変数）を識別するような説明変数の組み合わせを求めるものであり，従来の多変量解析では判別分析（Discrimination Analysis）が一般に知られている。判別分析では，識別するクラスが2つの場合を二群判別分析といい，3つ以上の場合を多群判別分析もしく

は重判別分析という。二群の判別分析では回帰分析に帰着される方法が知られており、また多群の判別分析はマハラノビスの汎距離や正準相関分析を利用する方法などがある（奥野・久米・芳賀・吉澤 1971）。

判別分析は、あらかじめ関数もしくは分布が仮定されており、その下での判別関数を求める。それに対して、決定木分析では、与えられたデータについて分類の基準となる変数を学習により定めながら、次々に分割していくような判別ルールを作るというところに大きな違いがある。

決定木分析は基準変数（目的変数）が質的変数（クラス）である場合と量的変数（連続値）である場合に大きく分けられる。前者の場合を分類木（Classification Tree）といい、後者の場合を回帰木（Regression Tree）という。いずれの場合も、すべてのサンプルに対して、質的変数の場合は各クラスの構成割合、量的変数の場合は基準変数の値の平均など、分割された部分集合の基準変数の相違がはっきりするような説明変数を1つ選択し、そのしきい値を定めてサンプルを分割する。そして、分割された各部分集合に対して、繰り返し同様のアプローチを行い、分割を進める。このように、それぞれの分岐が If-Then ルールとなっている。その様子を図示すると、全サンプルの集合から枝を伸ばして木が広がるように見え、各サンプルが If-Then ルールに従い所属する部分集合が決まることから決定木と呼ばれる。

図表9-1の左図は、顧客の個人属性と、あるカテゴリーについて購買したか否かを示したものであり、購買の有無を基準変数とした決定木の結果が右図である。図の最上部は分割前のデータの集合であり全サンプルが含まれる、最初の分岐は家族構成により行われ、この場合は3つに分割されている。分割前の集合を根（もしくはルート、root）、分割後の集合を節（もしくはノード、nodes）、分割を示す線を枝（branches）という。図表9-1で最初に分割された3つのノードのうち、「1人暮らし」もしくは「子供あり」の2つのノードについては更に分割が行われているが、分割の基準は各ノードで異なることに注意されたい。このように分割を進めることで、購買する顧客の多いノードと非購買者の多いいくつかの終端ノードに分けられる。図表9-1の場合は、「ノード2」「ノード4」「ノード7」は購買のノード、「ノード5」「ノード6」は非購買のノードとして判定される。例えばノード4の場合は枝に沿い、

図表9-1　決定木の例

基準変数	説明変数		
カテゴリ購買	家族構成	年齢	性別
購買	子供あり	48	女性
購買	夫婦のみ	47	女性
購買	子供あり	56	女性
購買	一人暮らし	44	男性
非購買	一人暮らし	53	男性
非購買	子供あり	44	男性
購買	子供あり	48	女性
非購買	子供あり	48	男性
購買	夫婦のみ	53	男性
購買	夫婦のみ	45	女性
購買	一人暮らし	44	女性
購買	夫婦のみ	41	男性
非購買	一人暮らし	56	女性
非購買	一人暮らし	48	女性
購買	夫婦のみ	43	男性
非購買	一人暮らし	50	女性

ルート：購買＝10、非購買＝6
家族構成で分岐
- 一人暮らし → ノード1：購買＝2、非購買＝4 → 年齢で分岐
  - 48歳未満 → ノード4：購買＝2、非購買＝0
  - 48歳以上 → ノード5：購買＝0、非購買＝4
- 夫婦のみ → ノード2：購買＝5、非購買＝0
- 子供あり → ノード3：購買＝3、非購買＝2 → 性別で分岐
  - 男性 → ノード6：購買＝0、非購買＝2
  - 女性 → ノード7：購買＝3、非購買＝0

「家族構成＝1人暮らし」かつ「年齢＜48歳」　⇒　カテゴリーを購買

というルールが得られる。

　なお，作成される木は，一般にはノードは過学習を防いで，ある程度の大きさで木の成長を止める。このような場合は，1つのノードに購買と非購買のサンプルのみが含まれるわけではなくある程度は混在する。こういった場合は，各ノードで最も構成比率の高いクラスと判定することになる。また，回帰木の場合は，各ノードに分類されたサンプルの基準変数の平均値をそのノードの値とすることが一般的である。

2-2　多変量解析手法との比較

　基準変数が質的変数の場合について，従来の判別分析と決定木分析による分

類の様子を図示すると図表9-2のようになる。判別分析が説明変数の合成関数に関する評価値，もしくは判別面により全領域が分割されているのに対して，決定木ではそれぞれの領域で基準変数がうまく分割されるような説明変数を1つ選択しながら分割を進めている。

　基準変数が量的変数の場合，基準変数の予測，もしくは基準変数と説明変数の間の関係を分析する手法として回帰分析が古くから利用されてきた。回帰分析は基準変数と説明変数の間の関係を線形関数で表したものである。これに対して回帰木は，分岐に利用される説明変数について，しきい値を設けてサンプルを複数のノードに分割し，各ノードに含まれるサンプルは同質であるとして，該当するサンプルの基準変数値の代表値をそのノードの基準変数の予測値として利用するというものである。代表値は平均値が使われることが多い。回帰分析と回帰木の違いを図表9-3に示す。それぞれの直線もしくは区分直線が予測値となる。

　Wedel and Kamakura（2000）によると，決定木分析は「予測的」（Predictive）で「事後的」（Post hoc）な分析手法に該当し，それらの言葉が示すように，分類すべき基準変数があらかじめ与えられた下で分類ルールを決めて，新たなサンプルに対して，所属するクラスもしくは基準変数値の値を予測することを目的して用いられる。ただし，決定木は記述的な分析にも広く利用されており，基準変数の差異に影響を与える説明変数を発見するという目的で用いられることも多い。

図表9-2　判別分析（左）と決定木（右）による分類

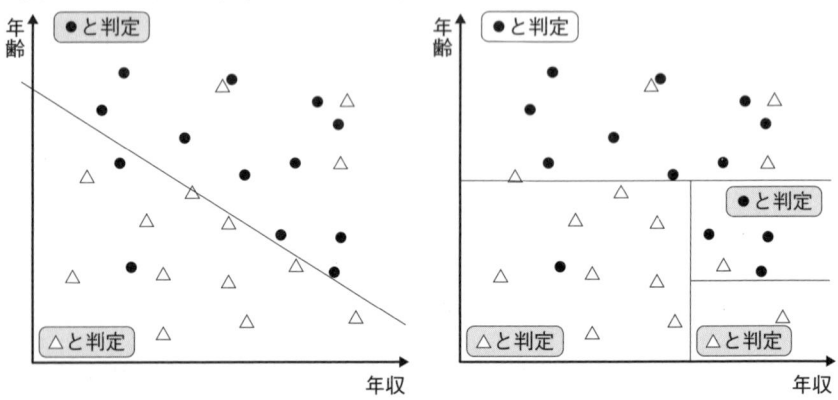

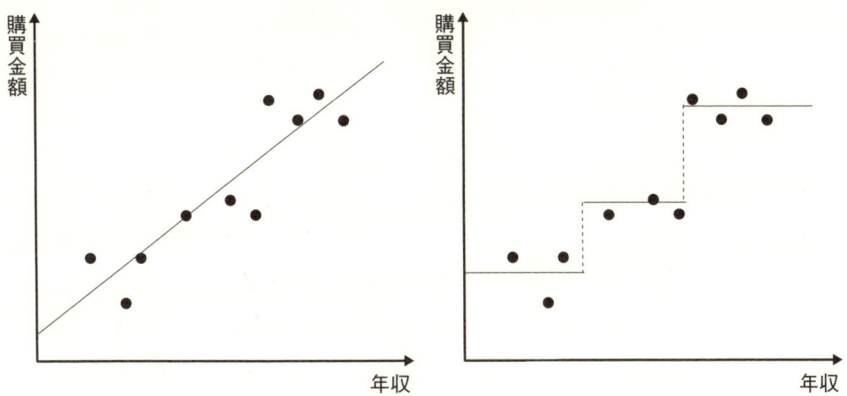

図表9－3　回帰分析（左）と回帰木（右）による基準変数の予測

2-3　決定木のアルゴリズム

決定木分析にはいくつかのアルゴリズムが提唱されている。共通する特徴は，分割された各ノード内はなるべく同質，かつ，異なるノード間はなるべく違いがはっきりするような説明変数と分岐のしきい値を決めるということである。以下で分類木の場合について代表的な決定木のアルゴリズムを紹介する。

決定木のアルゴリズムとしては，古くはMorgan（1963）の提唱したAID（Automatic Interaction Detection）にその端緒を見ることができる。広く利用されているCHAID（Chi-squared Automatic Interaction Detection）はAIDの考え方をもとに分岐の基準としてχ^2値を用いている（Kass 1984）。分類木の場合，分割表におけるχ^2値を求め，その検定値により採用する基準を決定する。基準変数が質的変数でそのクラス数がmであり，今，説明変数のしきい値を定めてk個のノードに分割することを考える。このとき，ノードlに属するクラスjのサンプル数x_{lj}に対してその期待度数z_{lj}は，

$$z_{lj} = \frac{\left(\sum_{j=1}^{m} x_{lj}\right) \times \left(\sum_{l=1}^{k} x_{lj}\right)}{\sum_{l=1}^{k} \sum_{j=1}^{m} x_{lj}} \tag{9.1}$$

として与えられる。χ^2値は以下のようにして与えられる（自由度は $(l-1)(j-1)$ である）。

$$\chi^2 = \sum_{l=1}^{k} \sum_{j=1}^{m} \frac{(x_{lj}-z_{lj})^2}{z_{lj}} \quad (9.2)$$

CHAIDは分類木だけでなく，回帰木としても適用可能な方法である。

C4.5/C5.0 (Quilan 1993) は，質的な基準変数に対して情報量を分岐基準に採用したもので，ID3 (Quilan 1986) を改良したものである。ID3では分岐によるエントロピーの減少量による情報利得から分岐基準を決定していたが，情報利得を用いると分岐数が多くなる傾向にあることから，C4.5では情報利得比として，分岐による情報量の減少量を分岐に対する情報量で正規化することで過大な分岐を抑制している。

分割前のサンプル数をN，分割前の各クラスに属するサンプル数をx_jとすると，情報利得は分割前のエントロピーから分割後のエントロピーの差として以下の式で求められる。

$$\text{Gain} = \sum_{j=1}^{m} \left(-\frac{x_j}{N} \log \frac{x_j}{N} \right) - \sum_{l=1}^{k} \frac{\sum_{o=1}^{m} x_{lo}}{N} \left\{ \sum_{j=1}^{m} \left(-\frac{x_{lj}}{\sum_{o=1}^{m} x_{lo}} \log \frac{x_{lj}}{\sum_{o=1}^{m} x_{lo}} \right) \right\} \quad (9.3)$$

そして，(9.3) 式を分割のエントロピー

$$\text{Div} = \sum_{l=1}^{k} \left(-\frac{x_{lj}}{\sum_{j=1}^{m} x_{lj}} \log \frac{x_{lj}}{\sum_{j=1}^{m} x_{lj}} \right) \quad (9.4)$$

で除した情報利得比により，分岐基準を決定する。

CART (Classification and Regression Tree) では，ジニ (gini) 係数を基準として二分木を生成することができる。ジニ係数は，そのノードから復元抽出を2回行ったときに異なるクラスを選択する確率として定義される。したがって，分割前のノードにおけるジニ係数は，

図表9-4　各アルゴリズムの特徴

アルゴリズム	CHAID	C4.5／C5.0	CART
分岐の型	多分岐	多分岐	二分木
基準変数	量的変数 質的変数	質的変数のみ	量的変数 質的変数
説明変数	量的変数 質的変数	量的変数 質的変数	量的変数 質的変数
分岐基準	カイ二乗値	情報利得比	ジニ係数
枝刈り基準	事前設定	剪定度	標準誤差

$$\text{Gini} = 1 - \sum_{j=1}^{m} \left(\frac{x_j}{N}\right)^2 \tag{9.5}$$

となる。(9.5)式の値は，あるノードに含まれるサンプルが，異なるクラスに広く属するような場合には大きくなり，特定のクラスに偏る場合小さくなる。分割後の各ノードのジニ係数を求め，ノードに含まれるサンプルの割合による重み付け平均を考える。つまり，

$$\text{Gini\_Split} = \sum_{l=1}^{k} \frac{\sum_{j=1}^{m} x_{lj}}{N} \left\{ 1 - \sum_{j=1}^{m} \left(-\frac{x_{lj}}{\sum_{o=1}^{m} x_{lo}} \right)^2 \right\} \tag{9.6}$$

を求める。そして，これらの差（Gini－Gini_Split）が大きい説明変数を分岐のための変数として採用する。

これら3つの手法の特徴を図表9-4にまとめる。

2-4　枝刈りと交差検証

決定木において，分割を繰り返し，木を成長させ続ければ最終的にはサンプルごとのノードが生成され，このときどのような問題であっても完全に分類可能となる。しかし，このような分割を課題に繰り返した木により得られるルールは実務上意味のあるものばかりではなく，また，新たなサンプルに対する予

測に関しての当てはまりを保証するものではない。それよりも、解釈可能で一般性のあるルールが得られることの方が望ましい。そこで、木の成長を止めるか続けるかを決める基準が必要となる。木の成長に関しては、停止ルールをあらかじめ定め、それ以上木を成長させない「事前枝刈り」と、十分に木を成長させてから不必要と判定された枝を刈り取る「事後枝刈り」がある。前述のアルゴリズムのうち、CHAIDは事前に各ノードに含まれる最小サンプル数を指定する、もしくはχ^2値の有意性についてあらかじめ設定する事前枝刈りを採用しており、C4.5/C5.0とCARTでは事後枝刈りを採用している。C4.5/C5.0では各ノードに含まれるサンプルを母集団から抽出された標本とみなして、その誤判別率から母集団の誤判別率を推定し、その値から枝刈りを行う悲観的枝刈りを採用している (Quilan 1993)。一方、CARTでは、訓練用のデータによる枝の誤判別コストにルールにより分割されるノード数に係数を掛けた値を足し合わせたコスト評価関数を用いたコスト複雑度枝刈りを採用している (Breiman, Friedman, Olshen and Stone 1984)。

また、統計的方法では分布を事前に仮定することで誤判別率などの理論値を求めることができる。しかし決定木の場合は、こういった統計的検証は行われず、得られた木の妥当性に欠ける部分もある。そこで決定木では、リサンプリングの1つである「交差検証法 (Cross Validation)」が得られた木の妥当性検証のために利用されている。交差検証法はデータを学習用データと検証用データに分割し、学習用データにより得られた木を検証用データに当てはめてその精度を求める。N個の部分データ集合に分割する交差検証法をN-fold Cross Validationといい、以下の手順で行う。

(1) サンプルをランダムに大きさの等しいN個の部分データ集合に分割する。
(2) N個の部分集合のうち1個を除外したものを学習データとして決定木分析を行う。
(3) (2)で除外したものを検証データとして(2)で作成した木の精度を求める
(4) (2)(3)の手続きを各部分データ集合を検証データをするように合計N回行い、精度の平均を求める

このようにして、サンプルによる偏りを回避した木を作成する。なお、機械

学習の分野では分割数は5または10の場合が広く用いられている。

3 決定木とマーケティング

決定木を用いたマーケティングのための分析がいくつか行われている。

Assael（1970）はAIDの事例として、あるブランドを購買するセグメントを8つの個人属性指標により分類する事例と、飲料の消費割合に関して、消費者に対する13種類の飲料に関する評価得点を用いた分類を示している。また、Assael and Roscoe Jr.（1976）は、AIDを用いて長距離通話利用顧客をソシオエコノミック・データとデモグラフィック・データの2つの個人属性データにより識別している。Magdison（1994）は、ダイレクト・メールの反応についてデモグラフィック・データを用いてCHAIDにより分類している。

朝野（1998）は製品・サービスの購買、利用に関して広範囲で横断的に決定木分析を適用し、比較・検討を行っている。分析の結果、デモグラフィック変数を用いた場合も、ライフスタイル変数を用いた場合と同様の予測可能性が示唆されている。栫井・斎藤（2005）は、ショッピングモールを対象として、各店舗への来訪者の特性に関してC4.5により分析をしている。井階・高橋・中川・矢野・山中・生田目（2005）は、電力消費データと世帯属性、意識データについて、電力消費パターンと省エネ意識を類型化し、電力消費パターンから省エネ意識を類型化するためにCHAIDを用いている。そして、得られたノードそれぞれに対して各世帯の省エネ推進のための効果的なメッセージを抽出することを試みている。

4 決定木のためのソフトウェア

現在では、多くのソフトウェアパッケージで決定木分析を行うことができる。S言語（もしくはR言語）ではtree関数やrpart関数によりCARTが可能であるし、SPSSではClassification Tree（元のAnswer Tree）でCHAIDやCARTを行うことができる。JMPでもversion 5で二分木が取り入れられた。その他にもExcelをプラ

図表9−5　データ・マイニング・ソフトウェアのGUI（VMSの場合）

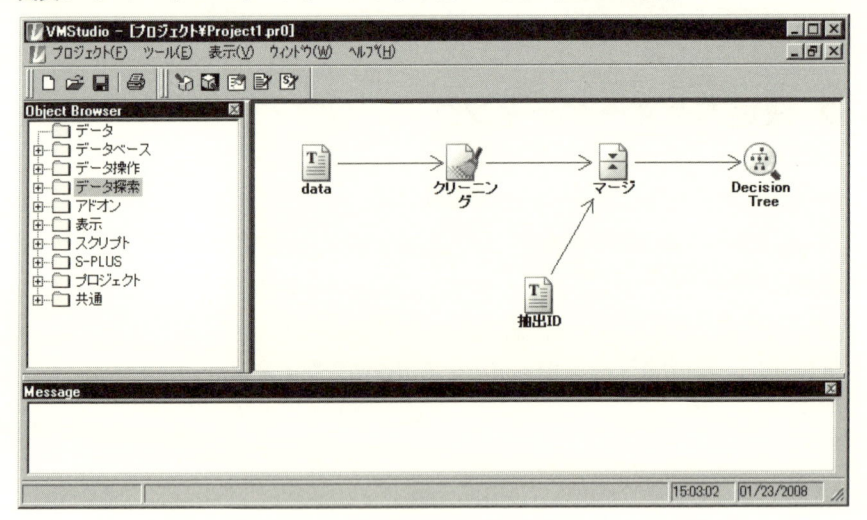

ットフォームとしたアドインなども開発されている。

　近年ではデータ分析のプラットフォームとして広く利用されている，マイニング・システムにも決定木分析が標準装備されるようになった。例としてはSAS社のEnterprise Miner，SPSS社のClementine，数理システムのVisual Mining Studio（VMS），IBM社のIntelligent Minerなどがある。また，ニュージーランドのワイカト大学の研究者が中心になって開発されたWeka（Waikato Environment for Knowledge Analysis）は，マルチプラットフォーム対応の各種マイニング・ツールを提供しており，決定木分析のためのJ48も利用可能である。

　これらのソフトウェアに共通するのは，データ分析のための優れたフロント・エンド・ツールであると共に，プラットフォームとなっている点である。データの入力，整形，データ分析，結果の抽出，表示，グラフ化などの一連の分析の流れをアイコンと矢線で表現できるようなGUIを備えており，大規模なデータも直感的な操作で比較的手軽に扱うことができる（図表9−5）。ただし，利用可能なアルゴリズムは各ソフトウェアによって異なり，目的に応じた使い分けが必要である。

5 分析事例

　80:20の法則（パレートの法則）は，小売業の場合80％の売上もしくは利益は上位の20％の優良顧客からもたらされている，ということを示しており，優良顧客を識別し，効果的な維持政策が重要であることを説いている。ID付POSデータは顧客ごとの購買行動履歴データであり，この履歴から，優良顧客セグメントに共通する特性を抽出することで，マーケティング戦略への有効な情報を抽出できる。

　ここでは，決定木分析の例として，あるスーパーマーケットのID付POSデータを用いた分析を紹介する。なお，決定木分析に際しては，SPSS社のClassification Treeを利用し，アルゴリズムにはCHAIDを用いている。また，10-fold Cross Validationによる交差検証を行っている。

5-1　データ概要

　分析に利用したデータはあるスーパーマーケットのID付POSデータである。期間は2005年8月〜2006年9月である。本章で利用したデータの項目は図表9-6

図表9-6　使用データ

個人属性	FSPコード	
	生年月日	年齢に変換
	性別	{男性, 女性}
	家族構成	{一人, 二人, 三人, 四人以上}
購買行動	購買日	年月日
	購買時間	時分
	レシート番号	各日の通し番号
購買アイテム	部門	
	大分類	
	中分類	
	商品名	
	購買点数	
	購買金額	

の通りである。購買部門は、野菜、果物、水産、食肉、牛肉、加工肉、菓子、塩辛、惣菜、酒、米、和日配、洋日配、乾物、調味料、嗜好品、雑貨、衣料、たばこ、その他の20のカテゴリーに大別される。各IDの部門別購買金額、点数を集計し、さらに、部門別の購買金額割合、点数割合を求めた。大分類、中分類についてはカテゴリー数が非常に多くなるため、これらについての集計は行わなかった。

また、購買パターンについては、来店行動を旬（上旬、中旬、下旬）、平休日、曜日、時間（12時まで、13～15時、16～18時、19時以降）と分け、それぞれについての来店頻度、来店割合を求めた。

データのうち、購買者の特定できないデータや個人属性データが欠損もしくは正しくないと判定されるデータは分析から除いた。この結果、顧客数は17,416人となった。購買金額と数量の合計は約16億円、817万アイテムであり、1人当たりの平均購買金額、平均購買数は91,809円、469アイテムである。またこの期間の平均来店頻度は37.5回であった。

5-2　購買金額に関する分析 (1)

ID別の購買金額合計について、サンプル数の等しい5つクラスに分け、購買

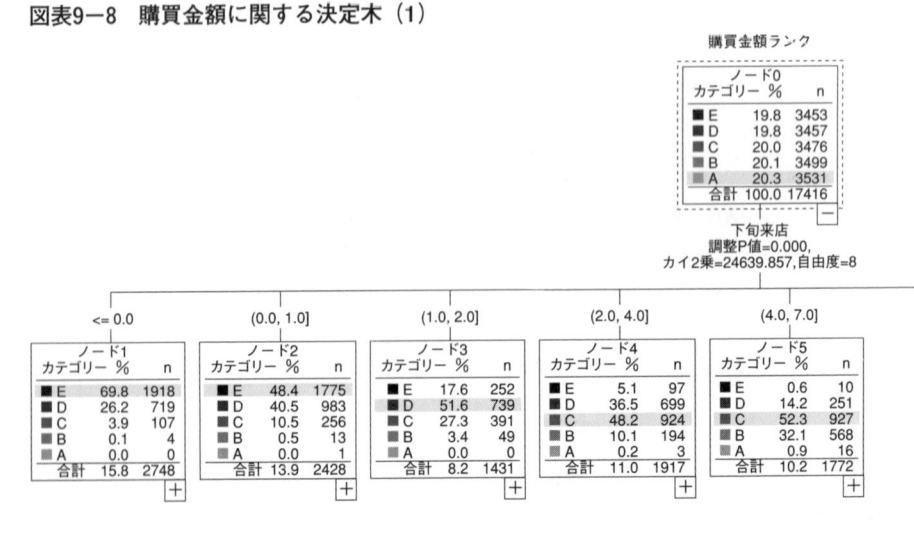

図表9-8　購買金額に関する決定木 (1)

購買金額ランク ノード0		
カテゴリー	%	n
■ E	19.8	3453
■ D	19.8	3457
■ C	20.0	3476
■ B	20.1	3499
■ A	20.3	3531
合計	100.0	17416

下旬来店
調整P値=0.000,
カイ2乗=24639.857,自由度=8

<= 0.0 ノード1			(0.0, 1.0] ノード2			(1.0, 2.0] ノード3			(2.0, 4.0] ノード4			(4.0, 7.0] ノード5		
カテゴリー	%	n	カテゴリー	%	n	カテゴリー	%	n	カテゴリー	%	n	カテゴリー	%	n
■ E	69.8	1918	■ E	48.4	1775	■ E	17.6	252	■ E	5.1	97	■ E	0.6	10
■ D	26.2	719	■ D	40.5	983	■ D	51.6	739	■ D	36.5	699	■ D	14.2	251
■ C	3.9	107	■ C	10.5	256	■ C	27.3	391	■ C	48.2	924	■ C	52.3	927
■ B	0.1	4	■ B	0.5	13	■ B	3.4	49	■ B	10.1	194	■ B	32.1	568
■ A	0.0	0	■ A	0.0	1	■ A	0.0	0	■ A	0.2	3	■ A	0.9	16
合計	15.8	2748	合計	13.9	2428	合計	8.2	1431	合計	11.0	1917	合計	10.2	1772

金額の多い順にA，B，C，D，Eとする。各クラスの購買金額の区間は図表9－7の通りである。

これらのクラスを識別するために，個人属性データと購買行動データによる決定木分析を行う。生成された木の第一層は図表9－8の通りである。

図表9－7　顧客のクラスと購買金額区間

購買金額	ランク
142,490円　～	A
51,023円　～　142,489円	B
17,910円　～　51,022円	C
5,107円　～　17,909円	D
～　5,106円	E

枝の分かれ目の部分に採用された説明変数が表示され，それぞれのノードの上にある値が，そのノードに該当する説明変数の範囲を示している。また各ノードで濃い色のクラスが，そのノードで最も構成比率の高かったクラスであり，そのノードの予測クラスとして採用される。図表9－8を見ると，説明変数として，下旬の来店頻度が採用されている。Aランクと判定されるノードは20回以上34回以下のノードと，34回以上の2つのノードである。2つに分かれたのは，Aランク以外の構成比率の違いによる。

さらに第二層を見ると，例えばノード5（ランクCに判定されているノード）の子ノードは上旬の来店頻度が説明変数として選ばれ，7回以上来ているかそうでないかでランクが異なる傾向にあることが示唆されている（図表9－9）。ノード5における下旬の来店頻度が5～7回であることから，下旬の来店頻度が

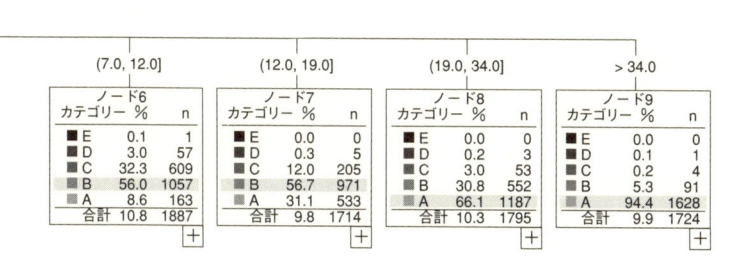

(7.0, 12.0]			(12.0, 19.0]			(19.0, 34.0]			> 34.0		
ノード6			ノード7			ノード8			ノード9		
カテゴリー	%	n	カテゴリー	%	n	カテゴリー	%	n	カテゴリー	%	n
■ E	0.1	1	■ E	0.0	0	■ E	0.0	0	■ E	0.0	0
■ D	3.0	57	■ D	0.3	5	■ D	0.2	3	■ D	0.1	1
■ C	32.3	609	■ C	12.0	205	■ C	3.0	53	■ C	0.2	4
■ B	56.0	1057	■ B	56.7	971	■ B	30.8	552	■ B	5.3	91
■ A	8.6	163	■ A	31.1	533	■ A	66.1	1187	■ A	94.4	1628
合計	10.8	1887	合計	9.8	1714	合計	10.3	1795	合計	9.9	1724

図表9−9　第2階層

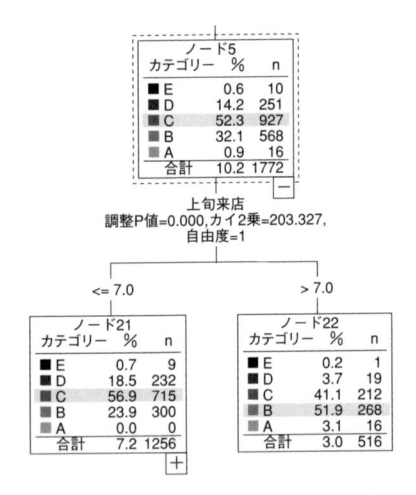

```
           ノード5
      カテゴリー  %    n
      ■ E      0.6    10
      ■ D     14.2   251
      ■ C     52.3   927
      ■ B     32.1   568
      ■ A      0.9    16
        合計   10.2  1772
```
上旬来店
調整P値=0.000, カイ2乗=203.327,
自由度=1

```
      <= 7.0                      > 7.0
      ノード21                    ノード22
  カテゴリー  %    n          カテゴリー  %    n
  ■ E      0.7    9          ■ E      0.2    1
  ■ D     18.5  232          ■ D      3.7   19
  ■ C     56.9  715          ■ C     41.1  212
  ■ B     23.9  300          ■ B     51.9  268
  ■ A      0.0    0          ■ A      3.1   16
    合計   7.2 1256            合計   3.0  516
```

それほど多くない顧客の中でも，上旬に来る頻度が多い場合は，より優良の顧客と判定されるべきであることがわかる。

第3層までの分類の結果は図表9−10の通りである。各行は実際に該当するクラスであり，各列は予測されたクラスである。つまり，この表の対角線に該当するサンプルについては予測クラスと実際のクラスが一致しており，この分析の場合，予測精度は約65％であった。

5-3　購買金額に関する分析(2)

前節では，購買金額のクラスの分類に，来店頻度を直接利用した。来店頻度と購買金額はおおよそ正の相関があるため，分類精度は良いが，顧客の分類ルールとしては有効なものとは言い切れない。

そこで，次に，購買行動の各様相を購買頻度で正規化して説明変数候補とする。例えば，ある顧客が上旬に5回，中旬に2回，下旬に3回来店したならば，上旬：中旬：下旬＝50％：20％：30％とする。このほか，曜日，時間帯についても同様の変換を行った。また，総購買金額が5,000円未満の顧客は分析から除いて新たにA～Eの5段階にランキングを行った。結果は図表9−11の通りである。

図表9−10　分類の精度

		予測クラス				
		A	B	C	D	E
実際のクラス	A	2,815	685	30	1	0
	B	643	1,999	772	85	0
	C	57	711	1,695	976	37
	D	4	39	540	2,193	681
	E	0	1	22	882	2,548

　この結果を見ると，ランクC以上と予測される場合，下旬の来店割合はある程度の範囲（28〜42％）になければならないことがわかる。つまり，月を通して偏った来店顧客は購買金額が高くないことを示している。また，ノード23を見ると，日曜日にまったく来店しない顧客は購買金額が少ない場合が非常に多いことが窺える。本分析の分類の精度は39％と前節の分析に比べて低くなっているが，これは来店回数を来店割合として基準化してしまったため，5-2節で最も説明力の高かった頻度の傾向がはいっていないためである。ただし，実際のクラスの前後1クラスまでの分類（例えば実際のクラスがCだった場合はB〜Dクラス）の精度は74.9％となり，全体の傾向は相当につかむことができる。

5-4　カテゴリーのロイヤル・カスタマーの分類

　これまでは総購買金額に関する決定木を試みたが，本節ではあるカテゴリーにおける購買行動の分類を行う。例としてカレーに関するカテゴリーを取り上げる。カレー・カテゴリーの総購買金額は5,824,798円で総購買点数は35,208円である。購買者数は6,651人であり全体の約38％の顧客が購買している。購買者1人当たり平均購買金額は875円，平均購買個数は5.3個であった。

（1）カレーの嗜好に関する分析

　まず，カレーがどの程度頻繁に購買されるかについて分析する。食材の消費に関しては，例えば食MAP^{TM 1)}では，パネリストのメニューを記録することで，あるメニューがどのくらい食卓に登場するかをTI値として算出しメニュー提案

図表9-11 購買金額に関する決定木（2）

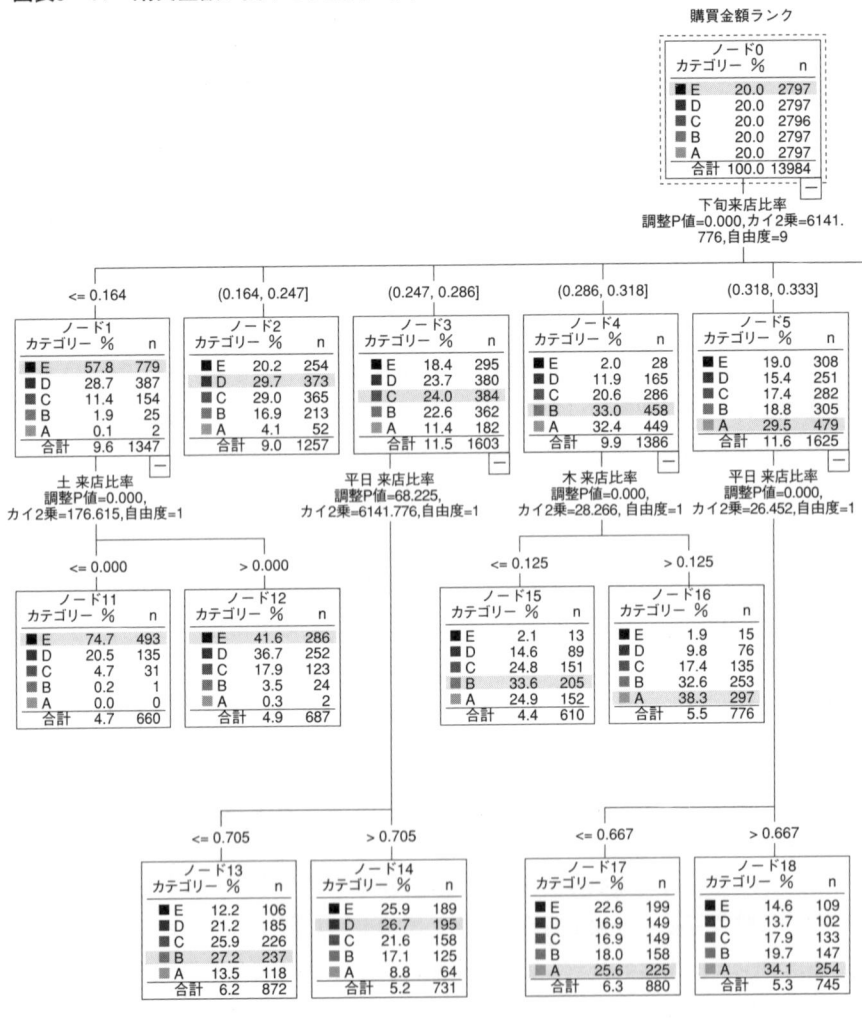

ノード0 — 購買金額ランク
カテゴリー	%	n
E	20.0	2797
D	20.0	2797
C	20.0	2796
B	20.0	2797
A	20.0	2797
合計	100.0	13984

下旬来店比率
調整P値=0.000, カイ2乗=6141.776, 自由度=9

<= 0.164 → ノード1
カテゴリー	%	n
E	57.8	779
D	28.7	387
C	11.4	154
B	1.9	25
A	0.1	2
合計	9.6	1347

(0.164, 0.247] → ノード2
カテゴリー	%	n
E	20.2	254
D	29.7	373
C	29.0	365
B	16.9	213
A	4.1	52
合計	9.0	1257

(0.247, 0.286] → ノード3
カテゴリー	%	n
E	18.4	295
D	23.7	380
C	24.0	384
B	22.6	362
A	11.4	182
合計	11.5	1603

(0.286, 0.318] → ノード4
カテゴリー	%	n
E	2.0	28
D	11.9	165
C	20.6	286
B	33.0	458
A	32.4	449
合計	9.9	1386

(0.318, 0.333] → ノード5
カテゴリー	%	n
E	19.0	308
D	15.4	251
C	17.4	282
B	18.8	305
A	29.5	479
合計	11.6	1625

ノード1: 土 来店比率 調整P値=0.000, カイ2乗=176.615, 自由度=1
ノード3: 平日 来店比率 調整P値=68.225, カイ2乗=6141.776, 自由度=1
ノード4: 木 来店比率 調整P値=0.000, カイ2乗=28.266, 自由度=1
ノード5: 平日 来店比率 調整P値=0.000, カイ2乗=26.452, 自由度=1

ノード11 (<= 0.000)
カテゴリー	%	n
E	74.7	493
D	20.5	135
C	4.7	31
B	0.2	1
A	0.0	0
合計	4.7	660

ノード12 (> 0.000)
カテゴリー	%	n
E	41.6	286
D	36.7	252
C	17.9	123
B	3.5	24
A	0.3	2
合計	4.9	687

ノード15 (<= 0.125)
カテゴリー	%	n
E	2.1	13
D	14.6	89
C	24.8	151
B	33.6	205
A	24.9	152
合計	4.4	610

ノード16 (> 0.125)
カテゴリー	%	n
E	1.9	15
D	9.8	76
C	17.4	135
B	32.6	253
A	38.3	297
合計	5.5	776

ノード13 (<= 0.705)
カテゴリー	%	n
E	12.2	106
D	21.2	185
C	25.9	226
B	27.2	237
A	13.5	118
合計	6.2	872

ノード14 (> 0.705)
カテゴリー	%	n
E	25.9	189
D	26.7	195
C	21.6	158
B	17.1	125
A	8.8	64
合計	5.2	731

ノード17 (<= 0.667)
カテゴリー	%	n
E	22.6	199
D	16.9	149
C	16.9	149
B	18.0	158
A	25.6	225
合計	6.3	880

ノード18 (> 0.667)
カテゴリー	%	n
E	14.6	109
D	13.7	102
C	17.9	133
B	19.7	147
A	34.1	254
合計	5.3	745

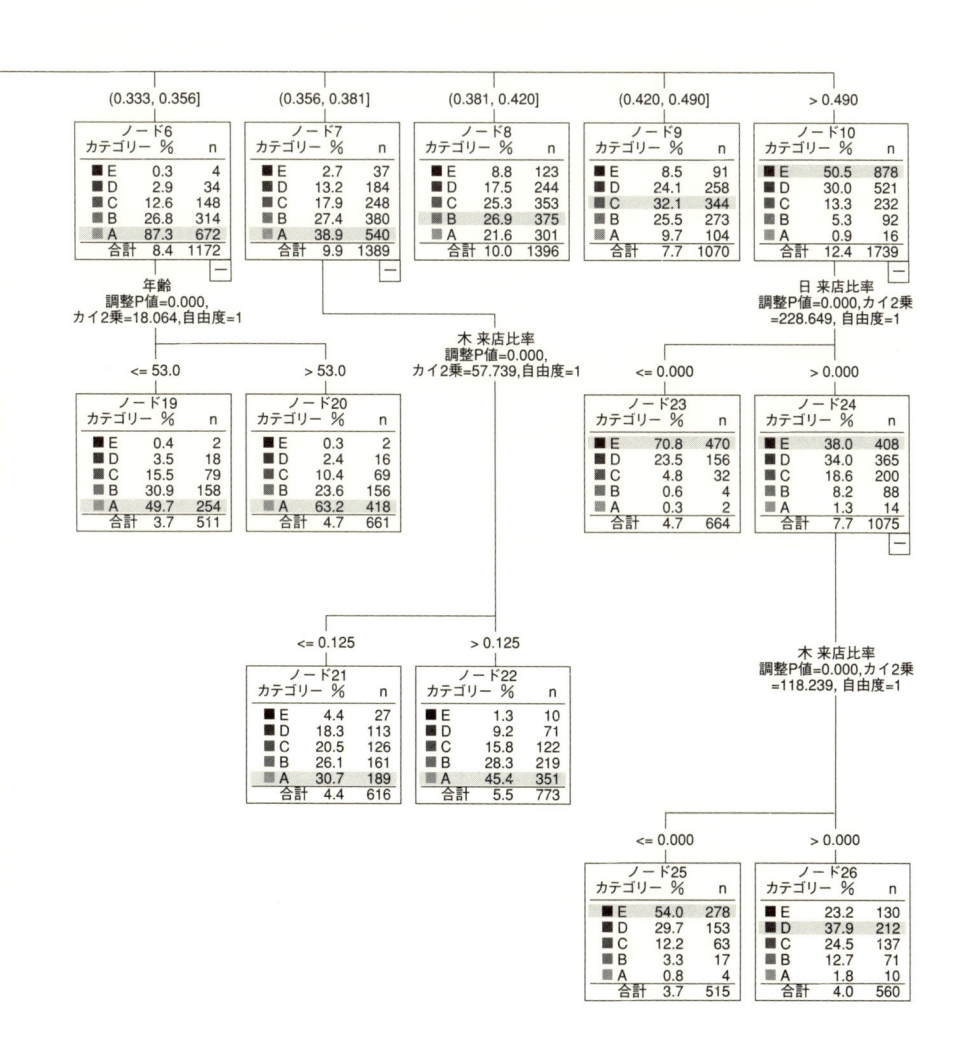

第 9 章　決定木分析によるマーケット・セグメンテーション

	(0.333, 0.356]	(0.356, 0.381]	(0.381, 0.420]	(0.420, 0.490]	> 0.490

ノード6
カテゴリー	%	n
E	0.3	4
D	2.9	34
C	12.6	148
B	26.8	314
A	87.3	672
合計	8.4	1172

ノード7
カテゴリー	%	n
E	2.7	37
D	13.2	184
C	17.9	248
B	27.4	380
A	38.9	540
合計	9.9	1389

ノード8
カテゴリー	%	n
E	8.8	123
D	17.5	244
C	25.3	353
B	26.9	375
A	21.6	301
合計	10.0	1396

ノード9
カテゴリー	%	n
E	8.5	91
D	24.1	258
C	32.1	344
B	25.5	273
A	9.7	104
合計	7.7	1070

ノード10
カテゴリー	%	n
E	50.5	878
D	30.0	521
C	13.3	232
B	5.3	92
A	0.9	16
合計	12.4	1739

年齢
調整P値=0.000, カイ2乗=18.064, 自由度=1

木 来店比率
調整P値=0.000, カイ2乗=57.739, 自由度=1

日 来店比率
調整P値=0.000, カイ2乗=228.649, 自由度=1

<= 53.0 ／ > 53.0

ノード19
カテゴリー	%	n
E	0.4	2
D	3.5	18
C	15.5	79
B	30.9	158
A	49.7	254
合計	3.7	511

ノード20
カテゴリー	%	n
E	0.3	2
D	2.4	16
C	10.4	69
B	23.6	156
A	63.2	418
合計	4.7	661

<= 0.000 ／ > 0.000

ノード23
カテゴリー	%	n
E	70.8	470
D	23.5	156
C	4.8	32
B	0.6	4
A	0.3	2
合計	4.7	664

ノード24
カテゴリー	%	n
E	38.0	408
D	34.0	365
C	18.6	200
B	8.2	88
A	1.3	14
合計	7.7	1075

<= 0.125 ／ > 0.125

ノード21
カテゴリー	%	n
E	4.4	27
D	18.3	113
C	20.5	126
B	26.1	161
A	30.7	189
合計	4.4	616

ノード22
カテゴリー	%	n
E	1.3	10
D	9.2	71
C	15.8	122
B	28.3	219
A	45.4	351
合計	5.5	773

木 来店比率
調整P値=0.000, カイ2乗=118.239, 自由度=1

<= 0.000 ／ > 0.000

ノード25
カテゴリー	%	n
E	54.0	278
D	29.7	153
C	12.2	63
B	3.3	17
A	0.8	4
合計	3.7	515

ノード26
カテゴリー	%	n
E	23.2	130
D	37.9	212
C	24.5	137
B	12.7	71
A	1.8	10
合計	4.0	560

やカテゴリー・マネジメントに活用している（斎藤 2005）。ID付POSデータでは，食卓の様子は把握できないので，ここでは各顧客がどのくらいの割合でカレーを購買の購買点数のクラスに関する回帰木分析を行う。そこで基準点数は以下の値を用いる。

カレー購買割合＝カレー購買点数÷来店回数　　　　　　　　　　　(9.7)

　説明変数としては，個人属性と食料部門の購買点数割合を用いた。結果は178ページの図表9－12の通りである。

　図表9－12より，加工肉の購買割合により最初の分割が行われている。加工肉をまったく購買しないセグメント（ノード1）が最も高い値になっているが，平均に対して標準偏差が高いことと，サンプル数が少ないため，このノードについてはあまり参考にならないであろう。その他のノードを見ると，加工肉の購買点数割合が高くなるにつれカレーの購買割合も上がっている。第二層では複数のノードで酒の購買割合が分割基準として採用されており，酒類の購買割合が低いほどカレーの購買割合が高くなっている。

（2）カレーの味の嗜好に関する分析

　次に，カレーの味覚の嗜好に関する決定木分析を行う。広く知られているように，日本のカレーは辛さにより分類されており，一般には「甘口」「中辛」「辛口」に分かれる。そこで，これらカレーの味の好みに関する決定木分析を行う。

　まず，カレー・カテゴリーに属するアイテムの中で「甘口」「中辛」「辛口」がわかるものを特定する。特定できないアイテムやカレー・カテゴリーであってもカレーではないアイテム（ハヤシライスなど）については「その他」の商品とした。そして，顧客ごとのカレー・カテゴリーの購買アイテムについて特定の味についての購買割合が50％を超えた場合に，その顧客はカレーの味に対して嗜好があるものとした。どの味についても50％を超えなかった顧客は「嗜好なし」とした。この結果，カレー・カテゴリーを購買した顧客は180ページの図表9－13のようになった。

図表9-13のうち,「嗜好なし」を除く5,277人の顧客について味の嗜好を分類するための決定木分析を行った。説明変数としては個人属性と,食品各部門の購買点数割合および来店時期割合を用いた。また,味はいわば順序データであること,およびクラスによりサンプル数に偏りがあるため,本分析では181ページの図表9-14のように非対称な誤判別コストを用いている。結果は図表9-14の通りである。

180～181ページの図表9-15を見ると,最初の分岐は年齢であり,44歳以下,45～53歳,54歳以上という3つのノードに分割される。カレーなどの香辛料の含まれたメニューの場合は,世帯で嗜好される味は子供に左右されることが多く,若年層が甘口を購買しやすいのは,小さい子供がいる世帯が多くあることを示唆している。他に特徴的であったのは,ノード13と14の分岐であり,いずれのノードも判定は辛口嗜好ではあるものの,世帯人数が多い方が甘口の割合が多くなっている。この結果についても上記と同様の考察をすることが可能であろう。本決定木分析による実際のクラスと予測クラスの分割表を182ページの図表9-16に示す。予測精度はそれほど高くはないが,全体的な味の嗜好の傾向は分類できているといえよう。

(3) クラスタ分析との併用による分析

これまでの分析結果を概観してわかるように,特に購買金額や数量など量的視点で顧客を識別しようとすると,個人属性は説明変数として採用されにくい。しかし,顧客を分類する上では個人属性は最も基本的で解釈しやすい基準である。そこでここでは,個人属性によりまずセグメンテーションをしておき,セグメントごとに決定木による分類をすることを試みる。

まず,個人属性と来店行動の割合を用いて,K-means法によるクラスタ分析を行う。

クラスタ作成に用いる変数は,個人属性および時期,曜日,平休日,時間のそれぞれの割合であり,クラスタ数は5つとし,距離関数はマンハッタン距離(L_1距離)を採用した。この結果,図表9-17のようなクラスタに分割された。クラスタ1は,年齢層が高く世帯人数も少ないいわゆる高齢者世帯である。クラスタ2と3は世帯人数の多いクラスタで,クラスタ2は比較的年齢が高い。

図表9-12　カレーの購買割合に関する回帰木

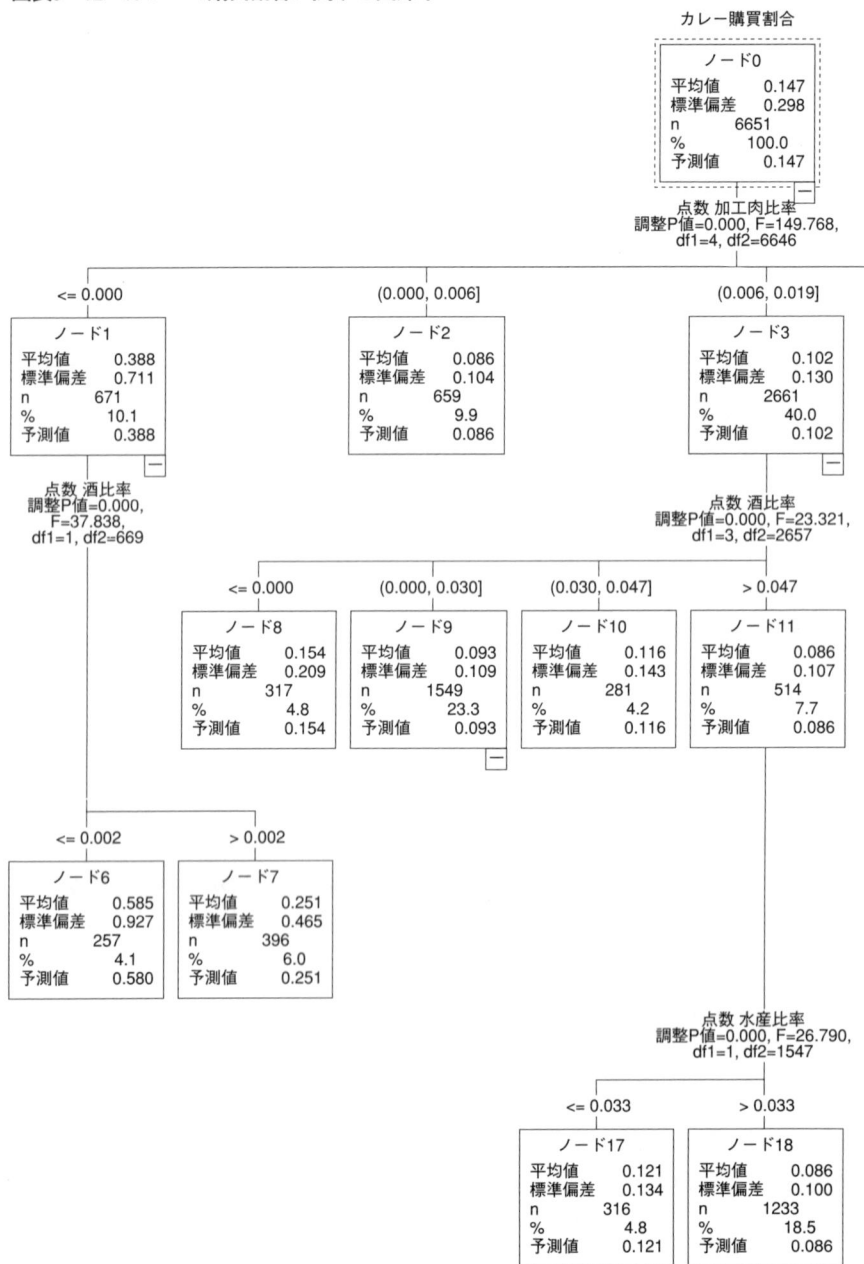

ノード0　カレー購買割合
- 平均値　0.147
- 標準偏差　0.298
- n　6651
- %　100.0
- 予測値　0.147

点数 加工肉比率
調整P値=0.000, F=149.768, df1=4, df2=6646

<= 0.000

ノード1
- 平均値　0.388
- 標準偏差　0.711
- n　671
- %　10.1
- 予測値　0.388

点数 酒比率
調整P値=0.000, F=37.838, df1=1, df2=669

<= 0.002

ノード6
- 平均値　0.585
- 標準偏差　0.927
- n　257
- %　4.1
- 予測値　0.580

> 0.002

ノード7
- 平均値　0.251
- 標準偏差　0.465
- n　396
- %　6.0
- 予測値　0.251

(0.000, 0.006]

ノード2
- 平均値　0.086
- 標準偏差　0.104
- n　659
- %　9.9
- 予測値　0.086

(0.006, 0.019]

ノード3
- 平均値　0.102
- 標準偏差　0.130
- n　2661
- %　40.0
- 予測値　0.102

点数 酒比率
調整P値=0.000, F=23.321, df1=3, df2=2657

<= 0.000

ノード8
- 平均値　0.154
- 標準偏差　0.209
- n　317
- %　4.8
- 予測値　0.154

(0.000, 0.030]

ノード9
- 平均値　0.093
- 標準偏差　0.109
- n　1549
- %　23.3
- 予測値　0.093

(0.030, 0.047]

ノード10
- 平均値　0.116
- 標準偏差　0.143
- n　281
- %　4.2
- 予測値　0.116

> 0.047

ノード11
- 平均値　0.086
- 標準偏差　0.107
- n　514
- %　7.7
- 予測値　0.086

点数 水産比率
調整P値=0.000, F=26.790, df1=1, df2=1547

<= 0.033

ノード17
- 平均値　0.121
- 標準偏差　0.134
- n　316
- %　4.8
- 予測値　0.121

> 0.033

ノード18
- 平均値　0.086
- 標準偏差　0.100
- n　1233
- %　18.5
- 予測値　0.086

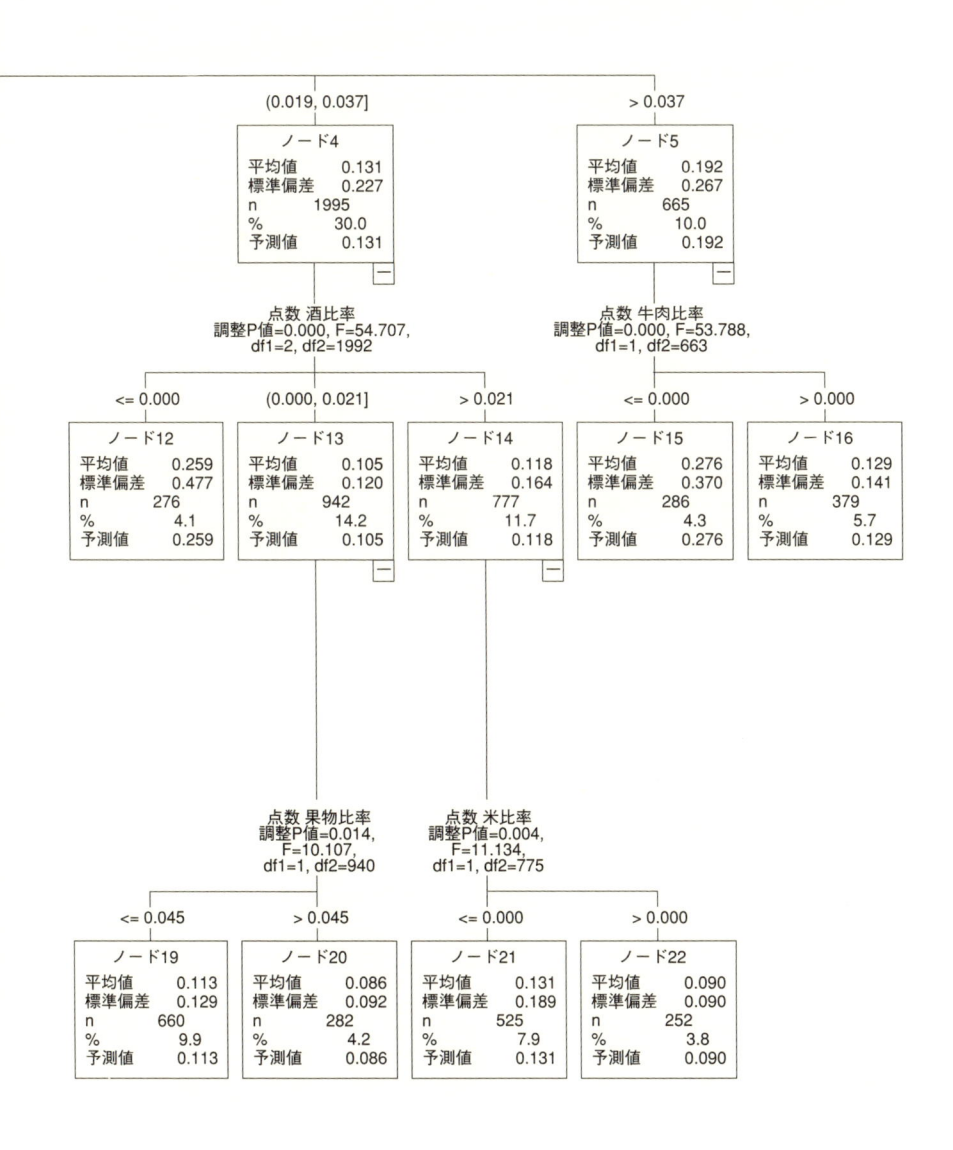

第9章 決定木分析によるマーケット・セグメンテーション

	(0.019, 0.037]			> 0.037	

ノード4
平均値　　　0.131
標準偏差　　0.227
n　　　　　1995
%　　　　　30.0
予測値　　　0.131

ノード5
平均値　　　0.192
標準偏差　　0.267
n　　　　　665
%　　　　　10.0
予測値　　　0.192

点数 酒比率
調整P値=0.000, F=54.707,
df1=2, df2=1992

点数 牛肉比率
調整P値=0.000, F=53.788,
df1=1, df2=663

| <= 0.000 | (0.000, 0.021] | > 0.021 | <= 0.000 | > 0.000 |

ノード12
平均値　　　0.259
標準偏差　　0.477
n　　　　　276
%　　　　　4.1
予測値　　　0.259

ノード13
平均値　　　0.105
標準偏差　　0.120
n　　　　　942
%　　　　　14.2
予測値　　　0.105

ノード14
平均値　　　0.118
標準偏差　　0.164
n　　　　　777
%　　　　　11.7
予測値　　　0.118

ノード15
平均値　　　0.276
標準偏差　　0.370
n　　　　　286
%　　　　　4.3
予測値　　　0.276

ノード16
平均値　　　0.129
標準偏差　　0.141
n　　　　　379
%　　　　　5.7
予測値　　　0.129

点数 果物比率
調整P値=0.014,
F=10.107,
df1=1, df2=940

点数 米比率
調整P値=0.004,
F=11.134,
df1=1, df2=775

| <= 0.045 | > 0.045 | <= 0.000 | > 0.000 |

ノード19
平均値　　　0.113
標準偏差　　0.129
n　　　　　660
%　　　　　9.9
予測値　　　0.113

ノード20
平均値　　　0.086
標準偏差　　0.092
n　　　　　282
%　　　　　4.2
予測値　　　0.086

ノード21
平均値　　　0.131
標準偏差　　0.189
n　　　　　525
%　　　　　7.9
予測値　　　0.131

ノード22
平均値　　　0.090
標準偏差　　0.090
n　　　　　252
%　　　　　3.8
予測値　　　0.090

図表9−13　カレーの味の嗜好

味の嗜好	顧客数（人）
甘口嗜好	1,145
中辛嗜好	1,205
辛口嗜好	2,927
嗜好なし	1,374

図表9−15　味の嗜好に関する決定木（1）

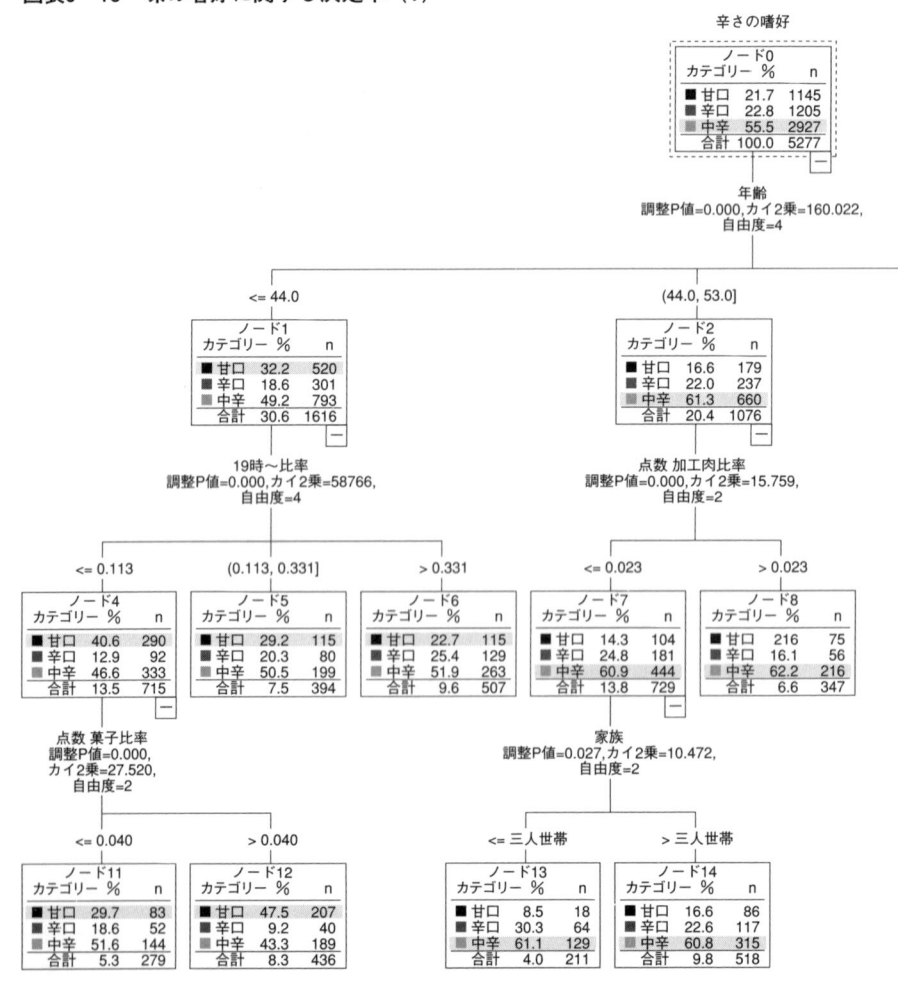

辛さの嗜好
ノード0
カテゴリー	%	n
■ 甘口	21.7	1145
■ 辛口	22.8	1205
■ 中辛	55.5	2927
合計	100.0	5277

年齢
調整P値=0.000, カイ2乗=160.022, 自由度=4

<= 44.0 → ノード1
カテゴリー	%	n
■ 甘口	32.2	520
■ 辛口	18.6	301
■ 中辛	49.2	793
合計	30.6	1616

(44.0, 53.0] → ノード2
カテゴリー	%	n
■ 甘口	16.6	179
■ 辛口	22.0	237
■ 中辛	61.3	660
合計	20.4	1076

19時〜比率
調整P値=0.000, カイ2乗=58766, 自由度=4

点数 加工肉比率
調整P値=0.000, カイ2乗=15.759, 自由度=2

<= 0.113 → ノード4
カテゴリー	%	n
■ 甘口	40.6	290
■ 辛口	12.9	92
■ 中辛	46.6	333
合計	13.5	715

(0.113, 0.331] → ノード5
カテゴリー	%	n
■ 甘口	29.2	115
■ 辛口	20.3	80
■ 中辛	50.5	199
合計	7.5	394

> 0.331 → ノード6
カテゴリー	%	n
■ 甘口	22.7	115
■ 辛口	25.4	129
■ 中辛	51.9	263
合計	9.6	507

<= 0.023 → ノード7
カテゴリー	%	n
■ 甘口	14.3	104
■ 辛口	24.8	181
■ 中辛	60.9	444
合計	13.8	729

> 0.023 → ノード8
カテゴリー	%	n
■ 甘口	216	75
■ 辛口	16.1	56
■ 中辛	62.2	216
合計	6.6	347

点数 菓子比率
調整P値=0.000, カイ2乗=27.520, 自由度=2

家族
調整P値=0.027, カイ2乗=10.472, 自由度=2

<= 0.040 → ノード11
カテゴリー	%	n
■ 甘口	29.7	83
■ 辛口	18.6	52
■ 中辛	51.6	144
合計	5.3	279

> 0.040 → ノード12
カテゴリー	%	n
■ 甘口	47.5	207
■ 辛口	9.2	40
■ 中辛	43.3	189
合計	8.3	436

<= 三人世帯 → ノード13
カテゴリー	%	n
■ 甘口	8.5	18
■ 辛口	30.3	64
■ 中辛	61.1	129
合計	4.0	211

> 三人世帯 → ノード14
カテゴリー	%	n
■ 甘口	16.6	86
■ 辛口	22.6	117
■ 中辛	60.8	315
合計	9.8	518

第9章 決定木分析によるマーケット・セグメンテーション

図表9-14　誤判別コスト

		予測クラス		
		甘口嗜好	中辛嗜好	辛口嗜好
実際のクラス	甘口嗜好	1	1.5	2
	中辛嗜好	1	1	1.5
	辛口嗜好	1	1	1

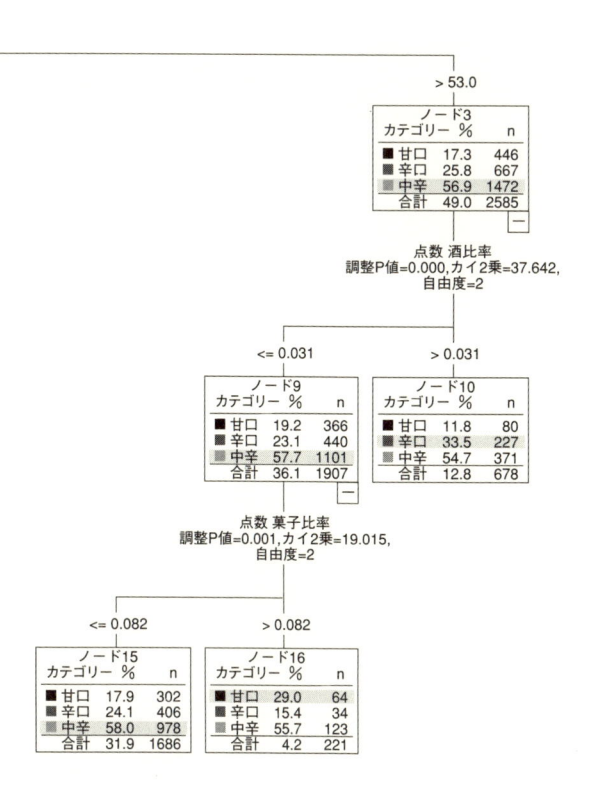

> 53.0

ノード3
カテゴリー　％　　n
■ 甘口　17.3　446
■ 辛口　25.8　667
■ 中辛　56.9　1472
　　合計　49.0　2585

点数 酒比率
調整P値=0.000, カイ2乗=37.642,
自由度=2

<= 0.031

ノード9
カテゴリー　％　　n
■ 甘口　19.2　366
■ 辛口　23.1　440
■ 中辛　57.7　1101
　　合計　36.1　1907

> 0.031

ノード10
カテゴリー　％　　n
■ 甘口　11.8　80
■ 辛口　33.5　227
■ 中辛　54.7　371
　　合計　12.8　678

点数 菓子比率
調整P値=0.001, カイ2乗=19.015,
自由度=2

<= 0.082

ノード15
カテゴリー　％　　n
■ 甘口　17.9　302
■ 辛口　24.1　406
■ 中辛　58.0　978
　　合計　31.9　1686

> 0.082

ノード16
カテゴリー　％　　n
■ 甘口　29.0　64
■ 辛口　15.4　34
■ 中辛　55.7　123
　　合計　4.2　221

図表9-16　カレーの味の嗜好に関する分類の精度

		予測クラス		
		甘口嗜好	中辛嗜好	辛口嗜好
実際のクラス	甘口嗜好	584	80	481
	中辛嗜好	335	227	643
	辛口嗜好	918	371	1,638

図表9-17　クラスタの概要

クラスタ	サイズ	男性総合	女性総合	世帯人数	年齢	上旬	中旬	下旬	平日	休日
1	512	24.8%	24.8%	2.6	79.6	32.5%	33.7%	33.8%	65.7%	34.3%
2	1437	13.9%	24.8%	3.7	54.7	32.5%	33.6%	33.9%	63.9%	36.1%
3	1135	15.5%	24.8%	3.9	44.4	33.2%	33.0%	33.8%	63.8%	36.2%
4	1022	18.1%	24.8%	3.2	31.7	33.6%	32.8%	33.6%	63.8%	36.2%
5	1171	14.4%	24.8%	3.0	64.4	31.8%	34.2%	34.0%	65.5%	34.5%

クラスタ	月	火	水	木	金	土	日	〜12時	13〜15時	16〜18時	19時〜
1	13.4%	14.5%	12.7%	13.5%	14.7%	14.3%	17.0%	34.1%	31.5%	26.8%	7.5%
2	12.9%	13.9%	12.8%	13.5%	14.2%	14.5%	18.3%	21.6%	23.8%	37.2%	17.4%
3	13.1%	13.5%	12.0%	13.9%	14.3%	14.9%	18.1%	18.0%	21.1%	39.3%	21.6%
4	13.3%	14.3%	21.5%	13.3%	13.7%	15.1%	17.9%	18.1%	19.9%	35.6%	26.4%
5	13.2%	14.2%	13.1%	13.4%	14.6%	14.3%	17.3%	28.5%	29.5%	32.6%	9.4%

また週末の来店比率が多少高い。クラスタ4は若年層で世帯人数も少ない世帯で，夜間の利用が多い。クラスタ5は日中の利用が多い。

　ここで，クラスタの傾向が対照的であるクラスタ3とクラスタ4について(8.7)式のカレー購買割合に関する回帰木を考察する。結果を184・185ページの図表9-18，図表9-19に示す。

　図表9-18と図表9-19を比較すると，採用される説明変数が大きく異なることがわかる。クラスタ3では肉類が多く採用されるのに対して，クラスタ4では酒類や果物などの嗜好品が選ばれている。2つのクラスタ全体についてはカレーの購買割合の平均値に大きな差はないことから，食事のスタイル，店舗の

利用目的などの相違が原因と考えられる。

6 まとめ

　本章では，決定木分析について概観し，ID付POSデータを用いた分析例を示した。決定木分析は多くの説明変数候補から，基準変数を識別する変数としきい値によってサンプルを分割する操作を繰り返す手法であり，得られた木は根から条件分岐を繰り返す If-Then ルールとなる。
　決定木分析の利点としては，結果が解釈しやすく，また量的・質的なデータに対して広く適用可能である。また，採用する説明変数についてはしきい値を定めるだけなので，多変量解析手法と比較してデータのゆがみやはずれ値に対して頑健である。しかしその反面，クラスを十分に識別するためには木の構造が複雑になることもあるので注意が必要である。

[注記]
1）食MAP^{TM}は（株）NTTデータライフスケープマーケティングの登録商標である。

[参考文献]
朝野煕彦［1998］,「消費者行動の予測を目的としたマーケット・セグメンテーション」,『マーケティング・サイエンス』, 6:2, 45-66.
Assael, H. [1970], "Segmenting Markets by Group Purchasing Behavior: An Application of the AID Technique," *Journal of Marketing Research*, 7, 153-158.
Assael, H., and A. M. Roscoe, Jr. [1976], "Approaches to Market Segmentation Analysis," *Journal of Marketing*, 40:4, 67-76.
Breiman, L., J. H. Friedman, R. A. Olshen and C. J. Stone [1984], *Classification and Regression Trees*, Chapman & Hall, USA.
井階美歩, 高橋彰子, 中川慶一郎, 矢野順子, 山中啓之, 生田目崇［2005］,「電力消費のモニタリング・データを用いた省エネ・アドバイスの提案」,『オペレーションズ・リサーチ』, 50:2, 112-118.
栫井昌邦, 斎藤参郎［2005］,「決定木分析による都市型アミューズメント施設の来訪者特性評価」,『地域学研究』, 35:1, 199-214.
Kass, G. V. [1980], "An Exploratory Technique for Investigating Large Quantities of Categorical Data," *Applied Statistics*, 29, 110-127.
Magdison, J. [1994], "The CAID Approach of Segmentation Modelling: Chi-squares Automatic

図表9-18 クラスタ3の回帰木

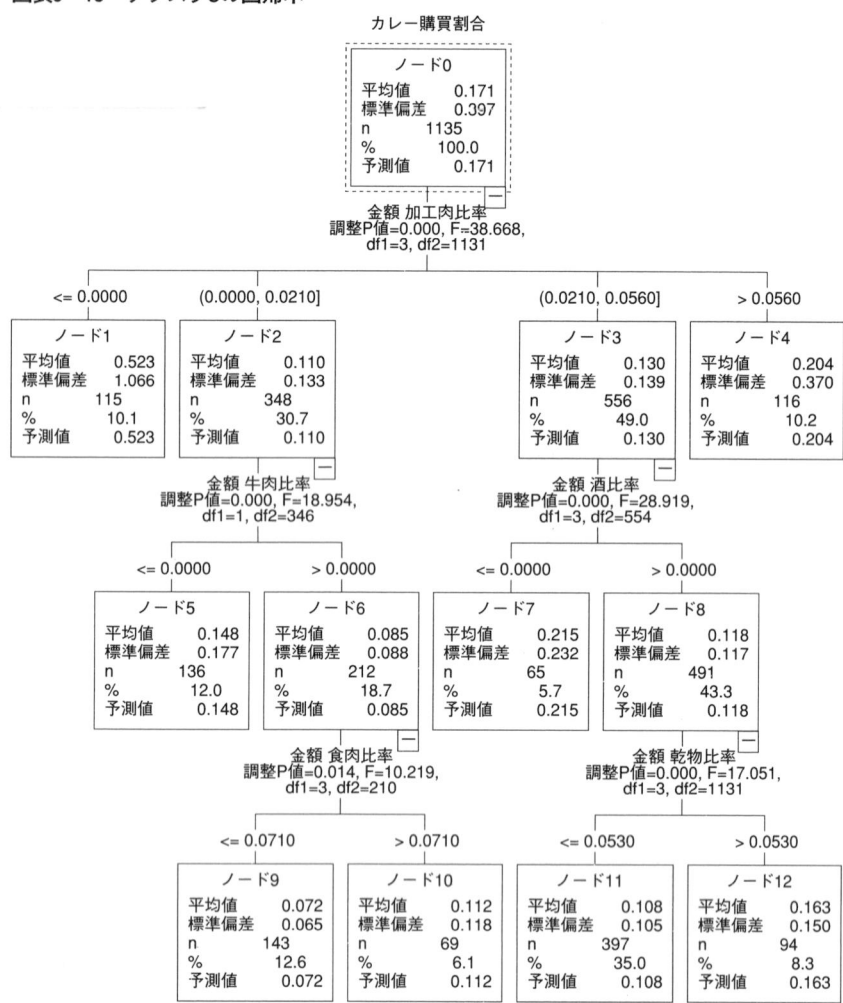

ノード0 （カレー購買割合）
- 平均値 0.171
- 標準偏差 0.397
- n 1135
- % 100.0
- 予測値 0.171

金額 加工肉比率
調整P値=0.000, F=38.668, df1=3, df2=1131

- <= 0.0000 → **ノード1**
  - 平均値 0.523
  - 標準偏差 1.066
  - n 115
  - % 10.1
  - 予測値 0.523

- (0.0000, 0.0210] → **ノード2**
  - 平均値 0.110
  - 標準偏差 0.133
  - n 348
  - % 30.7
  - 予測値 0.110

- (0.0210, 0.0560] → **ノード3**
  - 平均値 0.130
  - 標準偏差 0.139
  - n 556
  - % 49.0
  - 予測値 0.130

- > 0.0560 → **ノード4**
  - 平均値 0.204
  - 標準偏差 0.370
  - n 116
  - % 10.2
  - 予測値 0.204

ノード2から: 金額 牛肉比率
調整P値=0.000, F=18.954, df1=1, df2=346

- <= 0.0000 → **ノード5**
  - 平均値 0.148
  - 標準偏差 0.177
  - n 136
  - % 12.0
  - 予測値 0.148

- > 0.0000 → **ノード6**
  - 平均値 0.085
  - 標準偏差 0.088
  - n 212
  - % 18.7
  - 予測値 0.085

ノード3から: 金額 酒比率
調整P値=0.000, F=28.919, df1=3, df2=554

- <= 0.0000 → **ノード7**
  - 平均値 0.215
  - 標準偏差 0.232
  - n 65
  - % 5.7
  - 予測値 0.215

- > 0.0000 → **ノード8**
  - 平均値 0.118
  - 標準偏差 0.117
  - n 491
  - % 43.3
  - 予測値 0.118

ノード6から: 金額 食肉比率
調整P値=0.014, F=10.219, df1=3, df2=210

- <= 0.0710 → **ノード9**
  - 平均値 0.072
  - 標準偏差 0.065
  - n 143
  - % 12.6
  - 予測値 0.072

- > 0.0710 → **ノード10**
  - 平均値 0.112
  - 標準偏差 0.118
  - n 69
  - % 6.1
  - 予測値 0.112

ノード8から: 金額 乾物比率
調整P値=0.000, F=17.051, df1=3, df2=1131

- <= 0.0530 → **ノード11**
  - 平均値 0.108
  - 標準偏差 0.105
  - n 397
  - % 35.0
  - 予測値 0.108

- > 0.0530 → **ノード12**
  - 平均値 0.163
  - 標準偏差 0.150
  - n 94
  - % 8.3
  - 予測値 0.163

図表9−19 クラスタ4の回帰木

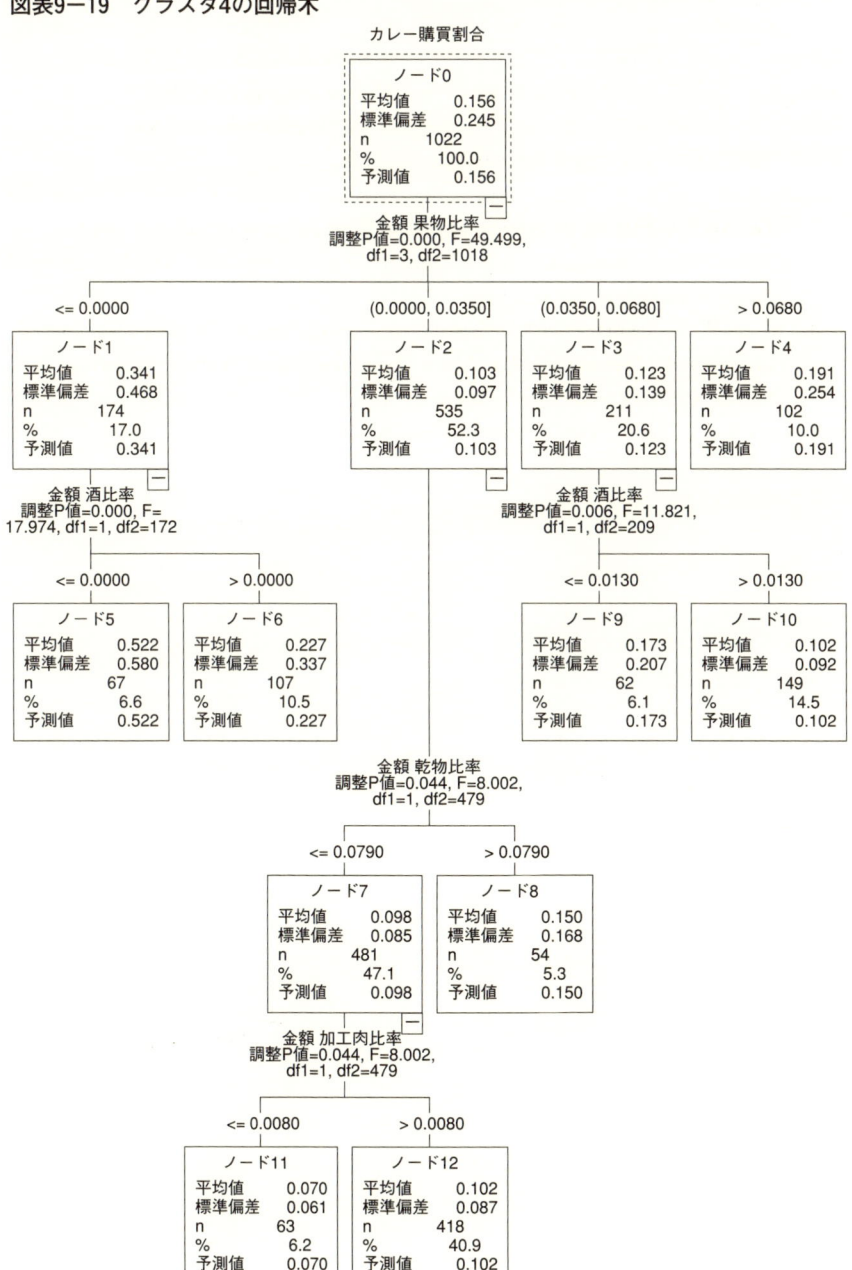

ノード0 カレー購買割合
- 平均値 0.156
- 標準偏差 0.245
- n 1022
- % 100.0
- 予測値 0.156

金額 果物比率
調整P値=0.000, F=49.499, df1=3, df2=1018

- <= 0.0000 → ノード1
- (0.0000, 0.0350] → ノード2
- (0.0350, 0.0680] → ノード3
- > 0.0680 → ノード4

ノード1
- 平均値 0.341
- 標準偏差 0.468
- n 174
- % 17.0
- 予測値 0.341

ノード2
- 平均値 0.103
- 標準偏差 0.097
- n 535
- % 52.3
- 予測値 0.103

ノード3
- 平均値 0.123
- 標準偏差 0.139
- n 211
- % 20.6
- 予測値 0.123

ノード4
- 平均値 0.191
- 標準偏差 0.254
- n 102
- % 10.0
- 予測値 0.191

ノード1 分岐: 金額 酒比率
調整P値=0.000, F=17.974, df1=1, df2=172
- <= 0.0000 → ノード5
- > 0.0000 → ノード6

ノード3 分岐: 金額 酒比率
調整P値=0.006, F=11.821, df1=1, df2=209
- <= 0.0130 → ノード9
- > 0.0130 → ノード10

ノード5
- 平均値 0.522
- 標準偏差 0.580
- n 67
- % 6.6
- 予測値 0.522

ノード6
- 平均値 0.227
- 標準偏差 0.337
- n 107
- % 10.5
- 予測値 0.227

ノード9
- 平均値 0.173
- 標準偏差 0.207
- n 62
- % 6.1
- 予測値 0.173

ノード10
- 平均値 0.102
- 標準偏差 0.092
- n 149
- % 14.5
- 予測値 0.102

ノード2 分岐: 金額 乾物比率
調整P値=0.044, F=8.002, df1=1, df2=479
- <= 0.0790 → ノード7
- > 0.0790 → ノード8

ノード7
- 平均値 0.098
- 標準偏差 0.085
- n 481
- % 47.1
- 予測値 0.098

ノード8
- 平均値 0.150
- 標準偏差 0.168
- n 54
- % 5.3
- 予測値 0.150

ノード7 分岐: 金額 加工肉比率
調整P値=0.044, F=8.002, df1=1, df2=479
- <= 0.0080 → ノード11
- > 0.0080 → ノード12

ノード11
- 平均値 0.070
- 標準偏差 0.061
- n 63
- % 6.2
- 予測値 0.070

ノード12
- 平均値 0.102
- 標準偏差 0.087
- n 418
- % 40.9
- 予測値 0.102

Interaction Detection," in *Advanced Methods of Marketing Research*, R. P. Bagozzi (ed.), Cambridge, MA: Blackwell, 118-119.

奥野忠一, 久米均, 芳賀敏郎, 吉澤正 [1971],『多変量解析法 改訂版』, 日科技連出版社.

Quilan, J. R. [1986], "Introduction of Decision Tree," *Machine Learning*, 1, 81-106.

Quilan, J. R. [1993], *C4.5: Programs for Machine Learning*, Morgan Kaufmann, USA.

斎藤隆 [2005],『ニッポンの食卓の新・常識』, 日経BP社.

Sonquist, J. A., and J. N. Morgan [1964], *The Detection of Interaction Effects: A Report on a Computer Program for the Selection of Optimal Combinations of Explanatory Variables*, An Arbor: Survey Research Center, Institute for Social Research, The University of Michigan:Monograph, No.35, USA.

Wedel, M. and W. A. Kamakura [2000], "Segmentation Methods," *chapter 3 of Market Segmentation: Conceptual and Methodological Foundations*, 2nd edition, Kluwer Academic Publisher, 17-29. International Series in Quantitative Marketing, USA.

Wekaウェブサイト, http://www.cs.waikato.ac.nz/ml/weka/

索引

【ア行】

安定性 ································4
枝刈り ·····························164

【カ行】

回帰木 ·····························158
階層型クラスター分析 ···········34
階統構造 ···························127
外部分析 ···························148
回復戦略 ·····························61
可視化 ·······························139
加重平均連結法 ····················39
カスタマー・リレーションシップ・マネジメント ························13
カスタマリゼーション ············3
完全連結法 ··························39
共通対象布置 ·····················146
距離 ··································140
クラスターワイズ回帰 ···········39
クラスター分析 ·······33, 96, 149
クリーク ···························122
クリーク構造 ·····················127
クルスカルの方法 ···············143
形式的関係 ························120
決定木分析 ························159
交差検証 ···························166
構造同値 ···························123
交代 ··································126
購入頻度 ·····························76

購買意図 ······························6
購買経験者比率 ····················67
小売業の視点から見た棚割の効果 ···61
顧客獲得戦略 ·······················61
顧客のランクアップ戦略 ·······61
個人差多次元尺度構成法 ·····145
個人布置（重み布置）·········146

【サ行】

採用時期 ······························6
サブ・カテゴリー仮説の抽出 ·62
識別可能性 ····························4
次元（軸）························142
自己組織化マップ ·················95
自己組織化マップのアルゴリズム ···97
実行性 ·································4
実質性 ·································4
社会経済変数 ························6
社会ネットワーク分析 ········119
重心連結法 ··························39
主成分分析 ··························96
使用頻度 ······························6
消費場面 ······························6
推移構造 ···························128
スペース・マネジメント ··55, 58
生活価値 ······························6
製品間の関係 ·····················122
セグメンテーション分析 ·····152
セグメント・マーケティング ···2
セグメントの混合比率 ···········81

185

セグメント帰属確率 81
セグメント数 82
専用布置 147
ゾーニング 59

【タ行】

代替可能 126
多次元尺度構成法（MDS）..........96, 140
棚の高さと販売力 59
棚割の作成 56
棚割の重要性 56
単連結法 39
知覚便益 6
中心化構造 127
中心・周辺構造 128
直接結合 123
地理変数 6
デシル分析 18, 64
デモグラフィックス変数 6
店舗ロイヤルティ 6
到達可能性 4
閾値分析 63
取引データ 73

【ナ行】

ニッチ・マーケティング 3
ニューラル・ネットワーク・モデル 95
ネットワーク構造 125

【ハ行】

パーソナリティ 6
バーティカル陳列 59

バラエティ・マネジメント 55, 57
反応性 4
判別分析 157
判別問題 157
非階層型クラスター分析 40
ヒューズ・モデル 23
フェイシング 60
布置 143
ブランド・スイッチのパターン 126
ブランド・ロイヤルティ 6
フリークエント・ショッパーズ・プログラム
55
ブロックモデリング 123
ブロック陳列 59
プロモーション弾力性 6
分類木 158
平均連結法 39
ポジショニング分析 152
ホリゾンタル陳列 59

【マ行】

マーケット・セグメンテーションの区分変数
6
右側優位 60
メディアン連結法 39
モデルベース・セグメンテーション手法 74

【ヤ行】

優良顧客維持戦略 61

【ラ行】

ライフスタイル 6

理想点モデル ……………………148
理想ベクトル・モデル …………………148
類似性測度 ……………………37
ローカル・マーケティング ………………3
ロジット分析 …………………25

VALS（Value Analysis of Life Style）……8
Ward法 ………………………39

【数字・欧文】

AID ……………………………161
ALSCAL ………………………150
C4.5/C5.0 ……………………162
CART …………………………162
CHAID ………………………161
CONCOR ……………………124
CRM …………………………13
Finite Mixture Model ……………74
Frequency ……………………15
FSP ……………………………55
ID付POSデータ ……………55, 73, 140
INDSCAL ……………………146
K-means法 ……………………26, 175
Monetary ……………………15
Multivariate Poisson Mixture Model ……77
Poisson Mixture Model ……………76
PREFMAP ……………………148
p-最近傍法 ……………………39
R ………………………………43
Recency ………………………15
RFMスコア ……………………18
RFMセルコード ………………23
RFM分析 ………………………7, 14
SAS ……………………………42
SPSS …………………………42
STRUCTURE …………………124
Ucinet 6 ………………………129

【執筆者一覧】

中村　博（なかむら　ひろし）……………第1章、第4章
　専修大学商学部教授（2008年4月より中央大学大学院戦略経営研究科教授）

須山憲之（すぎやまのりゆき）……………第2章
　専修大学商学研究科博士後期課程

奥瀬喜之（おくせよしゆき）………………第3章
　専修大学商学部准教授

佐藤栄作（さとうえいさく）………………第5章
　千葉大学法経学部准教授

上田雅夫（うえだまさお）…………………第6章
　（財）流通経済研究所主任研究員

熊倉広志（くまくらひろし）………………第7章
　専修大学商学部准教授（2008年4月より同大学同学部教授）

鶴見裕之（つるみひろゆき）………………第8章
　（財）流通経済研究所研究員

生田目崇（なまためたかし）………………第9章
　専修大学商学部准教授

■ マーケット・セグメンテーション
　―購買履歴データを用いた販売機会の発見―

■ 発行日──2008年3月31日　初版発行　　〈検印省略〉

■ 編著者──中村　博

■ 発行者──大矢栄一郎

■ 発行所──株式会社 白桃書房
〒101-0021　東京都千代田区外神田 5-1-15
☎ 03-3836-4781　FAX 03-3836-9370　振替 00100-4-20192
http://www.hakutou.co.jp/

■ 印刷・製本──藤原印刷

© Hiroshi Nakamura 2008 Printed in Japan　ISBN 978-4-561-66170-2C3363

・JCLS 〈㈱日本著作出版権管理システム委託出版物〉
本書の無断複写は著作権法上の例外を除き禁じられています。複写される場合は、
そのつど事前に、㈱日本著作出版権管理システム委託出版物（電話 03-3817-5670,
FAX 03-3815-8199, e-mail：info@jcls.co.jp）の許諾を得てください。

専修大学商学研究所叢書

上田和勇　編著
環境変化と金融サービスの現代的課題

大きな変革期にあるわが国の金融サービス，とりわけ銀行業，保険業全 の変容と改革の問題に焦点を当て，金融サービスに関する諸制度，規則，経営等をいかに国際標準レベルまで引き上げ，市場を活性化させるかを論じる。

ISBN4-561-96088-0 C3033　A5判　224頁　本体2,500円

専修大学マーケティング研究会　編著
商業まちづくり　商業集積の明日を考える

商店街を中心に小売業振興の必要性が叫ばれている。本書は小売業の振興を中心とした町づくりに関し，川崎市の実際の構想などを例に挙げ，理論的，現実的に論じる。中心市街地活性化担当者にとっての必携の書。

ISBN4-561-64134-3 C3363　A5判　184頁　本体2,300円

黒瀬直宏　編著
地域産業　危機からの創造

1990年代から21世紀初頭にかけて進んだ製造業の危機的状況。本書は，今後の日本経済のあり方を考えるため，当時製造業に何が生じたかその変容を地域産業に焦点を当てて分析し，具体的に見つめる。

ISBN4-561-26402-7 C3334　A5判　274頁　本体2,800円

神原理　編著
コミュニティ・ビジネス　新しい市民社会に向けた多角的分析

コミュニティ・ビジネスが発展していくための課題（諸条件）について，経済，経営（市民起業），サービスとマーケティングといった様々な視点から考察していくことで，コミュニティ・ビジネスの諸側 とその課題を明らかにしていく。

ISBN4-561-95099-0 C3336　A5判　156頁　本体2,000円

見目洋子・在間敬子　編著
環境コミュニケーションのダイナミズム　市場インセンティブと市民社会への浸透

多様な経済主体間の情報交換によって，環境活動に関する認識や目的を共有し，社会的・教育的・市場的な成 の獲得を図る，環境コミュニケーションのダイナミズムを，国や自治体，企業，市民，大学をして再考する。

ISBN4-561-6615-6 C3363　A5判　312頁　本体2,900円

赤羽新太郎　編著
経営の新潮流　コーポレートガバナンスと企業倫理

コミュニティ・ビジネスが発展していくための課題（諸条件）について，経済，経営（市民起業），サービスとマーケティングといった様々な視点から考察していくことで，コミュニティ・ビジネスの諸側 とその課題を明らかにしていく。

ISBN4-561-16173-8 C3334　A5判　176頁　本体2,400円

株式会社　白桃書房

（表示価格に 途消費税がかかります）